福特销售总监

[美] 诺瓦尔·霍金斯 著

SELLING
PROCESS

销售圣经

刘伟/译

白金
修订版

中国出版集团

现代出版社

图书在版编目(CIP)数据

销售圣经 / (美)霍金斯著;刘伟译. —北京:现代出版社,
2013.6(2023.12重印)

ISBN 978-7-5143-1559-2

Ⅰ.①销… Ⅱ.①霍… ②刘… Ⅲ.①销售-方法
Ⅳ.①F713.3

中国版本图书馆CIP数据核字(2013)第 101782 号

作　　者	[美]诺瓦尔·霍金斯
译　　者	刘　伟
责任编辑	张桂玲
出版发行	现代出版社
通讯地址	北京市安定门外安华里 504 号
邮政编码	100011
电　　话	010-64267325　64245264(传真)
网　　址	www.xdcbs.com
印　　刷	天津光之彩印刷有限公司
开　　本	787mm×1092mm　1/32
印　　张	10
版　　次	2013 年 8 月第 1 版　2023 年 12 月第 2 次印刷
书　　号	ISBN 978-7-5143-1559-2
定　　价	49.80元

优秀推销员的种种表现

◎ 良好的形象 ◎

优雅的举止·迷人的容貌·保养得很好的头发和双手
得体的服饰·总体上的干净整洁

◎ 身体性能 ◎

身体健康·阳刚有力·充满活力·精力充沛

◎ 智力因素 ◎

敏锐的理解能力·洞察力·机敏·准确性·严格守时
良好的记忆力·丰富的想象力·专注的注意力·很强的适应能力
很好的稳定性·良好的自我控制能力·果断坚决·机智练达
很强的人际交往能力·良好的判断能力

◎ 情感因素 ◎

满怀雄心壮志·对前途充满希望
乐观·热情·开朗·自信·勇敢·持之以恒·耐心·认真
具有同情心
坦率·具有表现力·幽默·高贵·博爱

◎ 道德品质 ◎

良好的意图·诚实守信·坦率真实·道德高尚·可靠·热爱工作

◎ 精神因素 ◎

理想主义·幻想能力·高尚的信念
真正服务客户的渴望·理解他人的能力

◎ 不好的形象 ◎

举止笨拙·脾气暴躁·牢骚满腹·双手肮脏·蓬头垢面·牙齿不洁

俗艳、刺眼的服饰或者质次价廉的服饰

衣服落满灰尘·鞋子沾满污渍等等

◎ 身体上的无能 ◎

健康状况不佳·无精打采·厌烦·身体上的其他缺点

◎ 智力上的缺陷 ◎

理解能力不强·感觉迟钝·粗枝大叶

反应迟钝·健忘·缺乏想象力·注意力不集中·适应能力不强

优柔寡断·意志薄弱·犹豫不决·愚钝·没有判断能力

◎ 情感上的缺陷 ◎

缺乏雄心壮志·消极悲观·缺乏热情·喜怒无常·性情暴躁

闷闷不乐·缺乏信心·胆怯·不能持之以恒·没有耐心

缺乏同情心·偷偷摸摸·遮遮掩掩

缺乏表达能力·没有幽默感·背信弃义·自私自利

◎ 道德上的瑕疵 ◎

没有明确而良好的目标·不诚实·虚伪·道德观念淡薄

不可信赖·懒惰

◎ 精神上的障碍 ◎

没有美好的理想·缺乏幻想能力·猜忌多疑

缺乏服务意识·不能理解别人

　　1904年，我作为一名注册会计师将自己的服务"销售"给了亨利·福特（Henry Ford），成为福特汽车公司的一名账目稽查员。三年之后，我开始担当重任——福特的营销总监。在此后的12年里，我主持了福特产品在世界范围内的营销工作。在此期间，我们的汽车销售量从每年6 181辆增加到了815 912辆——增加了131倍。

　　在"销售"我的个人服务、想法以及产品的过程中，我使用了一种独特的销售流程。而且，我已经了解到了最有效的销售原则和销售方法。这些能够确保销售取得成功的原则和方法不仅在我自己大量的亲身经历中获得了检验，而且在我众多的实验中得到了证明——这些实验是在成千上万的销售人员中展开的，作为一个行政主管，我有进行这些实验的特权。我们福特汽车公司设计了自己独特的销售流程，利用这种销售流程，福特公司的许多销售人员都从平庸的失败者变成了必然的成功者。

　　目前，有超过五万名销售人员以及销售管理人员正在他们的日常工作中使用这种销售流程。本书所描述和解释的就是这一销售流程。尽管本书在两年前才首次出版，但是如今已是第六次再版了。从首次出版至今，有不计其数的读者朋友给我来信，他们说，通过学习《销售圣经》，他们的销售能力有了明显的改善：有的提高了10个百分点，有的甚至提高了几百个百分点。有许多成功的企业都把本书作为他们整个销售机构内工作人员的必读书目。

不管一个人是不是职业的销售人员，他都需要持续不断地使用好的销售策略，以便取得终生成功。因为无论是作为一个普通的劳动者，还是一个企业的执行官，我们每个人都需要"销售"自身的服务和才能。如果不知道如何进行销售，任何人都不可能高效地完成销售任务。一个本来应该成功的人往往因为不善于推销自己、无法让别人了解自己的真正价值而失败。

本书的许多读者希望我就销售这一主题展开更为广泛的论述，因此，我又出版了另一本书——《世界上最伟大的推销员（实践手册）》，它可以作为前一本书的姊妹篇。在后一本书里，销售流程的内容得到了扩充和引申，它不仅适用于销售商品，也适用于"销售"个人的服务和才能。我希望这两本书既能为销售人员解惑答疑，又能够帮助人们在生活中发现并最大限度地利用成功的机会。

自从这两本书出版之后，众多的表扬和赞誉从世界各地纷至沓来，因此，我几乎不知道该怎样向这些友好的读者朋友表达我深深的谢意。读者说的本书 "在工作中发挥了重要的作用"让我感到无比的欣慰。我撰写这两部书的初衷就是帮助销售人员更好地完成他们的工作，事实上，这两部书也的确正在发挥着这样的作用。

诺瓦尔·霍金斯
于密歇根州底特律辉煌大厦

第一部分

销售三要素

—— 第 *1* 章 ——

销售流程的第一个要素
"销售"

1. 学会思考，勇敢抉择

◎ 许多销售人员都没有一个清晰的目标和明确的职业规划，一直在
无边的黑暗中蹒跚而行。只有擦亮眼睛、认准目标，才能把握机
会，实现梦想。

◎ "销售"领域给我们提供了最佳的机会。

◎ 当你确定从事销售工作，就要使之成为你终生奋斗的事业，并经
常花时间去思考。

　　"销售"是销售流程的第一个要素，也是我们第一章的主
题。现在我们暂时不考虑在一次成功的销售中必不可少的"人"
的要素以及"术"（销售艺术）的要素——这些是后面的章节中

要谈到的内容。在第一章里，我们只研究"销售"这一要素。

你可能听到过这样的说法："虽然我不知道路在何方，但是我依然在艰难地跋涉。"事实上，大多数人进入销售领域的时候都是这种状态。他们一开始并没有一个清晰的目标，甚至在整个销售生涯中，很多人也常常是懵懵懂懂，没有一个明确的职业规划。我们不愿意盲目地撞进销售领域，进而在无边的黑暗中蹒跚而行。相反，我们一开始就需要擦亮眼睛、认准目标，进而发挥自己的聪明才智去实现这个目标。在开始推销任何商品之前，我们首先要认识到"销售"领域给我们提供了最佳的机会。如果你已经涉足这一行业，但是一直"漫无目的"，那么请你暂时停下盲目游荡的脚步，仔细辨别、确认一下正确的方向，再继续前进。

有位年轻人非常希望能成为一名律师，但是他没有钱，他必须赚到足够的学费才能完成大学学业。于是，在高中毕业的那个夏天，他开始从事图书代理业务。他负责推销的图书是各种知识的汇编，这种图书就像百科全书一样无所不包，比如如何治疗扁平疣、一个陷入爱河的年轻人如何向自己心仪的姑娘求婚，等等。这位年轻人被分派到爱荷华州一处最富裕的农场区域去推销图书。他交了5美元押金，领了一本样品图书，然后就像鸟雀一样被销售经理——这些家伙一个个都是嗓门洪亮、言辞夸张——轰赶到指定的销售区域去了。

他被告知销售这种知识汇编图书的最佳方法是针对销售对象不了解的领域向他们提出各种各样的问题，以激发他们的好奇心和求知欲。这位年轻人严格地遵循经理的指示去做，但他很快发现：这里的农民对于知识汇编中所介绍的诸如乌拉圭的人口数量、波斯国王的姓名以及苍蝇有多少只眼睛等等的知识并不感兴趣。他们想知道的是如何对付危害马铃薯的害虫、今年秋天玉米能否卖个好价钱，以及这个小伙子是否愿意接受每月20美元外加一日三餐的条件，在农场给他们帮忙收割庄稼。那些农夫的妻子们则关注带裙撑的裙子是否开始流行，她们不知道是不是应该赶紧穿上这种裙子以免错过时尚的风潮。没有一个农民对爱斯基摩人用鲸鱼乳汁制作奶油糖果的配方感兴趣——这个配方记录在那本图书的第984页。

因为这位年轻人的工作没有任何进展，自然也无须在晚上费工夫去详细地记录自己获得的订单，所以他有充足的时间去思考。他知道这里缺乏知识、也需要知识，但问题是他所销售的图书里面包含的知识并不是这个地区的人们所需要的。于是，在推销了一周图书之后，他决定辞去推销员的工作，留在农场帮人干活—— 一个月可以挣20美元，外加一日三餐。整个夏天，他都待在农场里，不是挤牛奶，就是干其他的农活。与此同时，每天他都在考虑着一个创意方案，这个方案也是在农场的实际工作中得来的。

他越来越觉得有必要等一段时间再去大学学习法律。在秋天的时候，他从农场回到了家里，并且用自己的创意方案说服了一位银行家。这位银行家借给他1 000美元让他去尝试。同时，这位年轻人还致信给位于华盛顿的美国农业部，向他们索要由政府出版、可能包含对农民及其家人有用信息的所有小册子。从这些印刷品中，这位年轻人挑选出了一些农民喜闻乐见的文章，并将它们编辑整理成了一本小书——这本书里的知识才是对农民真正有用的。

当年冬天，这位年轻人的书就卖出了4 000本（每本1美元）。因为他非常了解农民的需求，而他的图书又正是针对这种需求设计的，所以他在销售的时候根本不需要费太多口舌。他继续开发自己的创意方案，后来还发表了几篇农业方面的论文。不久之后，他决定要雇用一名律师来为自己服务，同时也改变了要去学习法律以便将来做一名律师的初衷。时至今日，这名年轻人的创业生涯已有20年了。当初，他首先想到了这个创意方案并且认识到了它的价值，而这仅仅是一种偶然。可以说他是那种人们常说的完全凭借运气取得成功的人。

但是，上述例子并不是说我们应该将自己的人生抉择交给偶然的机遇。事实上，如果我们希望自己的职业生涯有一个正确的开端，或者我们做出了一个错误的决定，但希望打开另一扇机遇之门的时候，勇敢地做出自己的选择比依靠运气的眷顾要好得多。在"艰难地跋涉"之前，我们希望知道"路在何方"。

2. 真正的成功，是三位一体的成功

◎ 很多人不喜欢自己的工作，原因是他们没有真正认识到他们所从事的职业的价值。

◎ 真正的成功，是集"名誉、财富和贡献社会"于一体的成功。

◎ 同其他职业相比，从事销售工作更可以实现三位一体的目标。

在选择人生职业的时候，每个人都应该有一个明确的目的。

不过相比之下，那些清楚地知道自己为什么选择某一职业而不是其他职业的人毕竟是少数；大多数人一开始的时候往往都漫无目的。因此，很多人在最初都可能会"选错行"，然后不得不重新做出选择，从而浪费了大量的宝贵时光。

在你认识的那些中年人当中，看一看有多少人还在从事着跟他们25岁时一模一样的工作？这里有一个调查数据：一所著名大学法学院的某一个班级一共有351名毕业生，在25年之后，这些毕业生中仅有96人（还不到总数的1/3）以法律作为自己的职业。

事实上，并非只有法律专业是这样，其他行业也有类似的情况。甚至连医生和牧师都会放弃学习多年的专业而改行从事其他职业。那些学习专业与从事的工作一致的人们当中，很多人——也许是大多数人——对他们的人生职业并不满意。由于种种原因，他们都不喜欢自己的工作。这些人的问题在于，当他们选择职业的时候，并没有真正认识到他们要从事的职业的价值，只是误打误撞地从事了一个并不适合自己的职业。他们与所从事的工作就同圆凿方枘一样不适合。

在这个世界上，律师、医生、牧师以及教师可能与推销员同等重要。另外，机械师、工程师、农民以及商店店主的工作对社会也至关重要。不过，就工作给人提供的机会而言——这些机会包括取得良好声望的机会、获得众多财富的机会以及为人类提供最好的服务的机会，等等——上述职业都无法与推销员相提并论。尽管如此，仍然有一些资深的销售人员不满意甚至不喜欢自己的工作。同上一段我们所说的情况相同，他们也是选择了一份不适合自己的工作。在开始自己的职业生涯之前，这些销售人员并没有仔细地考虑自己的人生目标。

让我们假设每个人都有一个人生目标，只不过这个目标并不明确，只是我们所谓的"成功"。每个人都希望博得显赫的名声、获得足够多的财富，此外，还能够尽可能多地为社会做出自己的贡献。在有意识地选择进入任何一个行业的时候，大多数人的目标中都会包括以上三项内容，而且三项内容的比例大体相当。有时候，一个人可能会忽视自己最初的目标——尽可能多地为人类服务，但是他很少会忘记对名利的渴望。不过，这里我们假设每个人的目标都包含上述三项内容：渴望名誉、追求财富，同时还希望尽可能多地奉献社会。那么，现在我们每个人都要问的一个问题是："究竟在哪个领域我才能实现这个三位一体的成功？"无论是刚刚开始职业生涯，还是已经在职场拼搏了多年，我们每个人都需要对这个问题给出令自己信服的答案。如果一个人不能对自己选择某一职业的原因做出明确的解释，那么在未来的工作中他必然会遇到众多的磕磕绊绊。

本书的大部分读者可能已经把销售作为自己的职业。在你们当中，有一些人正在考虑如何才能做一个合格的销售人员并从事这一伟大的职业，而另一些人则开始练习推销艺术了。虽然很多人已经有多年的销售工作经验，但是，如果希望自己的工作有更高的效率，那么你需要确信自己的职业选择不仅没有错，而且是最明智的。否则，你也许会无法安宁，因为你可能会浪费大量的时间和精力去推测和权衡，不知道销售领域是不是为自己的成功提供了最好的机会。让我们相信：同其他职业相比，从事销售工作更可能实现我们三位一体的目标。

首先，我们承认我们的目标包括三个部分。也就是说我们应该通过博得名声、获得财富以及尽自己所能服务人类来实现"成功"。如果一个人的目标仅仅是希望自己名扬四海，那么他也许会实现自己的目标，但是在这个过程中，他可能会让自己变得一无所有，而且可能会伤害到其他人。比如，独裁的德国皇帝很有名，但是他们的名声往往是建立在无数劳动人民的血泪之上的。如果另一个人的目标仅仅是成为一个富翁，那么他可能会秘密地囤积财富并成为一个不会给予任何人恩惠的富有的守财奴，这样他既没有美好的名声也不会对人类做出贡献。最后，如果一个人的目标仅仅是服务社会——比如作为传教士在一个遥远偏僻的地区辛勤耕耘、默默奉献，将自己毕生的心血和汗水抛洒在那里，他既不关心显赫的名声，也无意于丰厚的收入——那么，我们会非常尊敬他，甚至会对他推崇备至，因为我们知道自己不可能做到这一点。上述三类人的目标都是不正常的。事实上，在上述三个目标当中，缺少任何一个都是不正常的。尽管获得名利是我们的目标，但是仅有名利并不能算是"成功"，因为如果没有回报社会，我们的人生将变得空虚无聊。相反，如果我们致力于奉献社会，虽然赢得了美好的名声但终生一贫如洗，我们也不会对自己的生活感到满意。同样，如果我们获得了财富，也为社会做出了自己的贡献，但是没有获得社会的关注和认可，我们也会感到是一种缺憾。所以，我们既应该为自己赢得名声，也应该为了满足我们的各种需要去赚取财富，同时，还应该为了良知的召唤最大限度地去做一些对人类有益的事情。

3. 销售领域提供了最好的机遇

◎ 通过销售，我们可以获得令自己满意的名望和财富，并且为社会做出卓越贡献，获得世人的尊重。

与其他职业领域相比，在实现一种正常的、平衡的成功方面，销售领域可以给我们提供哪些机遇呢？

首先，让我们看一看销售人员能否获得令人满意的名声。想一想马歇尔·菲尔德（Marshall Field）（批发、零售业中最有名的推销员）当时的名气，再回忆一下查尔斯·施瓦布（Charles M. Schwab）（以销售他的特种钢铁产品而闻名）以及约翰·皮尔庞特·摩根（J. Pierpont Morgan）（世界历史上最伟大的推销员）的声望。然后比较一下，我们理想中的名声能够达到他们的高度吗？也许我们不应该考虑美国总统，因为在声望方面，世界上任何一个尊贵的职位都不能同这个伟大的职位相提并论——那么，在我们这一代人当中，除了美国总统之外，还有没有哪三个人的名声可以超过马歇尔·菲尔德、查尔斯·施瓦布以及约翰·皮尔庞特·摩根的（他们三位在当时分别是各自销售领域里最伟大的推销员）？如果不能超过，那么有没有可以跟上述三人的名声相提并论的人呢？

现在，再来考虑一下销售人员的另一个目标——财富。试想，如果你同马歇尔·菲尔德或者约翰·皮尔庞特·摩根一样富有，如果你拥有查尔斯·施瓦布那样的银行存款以及其他金融资源，你还会感到不满足吗？你还能找到任何一个不通过营销就能获得比上述三人更多财富的人吗？

最后，在对社会的贡献方面，上述三个伟大的推销员与同时代的其他人相比又怎么样呢？马歇尔·菲尔德确立了一个商品促销的标准——对顾客提供最好服务的标准。这个标准适用于世界上所有大大小小的商铺，无论批发业还是零售业都将它视为典范。约翰·皮尔庞特·摩根扩大了美国银行家的金融视野——在此之前，这些银行家们一个个都目光短浅——使他们认识到了美元在世界范围内的威力。他第一次让我们用几十亿美元的概念思考问题，而这是从世界大战开始以来我们需要考虑的。而查尔斯·施瓦布的钢铁制造公司以及其本人的人格魅力，构成了我们最伟大的工业财富。另外，他的传奇经历——从名誉和财富的低谷中重新奋起，再次获得巨大的成功——也为我们树立了光辉的典范，证明了一个强大的巨人尽管会遭受暂时的失败，但最终必然会奋起直追、卷土重来。他所获得的每一个胜利对于所有美国人来说都是一种激励和鞭策。

马歇尔·菲尔德、约翰·皮尔庞特·摩根以及查尔斯·施瓦布分别可以称为批发零售方面、产品推广方面以及特种产品销售方面的销售大师。试想，在当今，还有哪三个人可以产生比上述三人更积极的影响？

4. 推销员能决定自己的报酬和成就

◎ 在美国，那些声誉显赫、资产雄厚且为社会做出了一定贡献的商界人士，都将其成功更多地归因于销售，而非其他因素。

◎ 大多数成功的商界人士都从普通的推销员开始成长、成熟和成功。销售教会了他们如何有效地管理别人，如何去获得更多的报酬，如何赢得更伟大的成就。

本书的每一位读者都必须明白：销售领域可以为每一个人提供实现最高理想的机会。同时，其他较低的理想以及我们各自希望实现的各种理想都可以在销售领域变成现实，这一点你也无须怀疑。在美国，那些能够获得显赫声誉和雄厚资产并且能够为社会做出一定贡献的商业界人士，几乎都会将他们的成功更多地归因于销售，而不是任何其他的因素。大多数成功的商界人士一开始都是从销售做起的。许多人即使在走上领导岗位之后还依然亲自参与销售工作。想一想你所熟悉的一些企业的总裁以及你所了解的公司首脑，对他们的历史做一番调查，你将会发现至少有3/4的人都曾经在某一段时期像我们一样，仅仅是一名普普通通的销售人员。

大多数成功的商界人士都是从普通的推销员一步步走过来的，这并非是一种偶然。正如食品加工行业中某些专利产品的广告语一样："这里有一个原因。"因为每一个成功的销售人员都知道如何有效地管理别人，所以在销售中获得的经验对从事行政工作最有帮助。而那些整天待在办公室的职员则不可能获得这种能力，因为在他们的工作中，这种管理他人的能力可有可无。比如，一名会计往往倾向于将人看成数字。他们在对数字进行加减乘除的时候能够得心应手，但是在将人性加入运算过程的时候，他们往往就会无所适从、一筹莫展。再比如，店员们也同样视野狭窄，他们在某家店铺里接受培训、参加工作，很少能够放眼店铺之外的天地。因此，每当行政部门需要人手时，都会从销售部门来选拔，因为凡是能在销售部门出类拔萃的人才一定也可以在行政部门大显身手。而其他部门的人才则没有表现出这种特点。

与商业领域的其他职业相比，销售人员还有另一个重要的优势——当他们为公司做出更大贡献的时候，他们的薪水就会按照合理的比例得到相应的增长。而其他职业则不然。比如，某个工厂里的一名技术人员设计出了一个新的节能方案，每年可以为公司节约一万美元。在看到这一方案的时候，公司老板的心情有可能会相当复杂。一方面，他会很高兴，因为从此以后，每年他都可以节省下一万美元的开支；而另一方面，他也会很痛心，因为在此之前，每年他都浪费了一万美元。因此，这位技术员所能够获得的报酬很可能只是一笔奖金，或者是每月增加25美元薪水，仅此而已。也就是说，他薪水的增加与他所做出的贡献之间并不成比例。

不过，当一个推销员为公司争取到了订单的时候——假如这个订单可以为公司带来一万美元的利润——他的薪水往往能够得到合理的增长。假如他是按提成拿工资，那么毫无疑问，他会得到相应的报酬；假如他是拿固定工资，那么老板在给他涨工资的时候，肯定不会过于吝啬。如果他仅仅打算给这样一个为他创造利润的销售人员每月增加25美元薪水的话，这位杰出的推销员肯定不愿意再继续为他卖命。因此，他最起码要为这名推销员增加100美元的薪水，很可能还会更多。

也许对那位技术员来说很不公平，但这毕竟是事实。一个员工为他的老板节约了办公经费或者是生产费用，往往不会得到多少奖励；而如果一个推销员为他的老板创造了利润，则会得到较好的报酬。同样，假如你捡到了一个钱包并且把它交还给失主，失主会真诚地向你致谢，还可能相当勉强地给你一点点钱作为酬劳；而如果你告诉他一个方法，可以让他钱包里的钱增加一倍，那么即使你不愿意要，他也会追着你慷慨地将利润的1/4或者1/3甚至1/2送给你。人们都认为节省下来的一分钱和赚来的一分钱并不相等——这是人类的天性。这也是在商业领域中销售工作比其他职业更可取的原因之一。真正有价值的推销员最终会得到老板的赏识和丰厚的回报。除了推销员，没有哪一个雇员可以自己给自己加薪；新年伊始，除了推销员，没有哪一个雇员能够以平等的姿态面对自己的老板。

5. 掌握销售原理比天赋的才华更加重要

◎ 要想获得成功，你必须掌握一定的科学知识——有关销售流程原理方面的知识。成功销售的基础不是天赋的才华，而是对销售原理的认识。

◎ 拥有销售天赋的人，天赋可能会成为他进一步发展的障碍；没有天赋或存在某种缺陷者，通过努力也可能让缺陷成为一种优势。

◎ 唯一能确保在销售领域成功的办法是遵循德摩斯蒂尼的训练方法。

◎ 学会如何干好那些最困难的销售工作，你就能对销售从容应对、游刃有余，并轻松完成你的销售目标。

我们的理想是能够实现三位一体的成功，而销售领域给我们提供了获得这一成功的最好机会。正在从事实际销售工作的人们以及正在研究"销售流程"的人们应该对这一点深信不疑。我们不应该浪费时间和精力去考究自己从事销售工作是否明智。如果我们还没有取得成功，那么我们不应该责怪销售工作，而应该自我反省。

销售工作为我们最大限度地获取名望和财富、最大限度地奉献社会提供了最好的机会——也许你现在对这句话的意义只有一个大体的认识，那么接下来你需要对它有更深刻的了解。要想成为一名成功的推销员，要想获得名望和财富并且为社会做出自己的贡献，仅凭美好的愿望和雄心壮志是远远不够的。即使你很有天赋，而且在工作中持之以恒、就就业业，也未必就能够胜券在握。因为要想获得成功，你必须掌握一定的科学知识——有关销售流程原理方面的知识。

推销术是一门艺术。现在，人们普遍承认了这一真理。不过在这一真理被大众普遍接受的过程中，另一种错误的看法也随之产生。许多人都认为成功的推销员是天生的，而不是人为的，也就是说一个推销员之所以能够取得成功完全是因为他具有这方面的天赋。这个错误的观点对销售艺术的发展造成了最严重的阻碍。现在，我们也只是刚刚认识到成功销售的基础并不是天赋的才华，而是对销售原理的认识。推销术的新发展应该归功于人们对销售要素和销售流程重要性的认识。虽然说推销术是销售人员的一门艺术，但是为了成功地实践这门艺术，销售人员不仅仅需要具备天生的"艺术"才能，除此之外，他还必须精通科学原理——这种科学原理比天赋的才华更为重要。

当然，我们承认不同的人有不同的天分，有的比较适合做销售工作，而有的更适合做其他类型的工作。正因为如此，一些人一开始从事某种工作就具有明显的优势，而另一些人则会因为某种缺陷而处于劣势。虽然现实的情况似乎与《独立宣言》中"人生而平等"的论断相矛盾，不过林肯的经历却证明了即便是巨大的先天缺陷，也可以通过后天的努力来获得弥补。如今，林肯卓越的领导才能已经举世公认，但是由于先天的缺陷，一开始林肯并不被人们看好。与同时代的其他任何竞争对手相比，林肯似乎都不占优势，但最终林肯坐上了美国总统的宝座，而他的竞争对手们只能屈尊于内阁或者议会。

在刚刚步入销售领域的时候，你也许比不上另一个销售人员。他可能具有这方面的优势，而你可能有某种缺陷。但是这种起初的差别并不重要，通过努力，你完全可以做得跟他一样好。因为他的天赋很可能会成为他进一步发展的障碍，而你的缺陷很可能成为一种优势。大家都知道古希腊伟大的演说家德摩斯蒂尼（Demosthenes）的故事。德摩斯蒂尼天生口吃，讲起话来含混不清。为了使自己吐字清晰，也为了训练自己当众讲话的能力，他故意给自己增加难度——口含石子进行演讲。不仅如此，他还经常独自一人面对汹涌的大海进行演讲训练——这样做难度更大，因为他不仅要吐字清晰，而且必须使自己的声音压过咆哮的波涛。他决心要在未来的观众面前证明自己，所以在事先的训练阶段，他必须要做大量最为艰苦的工作。后来，他终于完全克服了自己的先天缺陷。当他取出口中的石子、面对着安静的听众的时候，字正腔圆、滔滔不绝的演讲便自然地流淌而出了。

那些禀赋出众的销售人员有一个共同的倾向：他们就像是接受了100万美元遗产的纨绔子弟一样，往往不愿意努力工作。因此，他们会痛苦地看到一些他们根本瞧不起的推销员反而会把他们甩在后面——这是他们要上的第一堂课。一个天分很高的人往往没有充分利用自己才华的动力，相反，一个能力平平的人往往不得不百分之百地利用自己的天赋，这也许就是大自然的补偿法则。我们可以通过锻炼使自己的肌肉变得结实，同样，我们也可以通过锻炼使自己的能力得到提高。因此，只要将全部精力投入到工作中去，不久之后，你的能力就必然会有所提高。也就是说，那些资质平平的推销员只要能够努力工作、充分发挥自己的聪明才干，照样可以比那些天才的销售人员做得更好。

绰号为"瘦子鲍勃"的费茨西蒙斯（Fitzsimmons）堪称最伟大的拳击手之一，尽管他从来都不是一个重量级拳手，但他获得了世界重量级拳击比赛的冠军。这是因为他虽然没有超常的体重，却具有过人的膂力。

仅仅依靠天赋去进行销售并不能保证让你取得成功。你会发现有太多大有希望的销售人员虽然具备良好的天赋，最终却黯然地退出了销售领域。因此，唯一能够确保成功的办法是遵循德摩斯蒂尼的训练方法。要首先学会如何干好那些最困难的销售工作，然后在实际工作中你就能够从容应对、游刃有余；同时，你将能够轻而易举地完成自己的平均销售额，因为你已经获得了充分的信心，相信自己的能力远远超过了实际工作的需要。只有努力学习销售原理才能够让销售工作变得不再困难。

假如一位虽然嗓音特别好却没有受过严格训练的歌手试图在大歌剧中担任角色，假如一个虽然具备良好的音乐天赋但没有经过大量实际练习的人试图用钢琴演奏加布里洛维奇（Gabrilowitsch）擅长的名曲，那么，你对他们会有何评价？你肯定会认为他们不是疯子就是傻瓜。因为你知道：如果不去学习相关的专业知识、不将自己所学的知识应用于实践，从而不断锤炼自己的专业技能、使之达到炉火纯青的境地，一个人即使拥有最伟大的艺术才华也不可能成为一名艺术家。

那么，作为一个销售艺术家，你是否一直在学习、实践着销售原理方面的科学知识呢？要知道，相比之下，这些知识比那些在销售工作中所展现出来的任何才华都更为重要。

很多销售人员是先开始从事销售工作，然后才开始学习如何从事这项工作。当然，这并不能怪他们。问题在于在我们的中小学和很多大学中没有开设这门课程，如果有的话，大部分人肯定会积极学习的。因此，除了销售领域，似乎没有其他地方可以学到销售知识。不过，这种状况在不久之后将会有所改变。因为就像我们的老师为我们讲授语法以及其他相关科目一样，一些出色的教师将会根据标准的教科书和实践训练来教导我们的下一代如何进行销售。但是我们这一代没有这个福气。为了向别人学习推销，我们必须去听讲座、去研究调查表、去阅读相关的书籍。为了获得必要的知识——这些知识将会让我们的销售工作变得相对容易——我们必须抓紧白天和晚上的点滴时间来努力学习。

6. 知识胜于天赋，学习才能成功

◎ 要想让自己的工作变得相对容易，就必须获得知识，付出艰辛的努力。

◎ 如果你在学习销售流程时敷衍了事，在未来的销售工作中，成功也会对你"敷衍了事"。为了取得职业生涯的持久成功，学习一些销售原理方面的知识非常必要。切记，在销售领域，销售原理方面的知识比任何未经训练或者未经科学训练的销售天赋都更加有用。

获得知识的目的是让你的工作变得相对容易。要注意，获得知识之后仅仅是可以让工作变得"容易"，而不是完全不需要工作。在开始学习的时候一定要明白这一点。

让我们比较一下分别拉着一吨重物的雪橇和卡车。沉重的雪橇在地面上向前滑行的时候，大部分的动力都被浪费了，因为必须克服地面的摩擦力才能移动雪橇。而卡车的轮子是在轴承上旋转，这就最大限度地减少了摩擦力，于是外界所施加的动力几乎没有什么浪费。因此，卡车只需要相对较小的动力就可以轻而易举地前后移动。在这里，雪橇代表的是一种原始的方法——这种方法只利用了有限的知识；而卡车则代表了科学的方法——这种方法应用了更高层次的知识。虽然是同样重量的货物，但是采用科学的方法和原始的方法来运输，效果会截然不同。

要制作一个雪橇很容易，而要制造一辆汽车很难，制作一个原始的雪橇并不需要太多的知识，而要想制造一辆汽车就必须刻苦钻研、学习大量的知识。假如有两个人，他们为了运输货物，一个制作雪橇，另一个制造汽车。那么第一个人的雪橇肯定很快就能做好；而第二个人的进展会非常缓慢，甚至等到他将准备工作做好的时候，第一个人早就开始运输货物了。经过日复一日的运输之后，第一个人的货物已经堆积如山，这时候他很可能会嘲笑那个打算制造汽车的人。在看到第一个人的工作进展之后，那个忙于为制造汽车做准备的人可能也会失去耐心。不过，只要能够下定决心、坚持到底、造出汽车，那么到时候，他将是笑到最后的胜利者。所以，要想让以后的工作变得轻而易举、得心应手，就必须在开始的时候付出艰辛的努力。

真正喜欢学习的人并不多。看一看放学的时候孩子们欢呼雀跃的场面就可以知道这一点。虽然我们也钻研功课，但那并不是因为我们喜欢它们，而是因为我们不希望在未来的工作中遇到麻烦。当然，每天晚上，除了埋头攻读与销售、推销员以及销售艺术有关的书籍之外，我们还有很多更令人愉快的活动可以参加。但是，如果你在学习销售流程的时候总是敷衍了事，或是看见学习就躲着走，那么，在未来的销售工作中，成功也会对你"敷衍了事"，见你的时候也要"躲着走"了。

你必须确信：为了在你的职业生涯中获得持久的成功，学习一些销售原理方面的知识非常必要。同时，你也应该认识到：在完成职业目标、实现人生理想的过程中，销售原理方面的知识比任何未经训练或是未经科学训练的销售天赋都更加有用。因为没有哪种职业比销售工作更有价值，所以从一开始你还应该确信：现在的学习虽然很辛苦，但毫无疑问它将让你在人类最好的职业领域里取得成功。

你必须首先认识到上述说法的重要意义并且还要一直对它们坚信不疑。一个人如果对自己所从事的职业没有坚定的信念，那么，一旦遇到微小的挫折和打击，他就会彷徨不安、信念动摇。一个人如果没有充分认识到现在开始努力工作可以让以后的工作变得更加容易的道理，如果没有充分认识到对自己最有益的事情是用知识武装自己的头脑，那么，倾其一生，他只能羡慕地看着别人安逸地坐在大卡车上来回奔驰，而自己则不得不拉着雪橇艰难地跋涉。但是，我们千万不要忘了：制造一辆汽车要比制作一个雪橇复杂得多，因为它是由大量各种各样的零部件组成的。要想维持整个汽车的高效运转，这些零部件缺一不可。否则就可能导致严重的安全问题。

因此，对销售知识浅尝辄止是远远不够的。作为销售人员，我们必须对销售学领域的各种知识有一个广泛而全面的了解，然后才能将这些知识系统化，使之成为一门完美的应用科学。这就好比在组装一辆汽车的时候，我们既要了解汽车的各个零部件，还要对汽车有一个整体的了解。同时，我们还应该下定决心：在今后的实际工作中要依靠科学的销售知识，而不能仅仅依靠自己有吸引力的个性。

如果你不知道如何正确地吸引一个潜在顾客的注意力，那么，你将完全不可能在销售工作中取得成功。而顾客的注意力同他们的兴趣又大相径庭。兴趣是内在的、可以促使顾客产生行动的东西；而注意力仅仅是外在的，不一定能够促使顾客产生行动。一个销售人员可以引起潜在顾客对自己产品的注意，但是如果顾客从内心里对这种产品有所抵触，那么他们将不会对这种产品产生兴趣。

7. 发现最大的成功机会，获得更多的回报

◎ 对推销术基本原理的模糊不清，往往容易导致销售效率低下。

◎ 推销员可以分为四种类型：零售类推销员、批发类推销员、产品
推广类推销员以及特种产品推销员。不同类型的工作有着不同的
成功机会，但他们所能获得的最高层次的成功都是相同的。

◎ 关键的问题在于，我们究竟可以在哪个销售领域发现最大的成功
机会。

◎ 困难越多，成功的机会就越多。要克服困难，就要学习好相关的
销售原理、知识和艺术，使之成为我们成功路上最强大的助力。

刚才我们已经谈到：要想在销售领域高效地工作，就必须依靠科学的销售知识，而不是天赋的才华。下面我们将要论述的是：因为对推销术的基本原理模糊不清，所以在销售过程中往往效率很低。另外，我们还将讨论到有时候我们都倾向于就事论事，而不去仔细探究问题的根本原因。

我们现在的研究要求每一位读者开始一系列的自我分析。你应该利用所学到的新知识来纠正错误、坚定信念，或者仔细思考从而使自己的疑问获得满意的答案。

在本章的前半部分我们曾经提到，推销员可以分为四种类型：零售类推销员、批发类推销员、产品推广类推销员以及特种

产品推销员。显然，并非所有的推销员都在干着同一类型的工作，而且不同类型的工作也有着不同的成功机会。因此，仅仅笼统地选择销售领域还不够，每个人还必须选择一个具体的、最适合自己的销售类型。为了做好这个选择，我们还需要了解一下各个类型销售工作的优势和劣势。

马歇尔·菲尔德、约翰·皮尔庞特·摩根以及查尔斯·施瓦布三人的事例说明：无论是一个零售类推销员、批发类推销员、产品推广类推销员，还是特种产品推销员，他们所能够获得的最高层次的成功都是相同的。不过，除了世界最高峰珠穆朗玛峰之外，还有很多稍低一点的山峰也堪称高山，而且有不计其数的大型丘陵也在其所在区域内"高人一头"。因此，成功也有不同的层次和高度，不过每一种成功都是一个"顶峰"。并非所有的人都可以成为各自销售领域里最伟大的推销员，所以我们可能对那些稍低一点的成功更感兴趣。关键的问题在于，我们究竟可以在哪个销售领域发现最大的成功机会。

经过仔细的研究之后，我们就会发现：一个零售类推销员或者批发类推销员在发展到一定阶段之后，就不会再继续亲自参与销售工作，因为他们会被晋升为管理人员，甚至会部分或者全部拥有一个公司。也就是说，"推销术"仅仅是一个推销员职业生涯的起点，等到达了成功的巅峰之后，他就不再是一个推销员了——我们这里所说的"推销员"是一般意义上的推销员。比如，我们就不会认为马歇尔·菲尔德还是一个推销员。不过，产品推广类推销员和特种产品推销员在整个职业生涯中都会继续积极地参与销售工作。一个产品推广类推销员也许可以像约翰·皮尔庞特·摩根那样被称为一个银行家。不过我们知道：约翰·皮尔庞特·摩根一生当中一直都亲自参与销售工作，是一名伟大的证券投资推销员。特种产品推销员也许可以像查尔斯·施瓦布一样成为一个大型企业的总裁，不过我们仍然认为他是一名推销员，只不过是一名超级推销员。他亲自拉到的海上运输订单就有几亿美元。

一方面，一个零售类推销员和一个批发类推销员获得成功的过程是不同的，而且对这种不同进行区别非常重要；另一方面，我们也许可以通过产品推广类销售或者特种产品销售来实现自己的理想。如果打算做一名零售类推销员或者批发类推销员，那么，我们必须知道这一领域的推销员所能够取得的成就的极限是相当低的，这一点相当明确。一旦超越了这个极限，我们将不能继续提高。一个零售类推销员每年的薪水如果达到2 000美元就已经非常接近极限了。而普通行业里的一名批发类推销员每年的收入一般不会超过5 000美元（这是当时的薪金水平，现在已经超过这一水准。——译者注）。一旦这两类推销员的薪水超过了某种极限，那么公司就将把他们调离一线销售岗位。

不过，产品推广类推销员以及特种产品推销员却没有这样的成就限制。他们的收入上不封顶。假如某个店铺的一名职员或是某个杂货批发公司的一名销售代表被安排去办公室担任一个拿固定工资的职位，他永远都不会拒绝。但是，在一个迅速发展的城市中，没有哪一个老练的房地产销售人员会认为他的收入会受到任何的限制。他会主动要求按照销售收入进行提成，因为他知道这样拿到的薪水将是任何老板开出的固定工资的5倍。

显然，要选择哪一个特定类型的销售工作首先取决于自己的个性和气质，也就是说要根据自己的个性和气质选择出最适合自己的销售工作。另外，还取决于一个人的最终理想。如果你的目标是拥有一家店铺或是一家经营批发业务的公司，那么你可以首先选择零售领域或批发领域。选择一个你认为最适合自己的行业，然后从最基础的地方做起，利用销售作为一个阶梯一步步地提升自己，直到最终实现自己的目标。除此之外，没有其他更稳妥的方法。

如果你希望自己一生都做推销员，如果你希望不断地超越自己，如果你自认为能够胜任更大的挑战，那么你可以选择做一名产品推广类推销员或者一名特种产品推销员。不过，因为在获得名望、财富以及对社会做贡献的机会方面，一个零售类推销员或者批发类推销员完全不能够同一个产品推广类推销员或者特种产品推销员相提并论，所以，现实也对产品推广类推销员和特种产品推销员提出了更高的要求，他们要想获得最终的成功，必须具备更强的能力、更广的知识以及更多的训练。

根据补偿法则，一个人要想有多少收获，就必须有多少付出。因此，如果你希望销售工作给你带来更多的回报，那么，你就必须在自己的销售工作中投入更多的时间、精力和热诚。在销售领域中没有通往成功的捷径，有的只是不断的攀登，而攀登则意味着大量艰苦的努力。而且攀登得越高，所需的努力就越多。

尽管如此，对于我们这些已经选择了"莽莽群山"的推销员来说，谁还会满足于其他职业那"单调的平原"呢？虽然同会计、办公室职员、教师、医生以及律师等职业相比，推销员的工作要困难得多，但是，我们并不认为这有什么不好，相反，我们为自己所遇到的这些困难感到自豪。因为只要克服了困难，就有可能取得成功。也就是说困难越多，成功的机会就越多。而那些从事单调职业的人们因为所遇到的困难很少，所以成功的机会也很少。因此，同其他职业的人们相比，我们在工作中有着更高涨的热情。

我们知道我们已经非常明智地选择了一个最好的领域，在这个领域里，我们可以获得真正重大而且又非常平衡的成功。同时，我们也认识到了学习相关销售知识的必要性，而且我们正准备学习这些知识。一旦掌握了这些知识，我们每个人都必将登上成功的巅峰。因为只要我们完全理解了销售和销售艺术，那么任何困难都不能阻挡我们前进的步伐。

—— 第 *2* 章 ——

销售流程的第二个要素
"人"

1. 黄金需要提炼，才能突显价值；
常人需要培养，才能成为优秀

◎ 要尽最大可能地将自己塑造成伟大的推销员，就要首先从"原料、工具和工人"这三个基本要素上下工夫。

◎ 纯金无论最初以什么方式存在，都可以开采并提炼成24K纯金；任何一个正常人，都可以被培养成优秀的推销员。

◎ 在所有的金属里，黄金具有最强的延展性和可塑性；在所有的生物中，人类具有最强大的适应性和可塑性。

我们这里所说的"人"指的是什么样的人呢？
是你、是我还是其他什么人呢？

他不是我们中的任何一个人。

他是每一个能够成为但还没有成为他自己的人。

将能够成为"人"的"原材料"变成人需要一个"加工"的过程，而这个过程需要花费一生的时间去完成。

每一个"加工"过程——在这个过程中我们尽最大可能将自己塑造成伟大的推销员——都有三个基本要素：原料、工具和工人。下面我们来研究一下这三个要素。我们需要进入"造人工厂"，在那里我们各自的生命将得到加工和塑造。事实上，从我们一出生这个"工厂"就近在咫尺，但是在这之前很少有人主动进去看个究竟。生活就是这么奇怪，有很多本来应该再熟悉不过的事情我们反倒并不熟悉。比如尼亚加拉大瀑布，世界各地的游客都慕名而来，希望一睹它的风采，但是与它毗邻的布法罗市的大部分居民从来没有欣赏过这个伟大的瀑布。

我们在开始研究"加工"过程的时候，首先要了解能够打造成推销员的"原材料"。这些"原材料"并不像我们原来想象的那样。其实他们就是混沌未开的婴儿！处于自然状态下的婴儿常常四肢乱舞、哭闹不休，不过，这些"原材料"都可以被塑造成未来的推销员，因为只要经过"加工"，婴儿的一些特征就会被弱化，而另一些特征则会得到强化。

你也许听过这样的说法——"推销员都是天生的"。这么说并没有错，但是，即使天资再好的人刚出世的时候也只是一块璞玉——未经任何雕琢的璞玉。当然，他的诞生非常重要，不过并非像一些人所想象的那样。所以说诞生重要，是因为诞生时必须是一个人类的婴儿，而且要具备正常的身体素质——仅此而已。假如诞生时是一只小长颈鹿、小狮子或者小河马，那么无论如何也没有办法将它培养成为一名推销员。可以说，任何一个正常的婴儿都是培养推销员所需的良好材料。

你也许会说，不同的婴儿之间存在着巨大的差别。这是一个常见的误区。事实上，各个婴儿之间的区别是微乎其微的。几乎每一个婴儿都可以被培养成一名合格的推销员。下面我们以矿物界的情况为例来说明这一点。

黄金往往存在于石英、沙子或者泥浆之中，有时同其他不同的金属结合在一起。从不同的金矿中开采、提炼黄金要采用不同的方法。如果是砂矿，需要通过淘洗含有黄金的沙子或泥浆来得到黄金微粒或者天然金块。如果是含有金丝水晶的岩石金矿，则需要先将金矿石粉碎，然后再采用一种或多种化学方法才可能提炼出黄金。如果是看起来并不是很有价值的硫化矿，首先也需要将矿石粉碎，然后再采用汞化或者氰化处理，方能得到黄金。

我们必须明白的重要一点是：无论最初以什么样的形式存在，那些金币的原材料都是一样的。也就是说，不管制造那些面值20美元的双鹰金币所用的原料是来自泥浆、沙子、石英、砾岩还是硫化铁矿，它们都没有什么区别。因为只要经过提炼，它们都是同样的纯金。我们并不能说从大自然中发现的纯净的天然金块比从烂泥浆中提炼的黄金更好；同样，用石英矿石中分离出来的原料铸造的金币和用砾岩或者硫化铁矿中提炼的原料铸造的双鹰金币也没有优劣之分。

纯金并不会因为伴生物的存在而变质，无论最初以什么方式存在，都可以将它们开采出来并提炼成24K的纯金。当然，我们必须要做的是清除其他的伴生物。

黄金的提炼是这样，推销员的培养同样如此。只要是一个正常的人，只要具备正常人的素质，每一个婴儿都可以培养成为推销员。如果不具备这种素质，比如部分大脑缺失，或者大脑不正常，那么他将不可能成为一个优秀的销售人员。不过，大多数情况下，每个人都不缺乏这种基本的素质。本书的每一位读者更是如此。

如果我们将可以培养成推销员的"原材料"与可以提炼出黄金的原材料比较一下，它还有更深一层的含义。我们知道，并非所有的黄金都被制成了金币，除此之外，还有很多其他的用途。比如，它还被用来制造装饰品。黄金最有价值的一个特点是它的适应性。在所有的金属当中，黄金的延展性和可塑性是最强的，因此，我们可以用它制造出各种各样的东西。

可以培养成一个推销员的"原材料"——婴儿也同样具有这种适应性。同一个销售出了价值数百万美元金边债券的推销员一样，一个乡村杂货店的推销员也可以被评为最优秀的推销员。要知道：说服一个农村妇女购买几尺做围裙的印花布也许要比说服一位千万富翁购买一条铁路更加困难。

2. 通过努力，你能成为任何你想成为的人

◎ 一个婴儿并没有性格，所有的性格都是后天形成的。"造人的过程"逐渐地增加了人类的性格因素。当你正在培养一个婴儿时，你想将他培养成什么样的人，他就会成为什么样的人。

◎ 去掉身上的杂质，你才能成为真金。

◎ 我们之所以对生活充满了期待，是因为我们可以通过努力来克服自身的重大缺陷——这一点让我们感到振奋和鼓舞。

◎ 黄金的提炼过程有时候困难重重，成为优秀推销员需要付出大量艰苦的劳动。

◎ 天赋出众的推销员和资质平庸的推销员之间的真正差距微乎其微。

现在，让我们回过头再来看一看培养推销员所需的"原材料"——婴儿。你知道，从一出生，我们就将他送入了"工厂"进行"加工"。他是一个正常的婴儿，同时他也代表着没有接受过任何教育的人类。现在让我们回顾一下这个婴儿的成长经历。大家首先回忆一下自己的童年生活。如果由我对大家的童年生活进行一番描述，那么一旦在描述中出现某种错误，大家肯定能够及时地做出纠正，因为我叙述到哪里，你记忆的泉水就会流淌到哪里。

前面我们已经谈到，在刚刚来到这个世界上的时候，你精神饱满、活力充沛，而且你第一个独立的表演是四肢乱舞、哭闹不休。但是，很快你就发现，自己对这个新领域的反抗徒劳无功，于是你开始仔细地观察。慢慢地，你的头脑中产生了想法。你的眼睛看到的东西在脑海中形成了一次又一次的印象，然后你开始有了理解事物的能力。你会感到饥饿难忍，会感到极不舒服，也会逐渐对自己完全陌生的生活流程有所了解。有人会在你饿的时候喂你吃饭，在你冷的时候给你穿衣服，也会在你痛苦的时候给你安慰。这时候，"人类加工厂"里的"原材料"正在形成有知觉的人类。此后，再经过进一步的"加工"，这些"半成品"将逐渐发展成为完全的"成品"。

不过，这些"原材料"的本身并没有发生变化。仅仅是不同的人在外形上有不同的变化而已。与最初的"原材料"相比，每个人无论是在数量上还是在质量上都没有减少什么。现在的你和过去的你具有相同的"原料"，当然，我的情况也是如此。虽然没有什么减少，但在最初的基础上有所增加，而且不同的人增加的内容以及增加的数量也并不相同。比如，一个人可能非常关注并努力维持自己的健康；而另一个人可能不太在意这一点，从而养成一些不良的习惯，给自己的身体造成了沉重的负担，最终导致健康的崩溃。不过，这两个人在最初甚至在作为一个婴儿的时候可能同样健康。

这就涉及我们所谓的性格。一个婴儿并没有性格，所有的性格都是后天形成的。"造人的过程"逐渐地增加了人类的性格因素。人类的性格由多种因素所决定。一个人的性格有可能受到极大的扭曲，从而远远脱离常态。但是，在其他有性格缺陷的人们看来，这种扭曲的性格似乎完全正常。有人曾说那些年轻的德国贵族同其他"民主"国家的人们有着本质的区别。事实上，他们在本质上没有任何不同，只不过德国人在成长的过程中性格受到了扭曲而已。一旦战胜国所强制推行的"民主"改变了他们的生活方式，那么这些德国人将失去往日的野蛮，变得同你我一样。一个德国婴儿同一个美国婴儿根本不存在任何差别。假如这两个婴儿同在一家医院里出生，由于护士的失误，他们被调换了位置。然后，这个美国婴儿被带到了德国，在一个典型的德国家庭中长大成人；而那个德国婴儿则被带到了美国，从小到大都接受着美国人的教育。那么，美国婴儿将变成一个"野蛮人"，而德国婴儿可能成为美军的一名飞行员，驾驶着战机在德国士兵的头顶狂轰滥炸——他本来应该是这些德国士兵中的一员。

我们也许会觉得以上论述跟学习销售没有多大关系，那是因为我们没有理解以下这个基本事实。黄金可以同最低劣的杂质混合在一起制成赝品黄金。不过这样做并没有减少黄金原有的数量，也没有降低黄金原有的质量。我们采用某些适当的方法可以去除那些杂质，最后只剩下纯金。因此，赝品黄金实际上可以被重新提炼和恢复成为纯净的、名副其实的黄金。

同样，一个人性格中的"杂质"也可以被清除掉。无论一个人性格中有多少缺点，都可以通过改造使之成为一个真正的人。对于这一伟大的真理，在《圣经》中有生动的描述。上帝希望寻找一位"销售大师"，让他在广大的异教徒中宣传基督教新的福音。在寻找的过程中，上帝并不关注一个人有多少恶习和缺点，他只关注一个人的本质。最终，上帝选中了扫罗（Saul）——当时世界上魔鬼最积极的代言人之一，他经常公开地同基督徒捣乱。不过，在上帝的帮助之下，扫罗由一个罪人的首领被改造成圣徒保罗（Paul）——耶稣最初的门徒之一。因此，当你正在培养一个婴儿的时候，只要你希望将他培养成什么样的人，他就会成为什么样的人。

在旧金山铸币厂，包括从最肮脏的手上洗下来的渣滓在内的所有废料都不会被排入下水道白白流走，相反，它们要被收集起来，接受加工和处理。在这种处理过程中，即使是最微小的黄金颗粒也将得到回收利用。通过回收这些星星点点的颗粒，铸币厂得到了成千上万美元的纯金。铸币厂需要做的就是将杂质从黄金中分离出去。对于人类的培养也同样如此。无论一个人有

第2章 销售流程的第二个要素
"人"

什么缺点或缺陷，都是暂时的，我们都可以通过努力恢复他最初的、纯净的人类品质，使之从幼稚走向成熟、从平庸走向优秀。正如伟大诗人罗伯特·彭斯（Robert Burns）——他自己曾经很不完美——所说的那样："一个人不管身在何处都需要保持自己的尊严。"

从呱呱坠地到长大成人，无论经历了多少沧桑，变得多么怯懦，实际上你的人生潜能并没有丝毫减少，只不过在成年之后，你不再像年轻时那样活跃罢了。现在，你也许会对一些成功人士羡慕不已，实际上你和他们有着同样的天赋。也许你的成长过程存在着某种缺陷；也许你的潜能还远远没有得到开发——而且你已经认识到了这一点。如果真是这样，你不要试图掩盖自己的缺陷，相反，你应该努力纠正和弥补。也许你需要付出大量艰苦的劳动，也许你需要从头开始，重新塑造和锻炼自己，只要能够弥补自己的缺陷、使自己变得更加完善，无论做什么，都应该毫不犹豫地全力行动。

在不同时期，对销售人员的素质要求有所不同。过去，人们在评价一个推销员的时候，主要看两方面：一是看他酒量有多大，再就是看他能讲多少有趣的故事。此外，他还应该彬彬有礼、热情友好地对待每一位有购买欲望的顾客。但是现在，仅仅具备这些条件并不能做一个合格的推销员。要知道，如今的商人在生意场上都纷纷披上了道德的外衣、打出了良知的旗号——尽管过去他们将道德和良知看成空话和废话。因此，一定要小心不要让自己变成一个落伍的推销员。过去的推销员已经不能胜任当今时代的销售工作了。

迄今为止，我们仅仅谈论了能够培养成为一个推销员的"原材料"。非常重要的一点是要消除一些错误的看法，比如一个人"天生就适合做推销员"，而另一个人"天生就不适合做推销员"。前面所说将一个德国婴儿和一个美国婴儿互换的例子是为了强调后天因素对人成长的影响。当然，先天因素也是存在的。因为在智力、身体或者精神因素等方面，一个婴儿可能比另一个婴儿有更好的天赋。而且，由于遗传的缘故，一些人天生就存在着某种缺陷。无疑，这些都是不可否认的事实。但是，我们之所以对生活充满了期待，是因为我们可以通过努力来克服自身的重大缺陷——这一点让我们感到振奋和鼓舞。

从冲积矿、砾岩或者石英中开采和提炼黄金的难易程度以及进展速度并不相同。比如，在开采加利福尼亚州富矿的时候，矿工们只需将沙砾铲入淘金盘，然后再经过稍微的晃动和揉搓，几分钟之内就可以分离杂质、得到黄金。但是，要想从废品当中回收和提炼黄金等贵金属，即使是最好的金矿也需要采用更为复杂的机械和流程，也需要花费更多的时间、付出更多的劳动。

不良的遗传倾向掩盖了我们人类自身的潜质，这就如同石英岩石中的杂质掩盖了黄金的脉络和纹理一样。如果保留了这些不良的遗传倾向，那么，我们身体中的"黄金"将要受到损害。但是，如果在我们生命的"加工"过程中，"工人们"采用了适当的"工具"彻底地消除了每个人的不良倾向，则我们所具有的先天的"黄金"——人类优秀的品质和潜能将充分地展现出来。那些远古的矿工们采用的是原始的方法，所以不能够从坚硬的石英中提炼黄金。同样，如果仅仅采用原始的方法，也不可能使人们摆脱冷酷的邪恶和顽固的恶习，从而恢复原有的优秀品质和潜能。但是，现代心理学——该学科事实上已经应用于人类经济学、商业以及宗教等领域——可以帮助人们消除不良的遗传倾向，将我们的优秀品质和潜能从束缚中解脱出来。就如同采用现代方法来提炼黄金一样。

同我相比，也许你要克服的困难和障碍少之又少。也许你拥有更加健康、更加强壮的体魄——在体质上你比我强；也许你拥有更多的灵性——在精神上比我强；也许你拥有更聪慧的头脑——在智力上比我强。但是作为一个推销员，我可能会通过努力在现实中比你更加优秀。当然，你也可以不断地提高自己，也许你也愿意提高自己。然而，如果你没有充分利用自己的潜能、而我充分地发挥了我的潜能的话，那么在销售方面，我很可能比你做得更好。毕竟，销售是一种需要付出大量劳动的工作。

人类有一些特殊的本性。比如，加利福尼亚砂金矿的开采者们很少有人愿意去开采石英矿。他们只愿意淘洗那些存在于泥沙中的游离金。一个砂金矿开采完了，他们就接着寻找另一个砂金矿。对于岩石金矿开采的缓慢流程以及岩石金矿开采者持久的耐心，他们不屑一顾。那些涌向克朗戴克河以及诺姆城的淘金者也是如此。但是，要知道世界上大多数的黄金并不是从松散的泥沙或者砾石中开采出来的，而是从坚硬的岩石中得来的。

那些"天才"的推销员同那些仅凭运气获得财富的砂金矿开采者非常相似。如果一个家伙一跤跌在一个储量丰富的砂金矿上并因此一夜暴富，那么大家都会眼红，因为我们觉得他的财富并不是辛辛苦苦挣来的，而是老天爷白白送给他的。同样，如果一个推销员天生具有健美的体格、聪慧的头脑以及高尚的精神，那么他也会成为大家羡慕的对象。但是，上述巨大的优势往往并不能保证让一个人成为超人。历史上的伟大人物并不是一开始就很伟大，他们都需要艰苦奋斗，都需要克服众多的困难，才能够取得卓越的成就。

因为那些有天赋的推销员不需要勤奋工作就能够完成自己的销售工作，所以，他们往往不会去提高自己。而那些资质平平的推销员知道凭着自己有限的能力干不好销售工作，因此，为了更好地胜任销售工作，他们会不断地提高、完善自己，使自己的能力远远超过正常工作的需要。因为只有具备了更强的实力才能在工作中游刃有余，才可以称为真正的实力。一个人要想举起300磅的杠铃，必须首先练习举较轻的杠铃，然后再循序渐进。同样，如果一个推销员不具备良好的天赋，那么他必须首先充分地发掘自己现有的潜能。事实上，同那些天赋出众的推销员相比，资质平平的推销员往往能够更好地利用自己的潜能。因此，他们可以比那些只依靠天赋销售的人更为出色。

3. 成为"三位一体"的推销员

◎ 一个伟大的人，必定是"健美的体格、聪慧的头脑和高尚的精神"三位一体的人。

◎ 培养并不断增强你的勇气，使之成为你的第二天性。

只要具备基本的条件，每一个人都可以被培养成推销员。而在出生的时候，几乎每一个人都具备这种基本的条件——现在，想必你已经认识到了这一点。因此，我们暂且不去考虑培养推销员的"原材料"问题，转而关注培养推销员的工具和方法。

首先，我们必须明白一个完美的人需要具备的三个条件：健美的体格、聪慧的头脑和高尚的精神。试想，一个人即使拥有太阳神或者大力神一般的体魄，但如果没有聪慧的头脑和高尚的精神，那么他的人生也是不完善的。同样，一个人即使拥有聪慧的头脑，但如果他的灵魂卑劣、身体羸弱，我们也不能说他是一个完美的人。仅有精神并不能形成一个完整的人——要知道即使一个疯子也有精神。事实上，上述三个条件缺一不可，一个伟大的人一定是三位一体的。大家知道对于一个三缸发动机来说，如果其中的一个汽缸或两个汽缸在启动时没有成功点火或者中途熄灭，那么这台发动机所提供的动力就大打折扣了。一个人也同样如此。

没有哪一家发动机制造商会生产一个只有一部分汽缸能够正常工作的产品。他们会运用一定的生产工具、生产流程和测试系统保证让整个发动机处于完美的状态，提供平衡的动力。也就是说一台发动机的所有汽缸都提供相同的动力，没有哪一个是无用的累赘。一个三位一体的推销员也应该如此。在销售过程中，他的智慧、身体和精神都应该发挥出百分之百的功效，并且要相互配合、完美协调。

那么，培养一个推销员都需要哪些工具和方法呢？这个问题有三个方面，首先，让我们看一看打造健康的体魄所需的工具和方法。当然，在进行这项单独的研究之前，我们必须明白：智力的开发和精神的培养都受到身体素质的影响。这三个因素并非相互独立，而是相得益彰。下面我们不妨以男性推销员为例子来理解"三位一体"的重要性。事实上，它适用于每一个正常人。

塑造健美的体魄所需的一些工具和方法我们可能并不陌生。比如清新的空气、及时的沐浴、经常的锻炼、良好的饮食习惯以及适度的休息，等等。不过，一个人要想在身体上适应销售工作，仅仅采用上述措施还不够。因为它们本身并不能保证让一个人具备刚强有力的男性气概，相反它们只是必要的措施。发达的肌肉并不是勇气和胆量的唯一决定因素。除此之外，健全的思想以及高尚的精神都会对身体素质产生积极的影响。因此，要想塑造一个健美的体魄，品德教育、心理学、卫生学、营养学、生理学以及体育锻炼都必不可少。一个人的智力因素和精神因素也会对他身体的发展有一定的影响，反之亦然。

几百年来，人们已经认识到了一个人的心理状态和精神状态可以影响到他的身体状况。比如，极度的恐惧有可能在瞬息之间让一个壮汉浑身瘫软；而过分的忧虑则有可能让人恶心呕吐。不过，尽管人们已经认识到了精神因素和身体状况之间有一定的联系，但这只是一种粗略的认识。而真正精确地揭示二者之间关系的科学原理也只是最近才被人们发现。现在，人类已经认识到了每一个心理活动都伴随着一些身体上的活动，或者说都会同一些身体活动相联系。每当思考一件事情的时候，你大脑某个部分的组织或细胞就会发生变化。同样，当你要表达一个想法的时候，也会涉及一定的身体活动：首先，特定的大脑中枢会传达出你的想法，然后再由与之直接相连的肌肉通过神经信号将其传递出去，进而产生具体的身体动作。

因此，作为一个推销员，在增强自身体质的过程中，你应该很好地锻炼自己的肌肉，这一点非常重要。因为在未来的工作中，要想成为一个更加优秀的推销员，你的肌肉必须同你的智慧和精神密切配合、协同"作战"。下面让我们以如何培养一个人的勇气为例来说明这一点。在增强一个人的勇气并且使之成为他的第二天性的过程中，智力和精神将会对身体产生作用，同时身体也会对智力和精神产生作用。这个例子将可以解释这种相互作用的直接性。

当然，你知道，如果一个人内心非常胆怯，那么他仅仅希望自己变得勇敢或者希望自己将会变得勇敢的愿望并不能让自己真的勇敢起来。要想勇敢无畏，他必须具有勇敢的灵魂以及勇敢的智慧——我们都知道这一点。但你可能还没有认识到另外一点：只要通过身体上的锻炼，再加上心理上对勇敢的向往和追求，那么勇敢将会融入你的血液，成为与你"长相厮守"的自然天性。事实上，持久的勇敢更多地取决于颈部以及肩背部肌肉的发达程度，而不是心理上和思想上的勇敢。

你也许在某个特殊的时刻有过一个非常勇敢的想法，但是这种勇敢并没有成为你固有的习性。毕竟，一个人的想法是转瞬即逝的，肌肉组织则是长久存在的。因此，如果你希望自己无论在什么情况下都能够保持足够的勇气和胆量，那么请你提前加强对颈部、肩部以及背部肌肉的锻炼。首先请你想象一个场景或者默念一些激励性的话语，使胸中充满英雄气概。然后注意一下你的双肩是如何自然地后张和下沉，背部的肌肉是如何自然地绷紧，从而使你保持一种昂首挺胸的姿态。在了解了相关肌肉的伸缩情况之后，请你对它们进行有针对性的锻炼，以便让昂首挺胸成为自己的习惯。大量的锻炼将使你的相关肌肉变得更加发达。于是，等你再次需要勇气的时候，你早已处于昂首挺胸的状态了。你身体上的勇敢会同精神上的勇敢融会贯通、合而为一。如果你能够将昂首挺胸作为根深蒂固的习惯，那么自信和勇敢会永恒地融入你的血脉之中，成为你身体的一部分。

我们经常将勇气同相关的身体特征联系在一起。比如，勇敢的人在同别人的目光相遇的时候会直视对方的眼睛，而不是低眉顺眼；同时，他们还会昂首挺胸，而不是低头弯腰。如果看过戏剧，我们会很容易了解内心的勇敢所体现出来的身体特征。舞台上的英雄人物即使处于生死关头也不会畏惧退缩，相反，他们会紧紧地绷起全身的肌肉，昂首挺胸、巍然耸立。这时候，不需要有人告诉我们这些人物胆量超群，我们就会将这种姿势同勇敢联系在一起。

但是我们一直都没有认识到强健的肌肉也可以让人焕发出英雄豪气。我们通常都认为勇气仅仅是一个结果——那些勇敢的人思想中自然产生的结果。因此，我们不知道：如果一个人缺乏勇气，完全可以人为地让他培养出勇气，并且使之成为他天性的一部分。但这是千真万确的事实。即使你是一个胆小怕事的懦夫，如果你能够持之以恒地加强对颈部、肩部和背部肌肉的锻炼，让自己像勇敢者一样经常保持昂首挺胸的姿态，并且让这种姿势成为第二天性，那么，当你再次面临危险的时候，你的胸中也会自然而然地勃发出无所畏惧的英雄气概。

对于这种现象的科学解释非常简单：在面临一件事情的时候，人们的肌肉会产生不同的反应，这种反应会传递给大脑相应的信息，而这种信息会决定这个人随后的想法和做法。如果在面临危险的时候，你总是习惯性地低头弯腰，那么你身体姿态上的勇敢会消失得无影无踪，进而这种身体姿态还会影响到你的精神状态，最后让你精神上的勇敢也丧失殆尽。但是如果平时训练有素，在遇到危险的时候能够习惯性地昂首挺胸，那么在意识到危险存在的时候，你的精神也会随之勇敢起来。因为在突发事件到来之前，你已经从智力上、精神上以及身体上做好了全面的准备，所以一旦遇到什么事情，你根本不会胆怯害怕，相反，你会勇敢地面对、从容地应付。

4. 提高记忆力，获取更高的效率

◎ 运用好感觉工具和方法，培养你的智力。

◎ 对于推销员来说，拥有良好的记忆力非常重要。如果记忆力不好，你也可以通过训练来提高记忆力，保证不遗忘。

一个人在成长过程中应该将身体素质的训练同智力的开发、精神的熏陶结合起来。我们可以举出很多具体的事例来说明这么做的重要性，上述例子仅是其中之一。你不仅应该利用"身体工具"来塑造"物质上的人"，而且，你还应该将身体工具同"智力工具"以及"精神工具"结合起来。这样，你就不仅仅是一个物质意义上的人了，除此之外，你还是一个具有精神和智慧的人。

那么，我们可以运用什么工具和方法来培养一个人的智力呢？我的答案是运用感觉工具和方法。而一旦离开了肌肉的运动或者冲动，感觉将无从谈起，所以我们需要再次强调物质和精神的相互影响。

你知道，对于推销员来说，拥有良好的记忆力非常重要。如果记忆力不太好的话，你也许已经采取了某些措施试图加以改善。但你所采用的很可能仅仅是纯粹精神的方法。也许你的训练方法还符合著名的联想记忆法的原则。这种训练方法的确会对改善记忆有一定的帮助，但是它并不完全是一种科学的方法，因为它不能让你获得非常可靠的记忆力。

假如你希望回忆起你曾经见过的一个人的名字——我们可以随意找一个名字，比如说汉密尔顿先生（Mr. Hamilton）。那么，你将这个名字同俄亥俄州的汉密尔顿市（the city of Hamilton, Ohio）或者同政治家亚历山大·汉密尔顿（Alexander Hamilton）联系起来并没有多大用处。因为当你想要记起六个月前见过的那个人的名字的时候，你不见得就能够马上想起上述的那个城市或者政治家。

现在我们用感觉工具和方法来帮助你牢牢记住汉密尔顿这个名字。请你用一支钢笔将这个名字写下来——这支钢笔越粗劣越好；如果不小心用钢笔尖戳了手指或者将墨水溅在了手指上，那就更好了。在写这个名字的同时，请你用一种独特的语气全神贯注地把它大声地读出来。为什么要这样做呢？因为这样可以让你在不同的大脑中枢里留下对这个名字的若干个不同的感觉印象。需要说明的很重要的一点是：每一种感觉都是由不同的大脑中枢控制的。假如切除了一个人的某个大脑中枢，他可能会丧失听觉，但是其他的感觉并没有受到损害。换句话说，所有的感觉都对应着不同的大脑中枢，而且这些大脑中枢在很大程度上都相互独立。

当你书写汉密尔顿这个名字的时候，你的眼睛看到了它，因此，你的视觉就将这个名字的印象传递给了某个大脑中枢。同时，书写的时候钢笔粗糙的笔尖在纸上发出的刮擦声以及你自己大声拼读的声音，会通过听觉将你对这个名字的印象传递给另一个大脑中枢。另外，如果墨水溅在了你的手指上，那么，你的手指对墨水的感觉以及书写这个名字的时候你的手指和手所做的运动，还会将其他的感觉印象传递到其他的大脑中枢。还有，你的钢笔在纸上书写时的那种滞涩感也会让你对汉密尔顿这个名字产生触觉印象。如果你用一支粗劣的钢笔书写过这个名字，那么这个名字会始终给你留下一个不够光滑、不够流畅的印象。因此，你的大脑中的触觉中枢就会记住这个名字。除此以外，你也许还会发现其他很多种感觉。只要刺激了任何一种独立的感觉，都会给相应的大脑中枢留下印象。

也许你会问，这种记忆方法有什么效果呢？很简单，你的大脑有六个神经中枢，而不是一个。如果你对这六个神经中枢都给予适当的刺激，让它们对汉密尔顿这个名字产生印象，那么，同只刺激一个神经中枢相比，记住这个名字的概率显然可以增加五倍。等到需要的时候，任何一个大脑中枢都可以将以前接收到的信息反馈给你。比如，当你努力回忆汉密尔顿这个名字的时候，当你开始写一封信的时候，或者当你的钢笔在纸上发出沙沙的声音的时候，你都可能会想起他。

上面我们举的例子是要回忆一件事情。事实上，当你希望自己能够牢牢记住在未来某个时间要做的事情的时候，采用上述记忆方法效果会更加明显。假如你希望在某时某地提醒自己去做一件事情，那么，如果你将预期要做的事情同这个时间、这个地点要做的其他事情联系起来的话，你将会准时记起自己要做的事情。

假如你想在明天记着买一件东西。那么首先请计划一下要在什么时间以及哪个商店购买，然后想象一下在明天的上班途中，当你经过这家商店的时候，你会做些什么，也就是说想象一下你的整个购物过程。要尽可能地想象出实际购物能够带给你的各种各样的感觉印象。比如你首先会看到商店美丽的橱窗，然后走进商店，嗅到了商店里那种独特的味道，此外，还感到了在这家商店里比在大街上更加温暖或者更加凉爽。总之，要提前在想象中身临其境，到明天你希望去的那个地方"神游"一番。然后，第二天当你真的到了那个地方的时候，你的所有感觉将会像想象中一样受到触动，因此，你将立即想起自己计划要做的事情。

当然，以上所述提高记忆力的训练仅仅是智力开发的一个方面。但是，智力开发的所有方面都需要一个相似的过程，同时都需要科学地使用相同的感觉工具。首先，要将你感到的印象——重复性的、各种各样的印象传递给你的大脑，其中的每一种印象都会增强你的大脑组织。然后，为了使感觉和大脑之间的信息传递顺序颠倒过来，就要对肌肉和感觉进行训练，使它们具备快速的反应能力，确保大脑能够迅速、准确地向外传递信息。

要让身体和感觉这两种"工具"协同努力，才能得到最高的效率。迅速的肌肉活动可以加快大脑的反应速度。比如，生活在城市的人们无论是走路还是工作都是匆匆忙忙、风风火火的，而生活在农村的人们则往往从从容容、四平八稳。这种生活节奏的差异就是城市人比农村人反应更快的一个重要原因。农民经常拖着沉重的步伐在田野里辛勤地劳作，这样他们的身体动作就变得相对缓慢。因此，他们的思维以及反应速度就相应变慢了。总之，心理现象和生理现象是紧密相连、相互影响的。

5. 塑造你的精神和灵魂，做纯洁的推销员

◎ 如今，只有那些无论是身体上、思想上还是精神上都像无瑕的美玉一样纯洁的人，才能成为一名成功的推销员。

◎ 正确地做一件事情所能够得到的主要好处是，它可以让我们变得更加成熟、更加刚毅。

现在，让我们看一看可以塑造一个人的精神和灵魂的工具和方法。通常人们都认为最有效的工具是知识——那些有助于让一个人清清白白地生活、坦坦荡荡地工作的知识。其实，要将一个人培养成为一名精神高尚的推销员，就需要让他在生活中时时刻刻地实践这种知识。

过去，销售人员在工作中会不择手段地使用各种各样卑鄙的方法，诸如弄虚作假、虚报开支、进行不道德的勾当以及迎合买主的低级趣味，等等，因为他们认为这些方法行之有效，而且他们也早已对这些方法习以为常了。过去，一个好的推销员往往是那些能喝更多的酒、抽更多的烟的推销员。但是，在今天看来，这样的推销员已经不能算是最好的推销员了。

如今，只有那些无论是身体上、思想上还是精神上都像无瑕的美玉一样纯洁的人才能成为一名成功的推销员。但是，这种转变并不是通过任何形式的宗教皈依来完成的。除了他们自己，任

何人都不可能拯救这些新型推销员的灵魂。这种灵魂的拯救不是为了升入天堂时能够获得上帝赐予的桂冠，而是要在现实中将每一天的工作做得更好。

现在，销售人员已经不再将豪饮狂欢作为一种销售手段，因为这会降低他们的销售效率。他们也不再同那些品行不端的男男女女一起穷奢极欲、挥霍无度了，因为他们希望为自己的销售理想保持一个更高的标准。我们已经知道了什么事情值得做，什么事情不值得做，因此，我们将只做那些值得做的事情。这样的取舍其实是为了我们自身的利益——说起来虽然有些自私，却更加文明。

商业道德的现代准则是在实际中运用传统的"金科玉律"（已所不欲，勿施于人）来谋求我们自身的利益。一个人对"金科玉律"的传统理解产生了怀疑，于是将这个座右铭做了如下的修改："如果你希望别人怎么对待自己，那么你就应该怎么对待别人。如果你这样想的话，你就能够做到这一点了。"这种愤世嫉俗的心态基于一种错误的观念——正确地做一件事情所能够获得的好处一定是源于其他人的投桃报李，既然别人不愿意同你互惠互利，那么传统的"金科玉律"便不值得我们信奉了。每一个人都认为如果没有强制措施，仅靠"金科玉律"来生存是不可能的。这种想法很令人不解。但是我们的社会还不至于到那种程度。我们必须明白的一点是：正确地做一件事情所能够得到的主要好处是它可以让我们变得更加成熟、更加刚毅。我们必须明白：同"让我们更加成熟、更加刚毅"这个好处相比，从任何交易中得到的任何好处都不足挂齿。

如今，销售工作对推销员的品质要求比以往任何时候都高，

第2章 销售流程的第二个要素 "人"

因此，推销员对自身品质的修养不能有丝毫的松懈。从这个意义上说，他们就如同一个个备战世锦赛的运动员。试想，在比赛到来之前，如果一个长跑选手、一个棒球选手、一个拳击手或者任何一个运动员中断了训练，那么他在比赛中获胜的概率能有多大呢？对于一个运动员来说，需要坚持不懈的不仅仅是训练，还有其他方面，比如戒酒。因为在开始比赛之前的几分钟里，即使一杯白兰地也会让一个运动员几个月的戒酒功效化为泡影。

在提高精神修养的过程中，首先要让自己确信传统的"金科玉律"值得奉行。要仔细考虑你的行为对自己及他人所造成的影响，直到你可以完全确定这种影响为止。然后，要牢记销售工作的精神标准对你的价值，在实际工作中始终执行这个标准，而不能有任何例外。要知道，如果诚实守信、光明磊落的品质在"忏悔星期二"这一天值得奉行，那么，在其他任何一天的任何时刻都同样值得奉行。同时，这种诚实和磊落必须是真正和纯粹的，而不能掺杂任何私心杂念和不良动机。

即使从严格的商业角度来说，提高精神修养也是完全必要的。因为如果没有一定的精神修养，一个推销员不可能进入顾客的心灵世界。向顾客推销商品并不是要说服顾客，而是要抓住销售在顾客心里所激起的某种渴望。而渴望往往是一种同精神活动相联系的情绪化过程。

6. 推销员，你在为自己工作!

◎ 我们需要具备什么样的能力，才有可能成为一个伟大的推销员？首先要记住的是，需要付出一生的努力和汗水。

◎ 你在为你自己工作! 正确地理解这一点，你就会积极而又全身心地从事销售工作。

现在，我们已经讨论过了培养一个推销员所需的"原料"和工具。那么尚待讨论的是"加工流程"中的另一个因素——"生产车间里的工人"，也就是每一个希望成为推销员的人自己。我们需要具备什么样的能力才有可能成为一个伟大的推销员呢？首先请记住要想成为一名优秀的推销员需要付出一生的努力和汗水。

现实中，有很多推销员不知道自己在为谁工作。他们错误地认为自己是在为某某老板工作。正因为这个错误的想法，所以每当到了下班时间或者在完成了他们所谓的"一天的工作"之后，这些推销员们就迫不及待地从自己的工作角色中"解放"出来。事实上，在将自己培养成一名优秀推销员的过程中——这是我们一生的工作——我们都是在为自己而工作。因此，一天24小时，我们都应该充分地利用，开发和维护自己的销售能力。

我们可以将每天分成大致相等的三个时间段：工作时间、娱乐时间和休息时间（睡眠时间）。但是要明白：无论是在重要性还是在所实现的结果方面，每个时间段和其他时间段一样，都是"工作时间"。

在积极从事销售工作的时候，我们应该全身心地投入到工作中去——这是我们的共识。我们也知道，在上班的时候每个推销员都会全力以赴，所以在这里我们不需要讨论所谓的"上班时间"。但是，我们应该明白：作为一个推销员，我们永远都没有下班时间。

西方有这样一句古老的谚语：整天工作不玩耍，聪明孩子也变傻。不错，为了更好地工作，一个推销员的确需要休息和娱乐。但是他所采取的娱乐只能是那些真正可以让他重新振奋精神的娱乐。我们花在工作之外的时间应该全部投入到工作中去。有一些娱乐可以为我们以后的工作增加效率，不过也有很多娱乐方式不仅不能增加我们的工作效率，相反还会对我们实际的销售能力造成损害。它们有可能会让我们的发展停滞不前，甚至还可能让我们步步后退，或者说让我们已有的条件和优势逐步丧失。

在现实的销售工作中，有很多懒惰成性的推销员，也有不少操劳过度的推销员。这两种做法都会降低他们的工作效率。但是在将自己培养成一名优秀的推销员的"工作"中，无论如何过度操劳也不为过。

比如，在经过了好几个小时的旅途劳顿、刚刚走下火车的时候，有的人为了赶时间，会直接去乘坐公交车或者出租车，其实适当地散散步是更好的选择，因为这对你的身体大有好处。当坐在车上无事可做的时候，有的人会闭目养神，其实阅读一些有益的书籍是更好的选择，因为这样不仅能够滋养你的心灵，还能够让你的大脑获得休息。在周末，有的人会躺在床上一觉睡到中午，其实早早起床、到市郊的农村去远足是更好的选择，因为融入大自然中会让你感到精神愉悦、心情舒畅。总之，要充分地利用休闲娱乐时间，在身体上、智力上和精神上为自己注入新鲜的活力。

在培养一个推销员的过程中，睡眠时间同其他两个时间段一样重要。因此，你一定要保证自己的睡眠质量。当你躺在床上的时候，应该让身体、大脑以及精神都获得充分的放松和休息。首先要确定自己每天所需的睡眠时间——在这个问题上因人而异——然后，要努力让睡眠时间中的分分秒秒都充分地发挥它的价值。晚上休息的时候，一方面要保证室内空气的流通，因为在精力的恢复方面，清新的空气比舒适的枕头更加重要；另一方面，要让自己的大脑和精神彻底地放松，否则，你不可能有高效的睡眠质量。

7. 你代表着你的老板、公司和你自己

◎ 在将自己培养成为一名优秀推销员的过程中，努力做一名合格的代表，是必不可少的一个环节。

◎ 你代表着你的老板和公司，更重要的是，你代表着你自己、你的个人价值和你的尊严。

关于销售工作，还有另一个你应该了解的特点。在拜访一位潜在顾客并且做自我介绍的时候，你往往会说"我代表某某人或者某某公司"。通常情况下，对于说话者而言，这种说法只不过是一种形式和过场，因为他们自己并没有意识到他们正在代表着

自己的老板和公司。

事实上，当你站在一个客户面前的时候，在他的眼里，你毫无疑问是代表着一个公司的立场。作为一个公司的一员，代表着一个公司的立场——这就是"代表"一词的内涵。在将自己培养成一名优秀推销员的过程中，努力做一名合格的代表是必不可少的一个环节。

如果你的性格同所在公司的企业理念格格不入，那么我建议你不要继续在这家公司待下去了。因为要想最有效地代表一个公司，首先你必须在内心深处完全认同这家公司。但是，一旦确定了自己的从业领域，同时也选择好了自己的雇主和公司之后，你就需要努力将该公司的企业理念和方针政策融入自己的血液当中，使之成为自己个性的一部分。然后，当你再次面对客户的时候，你就可以名副其实地代表一个公司了。

同时，请不要忘了你也代表着你自己，代表着你的个人价值，代表着人的尊严。无论大客户还是小客户，他们都会重视这种代表、信任这种代表。

本章中我们一直在研究的"推销员"并不是一个模糊的概念，我们当中的每一个人都可以通过努力，变得像"他"一样完美、一样能干。要想成为一名伟大的推销员，对不同的人来说，所面临的难易程度也许大相径庭，但是我们每个人都具备最基本的"原材料"，也就是说我们都有成功的可能性。而且，培养一名推销员所需的工具就在你的掌握之中，你可以利用那些工具来创造自身所需的身体、智力和精神等方面的素质。另外，作为我们自己美好生活的创造者，每个人都完全有能力不断地提高自己，在销售领域有所建树。

—— 第*3*章 ——

销售流程的第三个要素

"术"

1. 熟悉和实践销售知识，激发客户的购买欲望

◎ 知识本身并不能帮助我们获得成功，除非将它们运用于实践。

◎ 要做一名成功的推销员，就要善于表达自己的想法，通过我们的
推荐和介绍，让产品在客户的脑海中留下清晰而鲜明的印象，从
而激起他们强烈的购买欲望。

◎ 一个不会游泳的人去戏水，很容易遇到危险；一个对销售知识一
窍不通的推销员，根本无法胜任销售工作。

◎ 学习销售知识既可以消除无知、避免错误，又可以增加信心、提
高效率。

"术"有艺术和方法的意思。因此，顾名思义，推销术就是

销售人员在推销工作中所运用的销售艺术和销售方法。

众所周知，知识本身并不能帮助一个人获得成功，要想从所学到的知识中获益，我们必须将它们运用于实践。同时我们也知道：即使拥有丰富的知识，如果不能以正确的方法来运用它们，我们同样不可能从中获益。假如一个伟大的法国学者从不展现自己的才华，那么我们将永远都不可能了解他的智慧。即使他愿意展现才华，但如果他仅仅使用本国的语言，那么除了少数懂得法语的人之外，大多数人仍然不会对这位学者的学识产生深刻的印象。

要想做一名成功的推销员，我们必须善于表达自己的想法，通过我们的推荐和介绍，要让我们的产品在客户的脑海中留下清晰而鲜明的印象，从而激起他们强烈的购买欲望。如何采用最佳方法让潜在客户了解我们的产品，是一个推销员必须掌握的知识，但仅有这些知识还远远不够。除此之外，我们还应该知道如何最有效地运用这些知识，然后还必须通过大量的实践，来不断地提高我们运用知识的能力，直到将又快又好地把我们的产品介绍给客户的能力变成我们的第二天性为止。

任何一个聪明的销售人员都会对销售方法略知一二。道理很简单：如果一个人不会游泳，那么他在戏水的时候很可能遇到危险。同样，如果一个推销员对销售知识一窍不通，那么他根本就无法胜任销售工作。有人曾说："学习一些错误的知识比没有知识更加危险。"事实上，在销售人员当中，很少有人对销售原理进行过透彻的研究。而且有相当多的推销员对错误的销售方法津津乐道。

在前面的章节中谈到学习过程的时候，我们已经说过，学习销售知识的目的是让我们在实际工作中更加得心应手。具体来说，学习销售知识既可以消除无知、避免错误，又可以增加信心、提高效率。

假如有这样一位船长：当他驾驶着轮船进入港口的时候，轮船搁浅在了一片沙洲上，而在往后退的时候又撞到了暗礁，结果轮船被撞出了一个大洞，最后终于到了码头，但是船长在试图靠岸的时候，又手忙脚乱地撞坏了码头的桥墩。由此，我们肯定会说这位船长的驾驶技术很糟糕。同样，假如一个推销员没有经过仔细的准备就开始冒冒失失地向潜在客户推销商品，然后，也没有通过耐心的说明和解释来激发客户的购买欲望，就迫不及待地希望达成交易，最后往往搞得不欢而散。这时，我们也会说这个推销员不是一个好推销员。

其实，航海和销售在很多方面都有相似之处。当一个轻率而无知的人驾驶着一艘不堪一击的小艇——这条小艇既没有配备船桨和船帆，也没有配备指南针——在大海中游荡的时候，大海将是一条危机四伏的道路。但是，当一名老练的水手驾驶着一艘固若金汤而且动力强劲的轮船在自己熟悉的水域航行的时候，他不会惧怕任何狂风巨浪。当船只处在宽广的公海海域的时候，他满怀信心、稳操船舵，让轮船全速前进。然而，在接近港口的时候，他会提高警惕，以确保船只的安全，他会密切地观察他的航行路线——港口会通过浮标和陆标来指明安全的航行通道。如果海面上大雾弥漫，他不会轻率冒险。这时候，他要么更加小心翼翼地摸索着前进，要么就等到云开雾散之后再入港停靠。如果风和日丽、能见度很好，他既不会粗心大意，也不会谨小慎微。这时候，如果有必要，他会放慢速度，但是绝不会因为过分的小心而浪费时间。在接近码头的时候，他会勇敢而果断地指挥他的船只进入自己的泊位。这时候，尽管他很清楚一旦出现失误，不仅自己的船只，而且连码头都可能会遭受不堪设想的损失，但是他没有丝毫的担心和焦虑，因为他对自己的操作技术和航海知识有充分的信心。然后，他会稳稳当当地将船停好，接着指挥工人有条不紊地卸下船上的货物。

也许你见过一艘大轮船靠岸时的情景，而且很可能你会觉得那是一件难度相当大的工作。当粗大的缆绳已经绷紧，轮船却突然转向，朝着码头冲过来的时候，你也许会紧张得屏住自己的呼吸。你也许以为掉转船头的动作过大，以致要撞上码头。但是，稳坐在驾驶台上的船长并不会兴奋不已或者惊慌失措，*他只是镇静地调动并运用着轮船停泊方面的知识和技能——这些知识和技能是在以前的学习和实践中获得的。* 他从容不迫地将轮船牢牢地停靠在岸边——所以能够从容不迫，是因为他对自己和自己所采用的操作方法充满了信心。然后，他会继续进行下一项工作——卸下船上的货物，当然，码头上会有专人来接收这些货物。

现在，让我们看一看上述例子对我们的销售研究有什么启发。

我们想象一下如下情景：在乱石穿空、惊涛拍岸的大海边，一个小伙子连船桨都忘了带，就跳上了一艘小划艇，一头冲进了风浪之中……显然，在这个鲁莽的小伙子出发之前，我们就能够预料到他的结果。要知道，在平静的池塘里坐在独木舟上用双手划划水，优哉游哉地娱乐一番倒没有什么，但要赤手空拳地驾着独木舟去大海里搏击风浪根本是不可能的。让我们再作一个假设：假如一个推销员在进入一个代理区域之前对销售原理一窍不通，对如何高效地做好销售工作一无所知，对销售艺术闻所未闻——为了成功地完成销售任务，必须经过大量的实践、积累起大量的经验才能掌握这门艺术——那么，这位推销员的结果如何呢？显然，他像上面所说的那位鲁莽的小伙子一样也将一败涂地。

在销售人员开始他们的第一次独立"远航"之前，一定要确保具备两个条件：第一，必须有经得起风浪考验的"船只"；第二，要能够熟练地"驾驭"这艘大船。也就是说，无论是在茫茫的大海上破浪前进，还是到避风的港湾归航停靠，都要能够操纵自如。在这里，"坚固的船只"指的是坚实的专业知识储备，而"熟练的操作技术"指的是开发新客户的技巧，有了这两个条件之后，销售人员就可以满怀信心地在风急浪高的"大海"里扬帆远航了。因为不知道如何应对大海的风浪，所以那些不习水性的"旱鸭子"对神秘莫测的大海总是充满了恐惧。但是，当一个真正的水手置身大海的时候，他会感到非常的安全。同那些"旱鸭子"相比，他对自己职业的危险性有更深刻的了解，但是他没有丝毫的恐惧，因为他对脚下的船只和自己的驾驶技术有着充分的信心。一个老练的推销员也同样会对自己充满信心，因为他对自己的职业有足够的了解。在确定了新的销售目标之后，他会毫不犹豫地"扬帆出海"，尽管此行可能是一次失败，但是他坚信自己一定能够取得成功。同时，对于途中可能遇到的艰难险阻，他也毫不畏惧。在必胜信念的支撑之下，他这艘"大船"开足了马力，乘风破浪，朝着"目标港口"（即目标客户）全速驶去。他有充分的把握，相信自己一定能够安全地停泊在预定的码头——通过努力激起客户的购买欲望，进而使其接受并最终购买自己的产品。

　　但是，如果水手们不能胜任自己的工作，那么即使是最坚固的船舶也会遭遇灾难。同样，如果一个推销员不能够正确地运用所学的知识，那么即使他拥有丰富的销售知识也无济于事。遗憾的是，还有很多人并没有认识到这一点的重要性。他们仅仅在了解了所在行业的基本信息之后就满怀信心地开始销售工作了。一些制造商和经销商往往自欺欺人地认为：只要他们的产品质量过硬、价格优惠，销路自然就不成问题。而很多销售人员也从这个错误的原则出发来进行他们的销售准备工作。他们所推销的商品的确质优价廉，而且他们对自己所在行业的情况也有充分的了解，但是，他们在销售过程中处处受挫、屡屡碰壁，即使有一些小小的业绩，也都无足挂齿。他们之所以不能够取得成功，原因就在于他们没有在实际工作中灵活地运用所学的知识。

2. 最有效地向客户传递你的想法

◎　一个推销员必须了解有关向别人传递想法的知识，同时还必须掌握在实际中运用这种知识的技能。

◎　开发个人最大的销售潜能需要经历三个阶段：一、透彻地了解自己所在行业的各种知识以及销售方面的全部要素；二、懂得如何最有效地将自己的想法传递给目标客户；三、以最正确、最有效的方式参与销售实践，并在不断的实践中让这种方式成为你的第二天性。

◎ 销售不能只摸索着前进。在说服目标客户之前，推销员需要尽可能全面地了解这位客户的各种信息。

商品不可能自己推销自己，所有的商品都要由人来推销。而在推销过程中，推销员必须向目标客户传递他对所推销商品的看法，并让对方接受这种看法。这是从一个人到另一个人的过程，或者说是从一个人的头脑到另一个人的头脑的过程。因此，一个推销员必须了解有关向别人传递想法的知识，同时还必须掌握在实际中运用这种知识的技能。储存在头脑中的知识并不能替你销售商品，所以，你需要把这种知识以及自己对所推销商品的印象传递给目标客户。另外，你还需要设法让目标客户认同并接受你的印象和看法。当然，你自己的想法首先要正确，然后，你要知道如何将你的想法传递给目标客户，从而让他们也产生正确的想法。实际上，你甚至还必须设法让对方按照你设计的思路去思考。

因此，要想开发出一个人最大的销售潜能需要经历三个阶段。首先，你需要透彻地了解自己所在行业的各种知识以及销售方面的全部要素，比如本公司的方针政策、代理区域内的具体情况以及客户的需求，等等；其次，你需要知道如何最有效地将自己的想法传递给目标客户；最后，你必须以最正确、最有效的方式参与销售实践，并且要在不断的实践中让这种方式成为你的第二天性。

不要错误地以为销售只是一门科学，其实它也是一门艺术。当然，一个画家不仅需要了解绘画原理，还要能够分辨各种画笔、铅笔以及颜料的优劣。同样，我们也应该了解销售原理方面的科学知识。但是，我们不是"科学家"，而是"艺术家"，我们要在销售工作中实际地运用我们的知识。你知道那些技艺最为精湛的制图员——他们了解有关绘画的全部规则——也许根本就不是艺术家。他们也许对绘画艺术的技法和所需的工具都了如指掌，但是他们仍然只是制图员，而不是艺术家。

其实，在销售领域也有类似的情况。经常会有这样的推销员：他具备系统而完善的销售学知识，而且对公司的一系列产品有很好的了解，但他就是不能说服客户购买自己的商品。在现实中我们就遇到过此类案例。由此可见，销售学方面的知识显然仅仅是推销员取得成功的必要条件，而非充分条件。令人欣慰的是：对于一个推销员来说，销售方面的天赋并不是最重要的——这一点我们在前面的章节中已经提到过——也就是说，我们没有必要一生下来就得具备对销售工作的特殊适应性。任何一个有一定智商的人都可以通过学习和实践来获得并完善自己的销售技能。我们不像那些研究绘画艺术的人，倒像那些尽管拥有丰富的知识并且付出了大量的努力，却还没有成为成功艺术家的人。只要懂得销售原理，并且能够将这些原理应用于实践，那么，无论天赋高低，任何人都可以不断提高自己的能力，并最终成为像艺术家一样的销售人员——在销售过程中技艺精湛、游刃有余的推销员。

现在，让我们再来看一看水手的情况。当他们驾驶着轮船在公海上航行的时候，通常都是朝着一个既定的目标直线前进，而不会随意地拐来拐去。也就是说，在通往港口的途中，他们需要一种"常规的"驾驶技术。同样，作为一个推销员，在没有参与一项具体销售进程的时候，也需要经常维持一种"常规的"性格特征。他应该时刻提高警惕，密切关注那些对自己有所影响的各种外部因素。还应该及时采取相应措施，使自己的知识能够满足需要，以确保在前进的道路上不掉队、不落伍。他需要时刻保持一种工作时的状态，同时，他还必须密切关注着各种机遇和挑战。

正如亚伯（Abe）和马洛斯（Mawruss）所说的那样，你不能每天只做8小时的推销员，而在其他16个小时干完全不同的事情。如果一艘轮船在海上每走一个小时就停下来休息两个小时，那它到达预定港口的时间就要大大延长了。同样，如果一个推销员每天只工作8个小时，那么他要取得成功的可能性也将大大降低。当轮船在公海上航行的时候，尽管有着广阔的回旋余地和驰骋空间，但船长依然会小心翼翼、如履薄冰，不敢有丝毫懈怠。同样，作为一个推销员，即使在没有实际参与一项具体销售活动的时候，也应时刻让自己处于工作状态。要做好应对突发事件的准备——这些随时都可能出现的事件将考验你的销售能力。另外，不要忘了同销售的最终完成一样，事先的调查、准备工作以及初步的措施也都是销售流程中不可或缺的一部分。

现在，让我们再次把话题转回到水手，确切地说是轮船的船长。当轮船抵达一个特定港口的时候，一个船长仅仅掌握"常规的"航海技术就不够了。这时候，他不仅要掌握航海技术，而且需要知道这个港口详细的航道标志。这里我们假设这位船长手头有这个港口的航海图，并且能够识别出这里的浮标和灯塔——不管他以前是否见过同样的浮标和灯塔。于是，在航海图和航道标志的引导之下，船长驾驶着轮船安全地抵达泊位。因为他曾经在其他相似的港口停泊过，所以在这里停泊的时候，他可以驾轻

第3章 销售流程的第三个要素
"术"

就熟。当轮船稳稳地停靠在码头并且所有的缆绳都被牢牢系紧之后，船长就可以指挥工人们卸货了。

同样，当一个推销员要从一位特殊的目标客户那里拿到订单的时候，仅靠一般的销售技巧也是不行的。推销员在试图说服这个独特的目标客户之前，需要尽可能全面地了解这位客户的各种信息。而事先的调查研究可以为老练的推销员提供足够的信息，以确保他能够以正确的方式进入"港口"。在掌握了大量的信息之后，还应该对目标客户进行恰当的评估，而这种评估会让推销员在他的销售过程中前进一步。如果对目标客户相对比较陌生，那么，推销员就需要小心翼翼、谨慎行事，就如同一位船长在浓雾笼罩的大海上航行或者到一个陌生的港口停泊时一样。不过，经验丰富的船长对一般的航道标志都已经烂熟于心，同样，老练的销售人员也能够从客户所流露出的信号——如注意、兴趣、希望以及异议等——中看出端倪，并且据此做出决策。有了如同熟悉的"航道标志"一般的客户信号作为指导，再加上事先通过调查获得的客户情报，销售人员就能够像船长从轮船上卸下货物一样，最终以最佳的时机将自己的想法传递给目标客户。

但是，假如船长事先不知道海港的入口，那么他要想进入港口就必须摸索着前进。即使他幸运地找到了入口，但如果他没有注意到航道标志或者不明白这些标志的意思，那么，他顺利地进入泊位的可能性有多大呢？除非这个港口碰巧没有沙洲、暗礁、浅水区或者其他的航行障碍，否则这种可能性会非常渺茫。

同样，假如一个推销员不了解销售进程中客户所释放出来的各种信号的重要意义，那么他想成功地说服客户的可能性也将非常渺茫。也许，还没有等到他到达预定的"港湾"，他销售的

"航船"就早已折戟沉沙、灰飞烟灭了。相反，那些经验丰富、见多识广的销售人员会避开一切"急流险滩"，沿着安全的"航线"一步步地接近他的销售终点。如果在"航行"途中，他不能确定前面是否安全，那么，他绝不会去冒那种"船毁人亡"的危险。为了确保自身的安全，他会在中途暂时"抛锚停航"，如果有必要，他甚至不惜"退避三舍"。

这就是好的销售艺术，能精通此道的人堪称销售大师。我们已经知道，这种销售艺术包括两个方面：一是销售原理和销售要素方面的知识，二是对正确方法的具体实践。这种实践需要持之以恒，直到它能成为一个推销员的第二天性为止，因此，它几乎是我们毕生的工作。现在，我们就正在研究销售的原理和方法，这种研究将为我们奠定与销售有关的知识基础或科学基础，然后，在这个基础之上，才可以最有效地开发我们的销售艺术。

3. 你销售的其实是商品给人的感觉

◎ 在整个销售过程中，推销员都应该始终处于主导地位。真正意义上的销售，是销售人员通过克服一定的困难说服客户、进而取得订单的过程。

◎ 你出售的其实不是商品，而是关于商品的想法。要让目标客户接受推销员的想法，前提是——推销员自身的想法是正确而完善的。

◎ 在纯粹的想象和考虑过但还没有实际经历过的感觉的影响之下，

目标客户对商品的"想法"会不断地得到强化。当一个推销员试图将自己的想法传递给目标客户时，充分地利用客户的各种感觉是最关键的一点。

前面我们已经说过，在一个销售过程中，一个推销员要做的工作就是要让自己对所销售产品的看法或者所提出的建议被客户所接受，就是要让客户按照自己的思路去思考。因此，它是一个把推销员头脑中的想法传递到客户头脑中的过程。在整个过程中，推销员应该始终处于主导地位。如果你没有通过任何的争取，而是客户主动地从你这里购买了某种商品，那么，你就没有权利说自己拉到了一个订单，而只能说是客户给你下了一个订单。这种主要由于客户的主动购买而形成的所谓的"销售"并不是本书的研究范围，我们要讨论的是销售人员通过克服一定的困难说服客户、进而取得订单的真正意义上的销售。

在这里，让我们做一个区别，你出售的其实并不是商品，而是关于商品的想法。在很多情况下，甚至还没有进行商品的交接，整个销售过程就已经结束了。有时候，在交易完成之后很长一段时间里，客户都没有看到他们所购买的商品。比如，在第一次世界大战时期，数百万美国自由公债的购买者就是这种情况。当时，他们或者购买了或者同意购买几百万美元的自由公债，但是在数月之内，他们并没有指望着能看到实际的债券。自由公债发行委员会的销售人员只是向购买者宣传他们自己对这种公债的想法，等到他们的想法被购买者接受之后，销售工作实际上早已经完成了，此后所进行的商品交接只不过是例行公事罢了。

下面让我们看一看当一个人要将自己的想法（或者称为"心

理印象"）传递给另一个人的时候，他可以采用哪些不同的方法。显然，一个推销员销售能力的高低完全取决于他能否有效地让自己的想法为目标客户所接受。当然，众所周知，要想让目标客户接受推销员的想法，有一个前提条件——推销员自身的想法是正确而完善的。我们在前面引用过一句话："学习一些错误的知识甚至比没有知识更加危险。"因此，一个推销员所掌握的知识正确与否也很关键。为了本章讨论的方便，我们先假设每个销售人员都掌握了正确有效的销售原理和要素方面的知识，而没有被错误的知识所误导。在以后的章节中，我们将会讨论销售的步骤，以探讨销售人员应该了解的各种销售要素以及具体的销售原理。在前面的章节中，我们已经对"销售"和"人"这两个要素进行了粗略的论述，现在，我们还要做一个一般性的研究，看一看销售人员通过什么样的手段和方法才能最有效地让目标客户接受自己的想法。

虽然我们将详细的讨论放在了后面的章节，不过，在这里我们要简单地说一下销售人员应该有的正确想法所具备的一般特征。因为如果我们自己不能清楚地理解"想法"一词的含义，那么我们就不知道自己究竟要向目标客户说些什么，当然就更不知道如何最有效地说服客户了。

为了不产生歧义，我们暂时不使用"想法"这个词，而使用"心理印象"。

韦伯斯特（Webster）将"心理印象"一词定义为："视觉、触觉以及听觉等感觉在记忆或者想象中的再现——宽泛地说，就是一个想法。"为了牢牢记住这个定义，我们需要再重复一遍：心理印象就是"视觉、触觉以及听觉等感觉在记忆或者想象中的再现——宽泛地说，就是一个想法"。

你应该还记得在前面的章节中，我们曾经以提高记忆力的训练为例，说明了销售人员智力的开发需要充分利用各种感觉。因为人类智力的开发都是一样的，所以我们目标客户的"智力开发"自然也应该遵循同样的原则。

事实也的确如此。销售人员将自己的"心理印象"传递给目标客户，促使目标客户在想象中重现自己经历过的视觉、触觉、听觉以及其他各种感觉印象。**因此，在纯粹的想象以及考虑过但还没有实际经历过的感觉的影响之下，目标客户对商品的"想法"不断地得到了强化。**

下面让我们举个例子来帮助大家更好地理解这一点。假如一个加利福尼亚州南部的房地产推销员在圣诞节前后到底特律市去开拓业务。当这位推销员坐在烧着暖气的办公室里同一位缺少激情的目标客户交谈的时候，他一直在想着"阳光明媚的加利福尼亚那温和宜人的气候"。为了使自己在客户心目中留下更加鲜明的印象，他就开始通过想象来刺激目标客户对不同气温的感觉。

他说："这儿的天气可真让人受不了，走在外面，冷得浑身直打哆嗦。在加利福尼亚，可没有这样的大风雪。即使是在隆冬时节，那里也同这里的夏天一样温暖。但是在这里，大家不得不待在烧着暖气的屋子里，借助于散热器烘烤过的空气来获得身体上的温暖。在洛杉矶，这个季节在办公室里工作的人们都敞开着窗户，他们既可以呼吸新鲜的空气，又能够享受春天般的温暖——不像暖气那样让人觉得憋闷。"

这位推销员对自己感觉的真实描述简直让人身临其境。当他说到寒冷的大风雪的时候，那位底特律人立刻会想到窗外那逼人的寒气，甚至不由自主地浑身起一层鸡皮疙瘩。而片刻之后，当他谈到洛杉矶的时候，那位底特律人又会想象起坐在办公室里，敞着窗户、呼吸着新鲜空气、享受着微风吹拂时的那种惬意——就如同在底特律的夏天他能够享受到的那样。但是，在整个过程当中，那位底特律人对冷热的感觉只是想象中的，实际上他并没有离开他的办公室，也没有离开他的暖气。

假如这位房地产推销员没有采用上述的说法，而是用一种比较笼统的说法向目标客户介绍洛杉矶的气候："加利福尼亚州南部冬天的平均气温要比这里高出4.4度。"那么，他的说法根本就没有有效地说明自己的观点，因为这种说法不能够刺激"任何的感觉印象在人们想象中的再现"。也就是说，目标客户不会在想象中体会到任何寒冷和温暖。这种说法对目标客户来说，只是一个抽象的数字，说了等于没说，根本不能刺激他在气候方面的想象力。

因此，当一个推销员试图将自己的想法传递给目标客户的时候，充分地利用客户的各种感觉是最关键的一点。如果推销员说"加利福尼亚州南部冬天的平均气温要比这里高出4.4度"，那他是想直截了当地用事实来吸引客户的注意力。也许他认为这样说简洁明快，方便快捷。事实上也的确如此，这样一句话就把两地的气候差异简单地概括了。但是，事实本身并不能让人产生明确的形象。而在推销员向客户传递想法的过程中，各种感觉印象——正如上面关于气候差异的第一种说法一样——却可以助推销员一臂之力，因为它们可以强化客户的想法或者心理印象。在目标客户的眼里，这些想象中的感觉要比那些空洞的统计数字更能让他真切地了解加利福尼亚的气候。

第3章 销售流程的第三个要素
"术"

因此，销售人员仅仅用"事实"说话还不够。能够滔滔不绝地罗列一堆枯燥的事实并不能证明一个人精通销售之道。在推销员自己的头脑中，必须对所销售的商品有一个感官上的印象，因为他的职责是通过某种外部的刺激促使目标客户在想象中再现各种感觉印象，而不是仅仅告诉对方一些枯燥的事实。为了能够取得良好的销售效果，为了让客户对他产生信赖感并最终取得订单，他必须将自己的感觉印象传递给客户。

因此，推销员在自己的头脑中拥有感觉印象是绝对必要的。试想，一个推销员在试图向其他人销售商品的时候，如果他自己对商品都没有实际的感觉印象，那么他又怎么能将这种印象传递给目标客户呢？

下面，让我们举个例子来说明这一点。假如你打算出去推销天鹅绒，并且希望客户能够认识到这种天鹅绒的质地是多么的柔软和平滑，那么请你先用自己的手指去抚摸一下，亲自体验一番。通过手指的触觉，你会非常直观地获得"柔软平滑"的心理印象。然后，你就可以更好地促使这种印象在目标客户的想象中进行再现。

很多时候，推销员对商品的介绍并没有说服力。而不能令人信服的原因通常在于他们对自己所销售的商品缺乏真实的感觉印象。也就是说，他们对于商品没有一个明确而清晰的想法，而他们自己对商品的这种模糊不清的想法又有一个直接的后果——客户也不可能清楚地了解这种商品。因此，在你开始向客户传递想法之前，自己一定要有这个具体的感觉印象，因为你希望在客户心目中留下的心理印象正是在他想象中那些感觉的再现——正如韦伯斯特所定义的那样。

4. 心理印象的实际传递

◎ 把一个人的想法传递到另一个人的头脑之中只能通过三种途径：语言、语气和动作。其中，语言对推销员的重要性是最小的。

◎ 大多数情况下，要想成功地进行销售，就必须将客户的态度从否定或中立转变为赞同或肯定。

◎ 只有在你有某种信息需要告诉对方时，使用你的语言作为伪装，再加上适当的语气和动作，巧妙地将你的想法传递给客户才是更好的销售手段。

◎ 推销员所要掌握的一个黄金法则就是尽可能以最精练的语言有效地表达自己的观点。

◎ 同其他人一样，目标客户从直觉上相信自己看到的东西，所以，他们更相信推销员的动作所流露出的信息。

现在，我们开始讨论心理印象的实际传递以及传递的手段和方法——通过这些手段和方法，销售人员的想法可能被最有效地传递给目标客户。

把一个人的想法传递到另一个人的头脑中只能通过三种途径：语言、语气和动作。下面让我们根据它们的重要程度依次讨论。

一、语言

在上述三种交流途径当中，语言对推销员的重要性是最小的。对于一个老师来说，向小学生讲授最简单的字母和音节的时候，最重要的沟通工具莫过于语言。通常情况下，在进行纯粹的信息交流的时候，语言是最好的工具。但是，在没有任何动作的情况下，仅靠单调的语言表达根本不可能给潜在客户留下深刻的印象。

一个人采用不同的方式讲同一个故事，效果可能截然不同。如果在讲故事的时候，他无精打采、有气无力，声音单调沉闷，而且没有任何动作和感情色彩，那么，我们在听的时候，很可能昏昏欲睡。但是，如果他在讲故事的时候，声音抑扬顿挫，充满激情，比如在讲到恐怖情节的时候，他瞪大双眼、浑身战栗、声音颤抖——这时候，你可能紧张得连头发都要竖起来了。

在把一个想法传递给目标客户的时候，需要将语言、语气和动作三者协调配合。但是很少有推销员能够认识到这一点的重要性。如今，人们更加强调的是"优秀的销售口才"。销售人员都有自己的一套销售辞令，而且他们往往喜欢机械地将这套辞令一口气全说出来。他们只有这么多能耐，所以必须全部施展出来。那些只会使用"语言"工具的销售人员往往认为有必要瞄准"敌人阵地"，将自己的所有"弹药"像急风暴雨一样全部倾泻过去。因此，他们会迫不及待地希望引起客户的注意和兴趣，然后又会急不可耐地希望客户购买自己的商品。但是，整个销售过程漏洞百出。

要知道，当销售人员试图向目标客户兜售商品的时候，一般情况下，客户要么持否定态度，要么持中立态度。有时候，由于急需某种商品，所以客户会非常欢迎那些找上门去的推销员。但是这种情况极其少见，几乎可以忽略不计，所以在这里我们不予讨论。大多数情况下，要想成功地进行销售，都需要将客户的态度从否定或中立转变为赞同或肯定。也就是说，必须让客户赞同销售人员的想法。不过，要想让客户赞同销售人员的想法，首先必须使他们信任销售人员以及销售人员的想法。

遗憾的是，"语言"是撒谎者最喜欢的工具。所以，人们现在已经不太相信那些漂亮的恭维话了。对于那些口若悬河的推销员——他们往往会在客户面前将早已背得滚瓜烂熟的一套销售辞令一字不漏地复述出来——客户对此有一种天生的怀疑。推销员的花言巧语不仅会让客户自然地产生"敌意"，而且可能将客户的中立态度变成"敌对"状态。你知道，当你拜访一位客户的时候，他会习惯性地保持一种疏远的态度。你必须成功地穿越他设置在你们之间的篱笆，才能真正"接近"他。但是，不管你说什么，他都会存有戒心。因为他知道你的最终目的，所以他总是警惕地守护着自己的钱袋。

二、语气

在或多或少地赢得客户的信任之前，他不会对你的"花言巧语"放松警惕。而仅仅凭借"语言"工具很难赢得客户的信任。只有在你有某种信息需要告诉对方的时候，使用你的语言作为伪装，再加上适当的语气和动作，巧妙地将你的想法传递给客户才是更好的销售手段。但是，在这个过程中，一定要注意不能使用太多的伪装，否则，不但不能赢得对方的信任，反而会引起怀疑。因此，推销员所要掌握的一个黄金法则就是尽可能以最精练的语言有效地表达自己的观点。如果你的想法可以通过一个语气或者一个动作来表达，那么就请将与这个语气或者动作相关的语言的使用减少到最低限度。

一个人在撒谎的时候，说得头头是道相对比较容易，但是要做到连语气方面都无懈可击就相当困难了。因此，同语言相比，客户对你的语气的怀疑程度已经大大降低了。很少有客户会对你的语气心存戒备，所以，如果将语气作为一个突破障碍的有力工具，你稳操胜券的可能性就大大增加了。在你成功突破障碍之后，如果你真的博得了对方的信任，那么，他不仅对你的语气不加怀疑，而且对你的语言也将深信不疑。

你千万不要误解我们以上有关谎言的论述。如果在使用语言、语气或动作等工具向目标客户传递想法的过程中，你所说的话没有事实根据或者纯属一派胡言，那么，可以肯定，你不是一个优秀的推销员，而且你的销售技巧也必定非常拙劣。你不要为了消除客户正当的怀疑而错误地使用语气。因为目标客户对于销售人员所说的话通常都会持保留态度，所以，他们会对推销员的话进行查证落实，而谎言将无处藏身。另外，虽然你知道自己所说的是千真万确的事实，但是还要在销售过程中讲究方式和策略，因为客户习惯上对你所说的话产生某种程度的怀疑。

假如一个推销员自认为所说的是千真万确的事实，并因此认为客户会对他的话深信不疑，那么，客户很可能把他看成一个特别擅长用花言巧语欺骗顾客的家伙，所以对他所说的话会产生更多的怀疑。因为自己认为自己的话诚实无欺，于是就希望客户也这样认为，这是不明智的。因为客户对自己所说的某些事实产生了质疑，于是就怒火中烧，这也是不成熟的表现。其实客户的态度仅仅是一种谨慎的正当防卫。要知道，你拥有证明自己的话值得信赖的权利，同样，客户也拥有保护自己免受欺骗的权利。

永远不要挑战客户的信任。不要拿你认为对方无法驳倒的论断挑衅他们，让对方无法辩驳并不能使他们相信你的诚实无欺。

总之，不要试图用语言征服客户——因为他们对推销员的话总是持怀疑态度——而要在进行语言表达的同时，使用能打动人的语气来消除他们的疑虑。

在销售过程中，语气——而不是语言——能够更好地表达你的意思。有时候，你明明是一个肯定的回答，但如果你的语气不对，别人就可能理解成一个断然的否定。事实上，你希望目标客户理解的并不是你的语言，而是语言所要表达的思想，是语言能够建立的印象。如果我们在说话的时候没有任何语气，那么，我们的语言会变得空洞无聊。

客户也许有些怀疑你的话，但是如果你在说话的时候语气非常的真诚，那么，他们会觉得你所说的是事实。同样一件事情，如果你不加任何感情地将它复述出来，其实并不能打动别人，但如果你在叙述中融入了强烈的感情，则可能会引起别人的震撼。我们都知道，如果一个人的语言和语气自相矛盾的时候，我们更愿意相信他的语气，而不是语言。同样，客户也更愿意相信我们的语气，而不是语言。只要我们稍微思考一下，就会明白这一点。但事实上，在实际销售过程中更多地依靠语气而不是语言的推销员寥寥无几。

三、动作

在激发心理印象方面，动作甚至比语气更有价值。无论运用什么样的语气，总是"行动比语言更响亮"。为了确定语言、语气和动作的相对重要性，下面让我们再次测试一下你的态度。如果一个人先是真诚地对你大加恭维，然后趁你不注意向其他人挤眉弄眼，那么，你对他刚才赞美你的话还有一丝一毫的信任吗？

我们必须再次提醒自己：当一个推销员的语言、语气同他的行为动作相互矛盾的时候，同我们的选择一样，客户会更加相信这个推销员的动作，而不是他的语言和语气。但是在现实中，只有极少数的推销员在他们的销售过程中把尽可能多地利用动作来表达自己的想法作为明确的目标。

持续不断地在动作上撒谎是绝对不可能的。我们的语言和语气在很大程度上都是由我们的意志力支配的，因此，我们可以根据自己的意愿来安排、管理它们。我们在说话的时候都是有意识的，而且，我们所使用的语气也是由我们自己所控制的。但是，我们的很多动作是潜意识的，由所谓的潜意识所控制。而潜意识并不知道如何撒谎。当我们在动作上撒谎的时候，完全靠的是意志力。但是，意志力毕竟不是本能，不久之后，当意志力松懈的时候，我们就会"忘掉我们自己"。也就是说，真正控制我们肌肉的是我们真实的自我，在动作上撒谎不可能长久，潜意识的动作迟早会暴露出我们真实的内心。

如今，科学家们已经设计出了各种各样的特制仪器，人们可以利用这些仪器来检测人体并获得某些事实真相。比如，一个杀人犯可能坚决地宣称自己清白无辜，而且在神态举止方面也都伪装得没有一丝破绽，但是，在对他提出某些问题的时候，科学家通过测量他的血压和神经反应能够揭穿他的谎言。

上述理论也适用于销售领域。因为同其他人一样，目标客户从直觉上相信自己看到的东西，所以，他们更相信推销员的动作所流露出的信息。

如果你正在销售一种很有价值的商品——自然你会给这种商品定一个非常高的价格——而且这种商品的替代品似乎也具有同样的价值，这时候，如果你试图运用语言和语气两种工具来证明自己的产品比竞争对手的更有价值，那么，即使你说得天花乱坠，也不会令客户信服。但是，如果采用截然不同的方式来对待这两种商品，比如对待其中一种商品时，你用自己的手指小心翼翼地碰触它，好像是在呵护一件珍宝一样，那么，你的动作将起到语言和语气起不到的作用。你不妨自己做这样一个实验：让自己一只手拿一本破烂不堪、没有价值，只能用来卖废纸的旧书，另一只手拿一本珍稀版本的老书，而且这本书里可能还有一位伟大人物价值连城的手迹。那么，当你要将它们放下来的时候，你会对哪一本小心翼翼呢？从这个小实验中，你会认识到动作当中所包含的暗示力量。所以，为了在销售实践中有效地"征服"客户，一定要很好地利用我们的动作。

在无事可做的时候，很多人都会去电影院消磨时间。其实，看电影也能够一举两得：既可以休闲娱乐、消磨时间，也可以学习知识、增长才干。因为我们在看电影的时候，可以研究一下荧屏上的那些演员，看一看他们是如何利用动作和表情来创造戏剧效果并且给你留下深刻印象的。电影已经证明了：几乎所有的想法或者心理印象都可以不通过语言或语气、直接用动作和表情将一个人的想法传递给另一个人。仔细地研究一下著名的无声电影表演艺术家查理·卓别林（Charlie Chaplin）、道格拉斯·费尔班克斯（Douglas Fairbanks）以及玛丽·璧克馥（Mary Pickford）的演技，分析一下他们是如何将自己的想法传递给你的。然后，再将这种技艺运用于自己的工作实践当中，不断地提高自己的销售艺术。

在刚开始讨论销售艺术的时候，我们说过，高效的销售人员力求以最快的速度和最小的代价将自己的想法传递给目标客户。

要想做到这一点，需要向你的目标客户展示"一幅图画"——一个明确的心理印象——最好是由一幅幅图画拼接在一起的"电影"。如果能够做到这一点，你将成为一个销售领域的行家里手。到时候，不需要声嘶力竭地进行游说，你也照样可以赢得客户。

关于销售艺术这个话题范围非常广泛，仅凭这一章根本不可能对它进行透彻的讨论。在接下来的九个章节中，我们将具体介绍不同的销售步骤以及最有效地实施这些步骤的方法。因此，对这个话题的一般性讨论在这里就暂时先告一段落。

最后，要记住"艺术"就是高效的工作。在工作中精通销售艺术是为了提高我们的能力，让我们以最有效的方式来完成销售任务。"艺术"并不仅仅是完美的工作，它是有意识地去正确地工作，直到这种习惯成为你的第二天性为止。

第二部分

准　备

——第**4**章——

销售流程中"准备阶段"的第一步
准备

1. 成功销售，从准备开始

◎ 在拜访客户之前做好了充分的准备，你就为自己的成功做好了策略保障。遗憾的是，大多数老板事先都没有对他们的推销员进行全面培训。不要指望你的老板能为你做好一切准备——他只能给你提供一些帮助。

◎ 要理解好"准备"的本质，有三个要点：一、对自己所代理产品的相关信息了如指掌；二、让自身适合所有客户的需要；三、能够灵活运用所学的知识。

很多推销员还没有认识到：在销售工作中有一个正确的开始要比立即去拜访客户重要得多。而且，有相当大的一部分销售经理也同样没有认识到这一点，他们往往急不可待地将那些还没有做好充分准备的销售人员"轰出"办公室，让他们去拜访客户。事实上，大多数销售的失败都是由于事先没有做好充分的准备工作——这些准备工作包括调查研究、计划接近客户的方案以及拜访客户的计划等。如果一个推销员在拜访客户之前做好了充分的准备，那么，他就为自己的成功做好了策略保障。

遗憾的是，大多数老板事先都没有对他们的推销员进行全面培训。因此，在阅读本书的读者当中，很多人在受命去拜访自己的第一位客户之前很可能并没有完全做好准备。也许当你完成了公司所需的全部准备工作之后，你已经可以独立应付客户了，只不过你觉得自己还缺乏"一点点经验"。如果你最初的销售准备工作不够充分，而且在自己的销售实践当中也没有得到弥补，那么，*你的工作中实际上一直都存在着一道必须立即清除的障碍。*

如果一个参加赛跑的选手在起跑的时候扭了脚，那么，他获胜的可能性就微乎其微了。同样，一个没有做好准备的推销员取得成功的可能性也很小。如果现在你在工作中屡屡受挫，那么，请你回去重新进行准备——这一次一定要将准备工作做得扎实、彻底。一开始就要认识到能够让你胜任自己工作的是你自己的工作实践。不要指望着让你的老板为你做好一切准备——他只能给你提供一些帮助。有时候这些帮助非常少，因为在很多情况下，老板并不知道销售都涉及哪些准备工作。

在这一章里，我们只讨论销售流程准备阶段的开端——其他内容还有调查研究、计划接近客户以及计划拜访客户等。因为找不到一个更合适的词来说明这个"开端"阶段，所以我们只能将它命名为"准备"阶段。不过，现在我们仅仅将研究范围局限于销售流程的初步准备阶段，而接下来的调查研究、计划接近客户以及计划拜访客户等阶段将在以后的章节中继续讨论。

为了更好地理解和掌握这里所讨论的"准备阶段"的本质和要点，我们不妨再细化一下，将它分成如下的三个部分：第一，要对自己所代理产品的相关信息了如指掌；第二，要让自身适合所有客户的需要；第三，要能够灵活运用所学的知识。

上述三项作为实际销售所需的准备工作必须保质保量地完成，绝不能有一丝一毫的疏漏。否则，在调查研究阶段、计划接近客户阶段、计划拜访客户阶段以及以后销售流程的其他所有阶段当中，推销员都会遇到麻烦和障碍。

我们在前面已经研究了销售流程的三个要素："销售"的要素、"人"的要素以及"术"的要素。现在，我们又提到了准备工作的三个方面：产品相关信息方面的准备、自身适合客户需要方面的准备以及运用知识能力方面的准备。那么，二者之间有什么区别呢？主要区别在于我们考虑问题的立场不同。在前三章研究销售流程的三个要素的时候，我们是站在推销员的立场上的。而现在，我们则是站在采购商的立场上来考虑问题的。也就是说，我们要知道：哪些知识和信息会对客户有用；怎样做才能让自己更好地为客户提供服务；怎样灵活地运用所学的知识为不同的客户服务。

2. 全面而系统地储备产品知识

◎ 要谨记：推销员的真正目标是切切实实地为顾客服务。

◎ 如果你对你的产品或公司缺乏信心，那么你应该立即做出决定：要么马上辞职，要么赶紧了解更多的信息以便增加自己的信心。

◎ 推销员既要对自己所代理的商品有准确而全面的了解，又要将这些知识和信息归纳整理，使之在头脑中分门别类、条理清晰。

为了让自己的建议得到客户的积极响应，推销员需要为客户提供所代理产品的准确而全面的信息。要想做到这一点，推销员自己首先要准确而全面地掌握这些信息。在掌握这些信息以便为以后的实际销售做准备的时候，销售人员千万不要忘了：推销员的真正目标是切切实实地为顾客服务。如果一个推销员没有充分认识到自己所代理的产品所具有的价值，那么，他将不可能为客户提供真正的服务。因此，如果在了解了你打算代理的产品之后，你觉得自己对这些产品或者这个公司缺乏信心，那么，你应该立即做出决定：要么马上辞职，要么赶紧了解更多的信息以便增加自己的信心。

在这里我们假设你对自己所代理的产品充满了信心，而且也深信自己所在公司具有光明的前景。你正在努力了解自己所代理的产品，以便对相关的信息有一个准确而全面的掌握——出于自身利益的需要，客户需要了解这些信息。当然，你不可能每见到一位客户就将自己所了解的全部产品信息都告诉他。那样做是很不明智的，因为不同的客户可能有不同的需要。但是，要想得到每一位客户的认可和好评，你的头脑中必须有全面的知识储备。

你的知识储备应该尽可能地全面和完善，这一点同百货公司有相同之处，因为百货公司也是力求为顾客提供各种各样的商品。没有任何一位顾客会去购买百货公司所出售的所有商品，每一位顾客只可能会对某些商品感兴趣。但是，所有的顾客加起来之后，他们的需求就会覆盖到整个百货公司所出售的全部商品。如果一位顾客的需求得不到满足，比如他在商场里找不到他想要购买的某一种商品，那么，他就会理所当然地认为这家百货公司的服务不能令人满意。

虽然商品越多越好，但是，过于庞杂的商品种类——包括所有可以想象得到的商品——可能会降低商场的效率。更确切地说，一个商场所提供的商品越多，商品的摆放秩序和为顾客所提供的服务就越差。因此，商场会按照适当的标准把所有的商品分门别类，然后将它们放置在不同的区域。比如，我们要买鞋子就需要去"鞋部"，而不能去"杂货部"。负责库存管理的部门对商品的分类和摆放有更细致的规定：每一种商品无论是摆在货架上、柜台里还是陈列架上，都有其特定位置。一名称职的售货员在自己的管辖范围之内可以准确地找到任何一种商品。

一个商场是这样，一个推销员也同样如此。他不仅要对自己所代理的商品有准确而全面的了解，而且要将这些知识和信息归纳整理，使之在头脑中分门别类、条理清晰。这样，一方面，推销员自己不会遗漏任何信息，另一方面，在客户需要了解推销员所代理的产品和公司的相关信息的时候，推销员也能够及时准确地做出回答，而不至于手忙脚乱地四处寻找。很多推销员都是在

第4章 销售流程中"准备阶段"的第一步
准备

客户那里碰壁之后才追悔莫及："如果当时能够想起这些观点和建议来，我很可能就已经说服客户购买我的产品了。"

*像这样的情况都是服务上的失败。*一个商场也会遇到同样的情况。比如一位顾客需要某种商品，但是售货员以为这种商品卖完了，或者他知道还有存货但怎么也找不到，最后只得遗憾地失去这个销售的机会。如果一个商场的商品库存系统没有得到高效的管理，那么，出现这样的问题是很正常的，也是不可避免的。同样，销售人员也需要根据一定的提纲将自己"记忆仓库"中的所有知识和信息"放置"得井井有条。同时，他们要把相关的提纲烂熟于心，以便在需要的时候根据提纲快速"检索"，及时地找到所需的知识和信息。

当一个推销员在为销售某种商品做准备的时候，一个非常可取的方法是将需要了解的知识和信息进行系统化的分类整理，然后将它们制作成一个书面的表格。这种简化的方法可以帮助推销员准确地记忆相关信息。在需要的时候，他的头脑中就会浮现出图表的形象，然后就可以回忆起图表中的所有内容。就像当你读到一首诗并且将它背诵下来的时候，你不仅仅能够回忆起这首诗的词句，还能够记起每一诗节在某一页的大概位置。对图表的记忆也同样如此，图表中的一部分往往能够让你联想起与之相关的其他部分。

如果一个推销员头脑当中的知识和信息没有系统、没有条理，那么，在解答客户某些疑问的时候或者在遭到客户的拒绝之后，他往往不能马上想到答案或者做出适当的反应。但是，如果这个推销员已经将他的知识图表化了，那么，他只须回忆一下脑海中的那张图表，所有的知识点立刻就可以清晰地浮现在眼前。

我们所说的图表是将与产品有关的信息归纳总结之后形成的一个提纲和摘要。

下面让我们探讨一些细节问题。上述的提纲仅仅是一些标题。每一个推销员都应该根据自己所代理的不同产品在若干个标题下填上相应的内容。在这里，我们只讨论一些推销员经常忽视的内容。

首先是"产品的历史"。一种产品的历史不仅会引起你自己的兴趣，而且会很容易地引起客户的兴趣。事实上，即使是那些最为平常的东西，我们对它们的历史也知之甚少。所以，销售人员在了解自己所代理的产品相关信息的时候，很有必要关注一下它们的历史。假如一个推销员在推销由海岛棉制成的一种衣料的时候，能够解释一下海岛棉为什么会有异乎寻常的长纤维，那么，他的销售工作就会变得更有吸引力了。因为他的话立刻就赋予了这种衣料一种独特的个性，使它们变得不再像其他衣料一样仅仅是一种普通的棉布了。

其次是产品生产方面的知识——"工人的素质"。大多数人对产品的生产过程都知之甚少。事实上，直到在电影上看了"福特教育周刊"之后，我们才了解了那些为我们制造日用品的人们。假如你正在推销糖果，你就可以有效地利用糖果生产流程当中的一个典型事例来说明那些生产糖果的工人都具有很高的素质。比如，你不需要说"这些漂亮的盒子都是由经验丰富的女工包装的"，而应该向消费者详细地介绍某一位女工，要说明她的具体工作以及她在工作中的敬业和辛苦。

对于那些有理由为自己所代理的产品的生产方式而骄傲的销售人员来说，社会化大生产的商品生产条件是一个非常有价值的

第4章 销售流程中"准备阶段"的第一步

准备

话题。比如，服装推销员基本上都会对服装生产车间——制衣工人都在这样的车间里劳动——的情况有清楚的了解，所以，他们就可以在自己的销售工作中很好地利用这个优势。不仅仅服装推销员是这样，其实，任何商品的推销员都同样可以有效地利用商品生产中的一些细节来为自己的销售工作服务。如今的时代是一个"兴趣化"的时代，人们对其他人的兴趣往往要比对事物的兴趣更为浓厚。

另外，还要注意公司的方针和政策——为了给客户提供全面的服务，让客户准确地了解产品的相关信息，销售人员应该熟悉掌握这些方针和政策。除此之外，销售人员还应该详细地了解一些"次要信息"，以便准确回答任何与产品相关的问题。最后，销售人员不应该将自己的知识仅仅局限于代理产品的范围之内，而应该不断开阔视野，尽可能多地了解主要竞争对手的产品。

假如你对自己所代理的产品和所在的公司已经有了全面和准确的了解，也就是说你已经可以准确地填写知识图表中的各项内容了。那么，你应该再考虑以下两个问题：首先，你还可以为自己所代理的产品赢得哪些尊重？其次，怎样充分发挥个人觉悟并运用所学知识，才能从客户那里为你所代理的产品和你自己赢得更多的尊重？事实上，一个推销牙签的推销员完全可以将小小的牙签当成一个浪漫的传奇故事来销售！

如果你希望自己能够在销售领域取得重大的成功，那么，首先你应该具有一种狂热的献身精神。也就是说，你必须全身心地投入到工作当中去。除非你认为自己正在销售一种伟大的商品，否则你不可能取得重大的成功。牙签的确是极其平常的东西。但是，在生产极其平凡的产品所需的原材料当中，在人类的本性当中，却存在着令人着迷的浪漫和传奇。人类为了生产牙签而发明了极其巧妙的机器，通过这种机器，我们可以将原始的木材直接变成精美的牙签。人类、树木以及机器是牙签背后的细节，如果你不做介绍，客户很可能不会联想到它们。相反，如果你向他们做了详细的介绍，那么他们会觉得你的服务很到位，因为客户往往乐于对他们购买的产品有更多的了解。

推销员对自己代理的产品有一个全面的了解非常重要，这是因为：一方面，它可以让推销员在为客户服务的过程中具备更多的知识储备；另一方面，它还可以让推销员以更为开阔的视野来全面地认识自己代理的产品。充分地了解自己所代理的产品可以让销售人员认识到他们工作的重大意义。只要是为人类服务的工作，没有哪一种是不重要的。任何一种商品，只要它对社会具有价值，那么，在对它进行了准确而全面的了解之后，任何一位真正的销售人员都会为能够代理这种商品而自豪。

3. 为应对各种各样的目标客户而充分准备

◎ 如果推销员只能同某些类型的客户打交道，那么，他们的工作效率会大打折扣。

◎ 事实上，那些脾气暴躁的人往往都是最好的顾客。

◎ 当一个优秀的演员在为公众演出的时候，他不会去刻意地迎合任何类型的观众，从而按照他们的观点和立场去演绎自己的角色。他知道所有的观众在"人性"方面基本上都是相同的。推销员也有相似之处。

接下来我们将要讨论准备阶段的第二项工作，也就是推销员自身的准备工作。这项准备工作的目标是要让推销员有能力应对各种各样的目标客户。如果推销员只能同某些类型的客户打交道，那么，他们的工作效率将会大打折扣。有些推销员一遇到那些脾气暴躁而且傲慢无礼的客户，就会惊慌失措、束手无策，最终白白地丢掉了极好的销售机会。事实上，那些脾气暴躁的人往往都是最好的顾客。

我们经常听到销售人员讲述他们是如何应对客户的。不管是不是"事后诸葛亮"——推销员在客户那里碰壁之后才想起来的巧妙策略——有一些方案听起来的确很有创意。但是，如果每一种方案仅仅适用于一位客户，那么，无论多么有创意也是不可取的，因为这种思想方法本身就是一种严重的错误。通常情况下，销售人员是针对客户的特性而不是根据客户的天性来设计销售方案。以这样的原则进行准备在根本上是错误的，所以不可能取得显著的成效。事实上，那些脾气暴躁甚至傲慢无礼的客户同那些彬彬有礼的客户在本性上都是大同小异的——只有从这个原则出发进行准备才是正确的。

为了更好地理解这一点，让我们先回顾一下前面对"人"这一要素的论述。在第二章中，我们已经说过：培养一个推销员所需的"原材料"只是一个婴儿。而一个初生的婴儿并没有什么性格特征。所有的性格特征都是后天获得的。同销售人员一样，所有的客户最初的时候也都是一个婴儿。因此，我们可以得出如下结论：客户的性格特征有可能同他们的本性相符，也有可能不相符。那么，仅仅针对客户的性格特征——这种性格特征也许并不能反映一个人真实的本性——去设计销售方案是非常不明智的。要知道，一个举止粗鲁的人完全有可能是一个内心非常善良的好人。

当一个优秀的演员在为公众演出的时候，他不会去刻意地迎合任何类型的观众，从而按照他们的观点和立场去演绎自己的角色。他知道所有的观众在"人性"方面基本上都是相同的。不管是坐在包厢前排的不谙世事、纯洁无瑕的女学生，还是躲在走廊的一个角落里品行不端、道德败坏的罪犯，他们都有着同样的愿望——都希望主人公最终能够挫败恶人的阴谋，获得幸福的结局。在演出之前，演员既不需要专门为女学生做准备，也不需要专门为罪犯做准备。他的目标是要让所有来剧院看戏的男男女女都能够理解自己所扮演的角色。他考虑的是人们的本性，而不是特性。

演员和推销员有相似之处。演员要在模拟现实的舞台上扮演角色，在各种各样的观众面前演绎人生的悲欢离合，他们需要事先为自己的角色做好准备；同样，一个推销员要在生活的大舞台上扮演好自己的角色，也需要事先做好准备。同时，这种准备并不是肤浅的、表面的，要想做好这个准备工作，必须从根本上着手。只有这样，你才可能在销售过程中胸有成竹，才可能给目标客户留下良好的印象。在同客户打交道的时候，不要试图通过阴谋诡计险中取胜，而要利用人性所展示出来的基本原理——你所接触的所有客户都会赞赏这种基本原理，因为他们也是人，也有同样的人性。人类历史上最伟大的演员之一亨利·欧文爵士（Sir Henry Irving），他在表演方面的"秘诀"为我们做好销售的准备工作指明了方向。他的基本秘诀是强调在表演的时候一定要真正进入自己的角色，一定要有真情实感。不过，欧文不仅仅要求自己所扮演的角色在外部动作和神态上完美无缺，而且，他还忠实地按照他所扮演的主要角色的性格和气质去生活。比如，由于经常扮演那些具有崇高品质的人们，所以不管是在舞台上还是在生活中，他的身上总是保持着一种高贵的气质。

下面让我们先来讨论一下销售人员应该具备的外部特征。然后，我们将分析真正的销售人员所应具备的内在素质。需要注意的一点是，我们现在是站在客户的角度来审视销售人员的。另外，现在我们不太关注推销员的准备工作的意图，也就是推销员的外在表现在客户面前能产生的实际效果。

4. 为给客户留下良好印象，推销员应该有的外部特征

◎ 如果销售人员根据正确的基本原理来准备自己的外在举止和神态表情，那么他们给所有的客户留下的印象都是一样的。

◎ 客户是否表现出对销售人员具有好感并不重要。因为客户有可能有意识地掩盖自己的真实感受，所以只要做了正确的准备，并且觉得自己表现适当，就不要太在意客户的外在反应。

◎ 对推销员来说，最合适的外部特征包括四个方面：恰当的举止、良好的容貌、得体的服饰和正确地使用双手。

当一个推销员出现在任何一个客户面前的时候，无论这个客

户是一个没有教养的粗人还是一个彬彬有礼的绅士，都会对推销员的外表有一个印象。而且无论客户脾气暴躁、傲慢无礼，还是善解人意、谦和文雅，都没有什么区别——如果销售人员根据正确的基本原理来准备自己的外在举止和神态表情，那么他们给所有的客户留下的印象都是一样的。这就如同一个优秀的演员给不同的观众留下的印象一样。并非所有的客户都会对推销员做出同样的反应，但是，如果一个推销员的外表能够对人类基本的天性产生适当的感染力和吸引力，那么，所有的客户毫无疑问都会对这个推销员产生良好的印象。

客户是否表现出对销售人员具有好感并不重要。因为客户有可能有意识地掩盖自己的真实感受，所以只要做了正确的准备，并且觉得自己表现适当，就不要太在意客户的外在反应。我们刚才已经说过，如果销售人员已经根据正确的基本原理准备好了自己的外在举止和神态表情，那么，他们也许就完全可以确信自己能给客户留下良好的印象。

销售人员的外在举止和神态表情可以从内心感染和影响客户——客户的内在感受也恰恰是他们是否购买一件商品的决定性因素。相反，客户的外在表情并不是购买商品的决定性因素。他们的外在表情也许非常明朗，也许让人捉摸不透，还可能同内心所想的完全相反。所以，对销售人员来说，客户的外在表情并不太重要，或者说根本不重要。永远不要把它当成一个真正的障碍。它只是一个参照，或者说是一个完全可以忽略的因素。要知道，很多客户出于自尊的考虑，往往会在销售人员的面前摆出一副矜持的神态。

那么，对推销员来说，究竟什么样的外部特征才是最合适的

第4章 销售流程中"准备阶段"的第一步
准备

呢？我们认为，起码应该包括以下四个方面：

    1. 恰当的举止；

    2. 良好的容貌；

    3. 得体的服饰；

    4. 正确地使用双手。

所以按照这样的顺序来排列以上四个要素，是因为客户的注意力通常都是按照这样的先后顺序进行转移的。当销售人员去拜访客户的时候，留给客户的第一印象是他们的举止，然后是他们的容貌，接下来是他们的服饰，最后在真正进入销售过程中的时候，最引人注目的是他们的双手。

一、恰当的举止

一个人的举止风度并不一定跟他的身高和体型有必然的联系。在马克·吐温（Mark Twain）的小说《王子与贫儿》（The Prince and the Pauper）当中，真正的小王子爱德华（Edward）尽管身材矮小，却有一种庄严高贵的举止，看起来就如同是君临天下的帝王。在如今的国家体系之下，帝王和王子虽然早已成为历史的烟云，但是无论社会发展到什么程度，当你对一个美国人说他像一个王子的时候，他都会觉得那是对他的最高赞赏。一个推销员的举止风度就应该像美国的王子一样。在他的身上，既没有目空一切的傲慢，也没有盛气凌人的霸道——那是声名狼藉的霍亨索伦王室（德国普鲁士王室，1701—1918）所具有的特征——有的只是一种无论在任何人的面前都不会改变的坦然和从容。

仅仅是假装的高贵并不能让自己真的变得高贵起来。模仿的东西终究还是冒牌货——你必须要在骨子里做一个真正的美国王子，否则，你不可能在任何情况下、在所有人的面前都能够始终如一地保持从容的举止。但是，仅仅具备内心的高贵也不能让你拥有美国王子般的风度。要想如愿以偿，你还必须进行大量的实践和训练。认真地研究一下那些举手投足之间显示出高贵气质的人们，仔细地分析一下他们的举止：他们站立的姿势、他们的动作，等等。不要试图让自己在一举一动上同他们做得一模一样，而是要把他们作为自己训练上的参照和向导。

你知道，无论一个人的身材多么矮小，或者多么弱不禁风，只要他有着高贵的风度和从容的举止，那么不管他走到哪里，都会令人肃然起敬。请认真地训练自己，让自己在销售工作中始终保持这种风度和举止。如果能够做到这一点，我可以保证：在同你打交道的时候，不管是什么样的客户，都会对你生出由衷的敬意。

二、良好的容貌

也许你认为自己的容貌是上帝"强加"给你的，没有办法改变。也许你认为自己的脸像《汤姆叔叔的小屋》（Uncle Tom's Cabin）里的小托普西（Topsy）一样，是"自然而然地长成这个样子的"。当然，由于造物主的失误，有时候人们的容貌会存在某种缺陷，但是，并非所有的缺陷都会成为销售工作的实际障碍。事实上，有很多容貌不佳的推销员在销售工作中把自己的丑陋变成了一种优势，因为丑陋让他们变得更有个性。而且，男性的英俊已经使得成千上万的推销员痛苦不堪，因为他们认为这种英俊让他们显得缺乏大丈夫气概。

其实人们的容貌是非常容易变化的。要知道，一个人眉宇之间的皱纹往往是自己经常满面愁容、双眉紧锁带来的后果。而一个人"轻蔑的鼻子""傲慢的嘴巴"也同样是习惯成自然的结果。一个推销员即使长着一对扇风耳、两片厚嘴唇、一双小眼睛或者一个大鼻子都没有什么关系，真正成为销售障碍的是对自己五官的人为扭曲。即使一个人的下巴过分突出，就它本身来说也不是什么严重的问题。推销员的容貌应该真实自然，否则就将扭曲他们真实的自我。只要不是极度的残疾，任何人都可以通过训练获得令人愉快的容貌。当客户看到这种容貌的时候，会对推销员产生良好的印象。

为了改善你的相貌以便提高销售工作的效率，你无须去看医生，也无须去找美容专家。你自己就可以做好这项工作。首先要仔细地研究一下你目前的现状。如果你发现自己存在着某些不良的习惯，请马上予以改正。然后，开始尽可能地将它们做得最好。要在内心深处经常保持一种乐观和愉悦，这样，你的脸上就会时时挂着灿烂的笑容。要让自己变得和蔼可亲，并充分地将它展示出来。但是，要注意亲切的微笑必须是发自内心的，而不能是矫揉造作的，否则，微笑就成了傻笑。当你做这一切的时候，请记住你的目标并不是要取悦自己，而是为了给客户留下最好的印象——当然这种最好的印象也是你应该得到的。

三、得体的服饰

即使一个人会根据服饰来评判销售人员，但是，人们很少对销售人员服饰的重要性给予更多的关注。几乎所有的推销员在服饰上都会犯同样的错误：他们穿衣打扮是为了取悦自己，而不是为了给客户留下良好的印象。为了学习推销，一位观察力敏锐的学生在最近做了一项相关的调查。他在一个大型制造企业的接待室里待了一个小时，在那里，每天都会有成百上千、形形色色的销售人员前来造访。在上午九点至十点之间，他们一共接待了94

名销售人员。尽管是在上午，但是他发现在这94个人当中，大多数人的皮鞋都布满了灰尘，而只有12个人的鞋子是干净的，也就是说在当天早上只有12个人擦了自己的皮鞋。另外，他还发现，在这94个人当中，只有3个人的衣着非常得体，没有穿戴过分花哨的服饰。这3个人服饰的选择完全是为了给客户留下一个良好的印象。

对自己的衣着打扮一定要慎之又慎。演员的服饰是为了给所有的观众来欣赏的，而不是为了给任何个人来欣赏的。同样，一个推销员的服饰也是穿给所有人来看的，而不是穿给某一个人或某一类人来看的。

在某种程度上，能够让所有人产生好感的衣着都有一些共同的特点。比如干净、整洁，等等。但是这些特点也并不绝对都是好的。假如一个推销员对穿衣打扮的兴趣超过了自己的本职工作——销售商品，那么，即使他的衣着非常干净、非常整洁，我们也不能说他是一个称职的推销员。下面我们举一个例子来说明如何做到衣着的干净、整洁。

有一个铸造厂的老板喜欢别人把他看成一个外粗内秀的人，所以在心血来潮的时候，他总是向别人展示他那肮脏的手、脸和衣服——这些都是他辛勤劳动的证明。而且，每当有穿着非常干净整洁的销售人员前来拜访他的时候，他最乐意做的事情就是同他们亲切握手，因为那样可以把他们洗得干干净净的手弄脏。然后，他会带着这些推销员去参观他的铸造车间，以便再把他们漂漂亮亮的衣服也染上点灰尘和油污。总之，一看见那些光鲜亮丽的销售人员，这个古怪的老人就会心生怒气。

这位老板打算为他的铸造厂再增设一家大型的机械修理店。

一个代理机床设备的推销员得知了这个大好的商机。这个推销员觉得只要通过特殊的着装就可以搞定那个古怪的老板。于是，他就穿了一套褪了色的衣服和一件皱皱巴巴的衬衫——上衣的领口处满是污垢，而且裤子膝盖处的部分微微隆起，像口袋一样松弛地下垂着——去拜访那位老板。果然，铸造厂的老板一看见这位"具有远见卓识的战略家"就感到非常亲切。然后他们一起去参观铸造车间。在车间里，这位推销员这里摸摸，那里蹭蹭，把自己弄得满身污垢，却做出一副毫不在乎的神情。参观完了铸造车间，他们又回到了办公室，开始讨论机床的价格问题。这个推销员根本没有要洗手的意思，只是随便地在自己的裤子上抹了抹，就掏出了铅笔填起了报价单。在整个过程当中，他们的谈话一直十分融洽，如同亲密的朋友。

正在这时候，又来了一个推销员。这个推销员穿着天蓝色的哔叽面料的套装——套装经过了精心的熨烫，因此袖子和裤子上都没有任何的褶皱。他的领带十分洁净，却并不艳丽俗气。他的鞋子虽然不是闪闪发亮，但也一尘不染。他的左手拿着刚刚脱下来的羊羔皮手套。

在看到这个"自讨苦吃"的推销员之后，铸造厂老板的眼睛里闪过一丝坏笑。他忍不住又要故技重演，准备再搞一次恶作剧了。他回过头悄悄地对坐在他身边的那个浑身脏兮兮的推销员说：

"等我一个小时，我要耍一耍这位娇气的公子哥。"

这位推销员听后会心地一笑，马上离开了。于是，铸造厂老板就走过去接待那位新的来客，并热情洋溢地同他握手寒暄。但是，热情的握手并没有获得预期的效果。也就是说，那个推销员并没有拿出他的手帕来擦拭自己那被弄脏了的手指。尽管知道自己的右手被弄脏了，但是他似乎根本就没有在意。在听完这位推销员的来意之后，铸造厂老板立即就以自己要到车间里检查工作为由，建议他们边走边谈。

在接下来的15分钟时间里，那位喜欢搞恶作剧的老板想尽各种办法作弄他的"猎物"。最后，终于成功地将这个推销员弄得灰头土脸、狼狈不堪：干净整洁的衣服上到处都是铁锈，一尘不染的鞋子上沾满了泥浆。但是，这个推销员对这一切毫不在意，他关心的只是自己的机器设备能否满足铸造厂老板的需要。而那个古怪的老板为了从这个"倒霉蛋"那里获得更多的乐趣，就假装对推销员推销的产品非常感兴趣，不停地刨根问底。但是，无论他使用什么办法，都不能让这位推销员产生丝毫的反感和不悦。

最后，怀着满腹的狐疑，铸造厂老板粗暴地带着推销员返回了他的办公室。一直等走到办公室门口的时候，推销员才开始注意到了自己衣服上的灰尘。他说了一声："请稍等。"然后，又转身回到大门口，在台阶上迅速地刮了刮自己鞋子上的泥浆。接着，他又脱下了外套，抖了抖上面的铁锈。另外，他还摘下了帽子，掸了掸上面的灰尘。片刻之后，他又回到了办公室。然后，径直走向墙角的盥洗台，洗干净了双手，拿过铸造厂老板肮脏的毛巾随便擦了两下。一切收拾利索之后才开始落座，准备进一步的商讨——这时候铸造厂老板早已坐在自己的办公桌前了。

此时此刻，连铸造厂老板自己也不得不承认他已经对这位推销员产生好感了。他认识到：当这位推销员第一次来到他的办公室的时候浑身上下收拾得干净整洁并不是因为他自己有这种洁

第4章 销售流程中"准备阶段"的第一步
准备

癖，而是出于对他的目标客户的尊重。所以这样说，是因为不是在刚刚握手之后，也不是在参观生产车间的途中，而是直到再次回到办公室的时候，这位推销员才开始不厌其烦地打扫自己身上的灰尘。在参观铸造厂的时候，他并不太在意自己的仪表，因为在那里灰尘和污垢是不可避免的。但是，在开始坐下来正规地谈论业务之前，这位推销员却刮去了自己鞋子上的泥浆、抖去了衣服上的灰尘，而且还洗去了手上的污垢——这充分表明了他对自己客户办公室的尊重。而且，在清除身上灰尘、泥垢的过程中，这位推销员是本着实用和高效的原则，并没有表现出过分的讲究和挑剔。

一会儿工夫，这个古怪的老板从心理上来了个180度的大转弯：刚开始他很反感这个推销员，但是现在对他充满了敬意。他不再试图作弄这个推销员，而是怀着真正的兴趣去聆听他的建议。而且，他对这个推销员所说的一切都深信不疑，因为在刚才那苛刻的考验当中，这位推销员已经充分地展现了自己的诚恳和真实。一小时的时间很快就过去了，当那个矫揉造作的推销员带着满身的污垢和一脸的傻笑再次回到办公室的时候，却惊讶地发现自己的如意算盘落空了，这个巨大的订单已经被那个真实诚恳的推销员拿走了。后者由于自己的服饰而取得了成功——尽管这样的服饰似乎根本不可能打动那个挑剔的客户。但是，他毕竟取得了成功，因为他的服饰既不是过分朴素，也不是过分讲究。他的服饰并不是那种令人生厌的标新立异，而是经过了精心的挑选和搭配之后的和谐与完美，这样的服饰能够给任何一个人留下良好的印象。

四、正确地使用双手

前面我们已经说过，推销员合适的外表特征包括四个方面。现在，我们要讨论的是最后一个方面：推销员在销售工作中如何正确地使用自己的双手。

因为在销售工作中推销员双手的使用处于非常显著的地位，所以推销员的手也很重要。不过，仅仅把指甲修剪得非常整齐、把手洗得非常干净还远远不够。除此之外，要知道推销员的双手其实也是一个工具，在使用这个工具的时候应该给客户留下一个技能娴熟的良好印象。

我们在前面已经说过，一个人脸上的表情都是天长日久养成的习惯，同样，如何使用自己的双手也完全是后天养成的习惯。因此，即使你的手显得笨拙和粗俗，你也可以通过一定的训练使它们变得灵巧而优雅。我们也说过，推销员的服饰应该平和整洁，而且应该展示而不是掩盖他们真实的内心。同样，推销员的双手也不应该过于引人注目，而应该作为一个销售工具来充分地展示自己的从容和熟练。如果你能够灵巧而熟练地使用自己的双手，那么，即使你的手不是很美观也没有多大关系了。一定要从容地使用自己的双手。要通过大量的训练使它们变得敏捷灵巧，然后，你就可以随心所欲地使用它们但意识不到它们的存在。而且，你的目标客户也不会因为你笨拙的双手而分心，相反他们会将注意力专注到你的商品上或者专注到你对商品的介绍上或者专注到你的身上。

至此为止，我们已经介绍了对推销员外在形象的准备工作最重要的几个要素。接下来让我们讨论一下为了最有效地做好销售工作，推销员应该进行哪些内在的准备工作。同外在形象的讨论相比，这部分的讨论会更加简洁。尽管内在因素远远比外在形象重要，但是大道至简，因此我们在这里只进行一点简要的论述。

5. 做好内在的准备工作，成为善于交际的人

◎ 一个推销员应该从骨子里具备一个王子的气质。真正的高贵是灵魂上的善良。用其他品质相比，推销员的善良——善良的动机、善良的想法和善良的行为——能够更有效地让客户相信你可以很好地为他服务。

前面我们曾经提到了美国王子的风度。事实上，这种风度并不仅仅是外在的，更应该是内心的。因此，一个推销员也应该从骨子里具备一个王子的气质。真正的高贵是灵魂上的善良。同其他品质相比，推销员的善良——善良的动机、善良的想法和善良的行为——能够更有效地让客户相信你可以很好地为他服务。

要想让自己对待所有的客户无论是在态度上还是在行为上都一样的友善，只有一个方法——你必须始终如一地善待你所遇到的每一个人。这样的人我们称之为"善于交际的人"，他们往往会得到各种各样的人们的喜爱，因为他们总是以友善的目光注视着世间的一切。因为善良，所以无论什么时候他们待人接物总是彬彬有礼。即使遇到别人有意的冒犯，他们也从不会受到伤害。不过，他们的友善并非扭捏作态或是低三下四，相反，他们一直都是充满了男性气概的大丈夫。

在为销售工作进行各项准备工作的时候，一定要记得自己的基本目的应该是为客户服务。如果你必须时刻提醒自己"对待别人要友善"，那么，你不可能为客户提供最好的服务。当然，在最初的时候，也就是当你为销售工作进行各种准备的时候，也许你还没有养成良好的习惯，这种提醒是必要的。但是，不久之后，这种友善应该成为你的第二天性。要确实做到友善地对待每一个人。即使是那些不可能成为自己目标客户的人，你也不能对他们横眉立目，更不能对他们咆哮如雷。因为如果这样习以为常的话，你就不可能在追订单的时候表现出诚挚的友善，自然，你也不可能给客户留下良好的印象。每一个推销员都有可能会遇到那些性情乖戾、傲慢无礼的客户，为了在这种时候也能够表现得非常友善，你需要学会友善地对待销售领域之外的那些卑鄙小人。当你受到别人刻薄对待的时候，请不要痛苦，也不要烦恼。相反，你应该把这些经历看成宝贵的经验教训，它们会时时提醒你，让你不要以同样的方式来对待你的客户——即使是一个最微不足道的客户。

当然，有时候无情的反击也是必要的。但是，即使有这种必要，也不能出于解恨或者出气的私人目的来伤害对方，而应该本着为对方的利益着想的态度来教育他们。无论在什么情况下，都要保持自己善良的动机。有一个善良的贵格会教徒曾经遇到一个恃强凌弱的恶棍。当时，他想起了《圣经》上的一句话："因为主所爱的他必管教。"于是，他决定按照上帝的旨意来行事。毫无疑问，他用他自己一双坚硬的铁拳很好地展示了对那个恶棍的"关怀"和"爱护"。

准备

6. 灵活运用所学知识

◎ 聪明的销售人员会采用不同的方法与不同的人打交道。常用的方法往往是下面七种之一：红线串珠；物以类聚；抓住一点，兼及其余；投其所好；比长较短；寻找差异；"名人名言"。

◎ 销售艺术讲究以最小的代价获得最大的销售成果。

在本章一开始我们谈到，为了更好地为目标客户服务，销售人员应该从三个方面做好充分的准备。前面我们已经讨论了前两个方面：对所代理产品相关信息方面的准备和为适合所有客户的需要而对自身所做的准备。现在，我们要讨论最后一个方面：销售人员如何灵活地运用他所学到的知识。

前面我们已经强调了将所学的知识系统化的重要意义。如果能做到这一点，你就可以非常容易地回忆起自己所知道的任何信息。但是，仅仅做到这一点还不够，除此之外，你还需要将自己掌握的知识和信息按照各种各样的方法排列整理，以便让它们能够适应人性的差异和变化。你知道，虽然都是人，但世界上没有任何两个人可以在身体上完全相同。同样，世界上也没有任何两个人在精神方面完全相同。因此，聪明的销售人员会分别采用不同的方法与不同的人打交道。我们至少可以采用七种方法来将我们的知识归类整理，使之系统化。在这七种方法当中，我们应该根据不同的客户来选择其中一种最有效的方法。

第一种方法：红线串珠

我们可以根据相互关联的一连串事实来整理自己的知识。比如，需要描述一种商品从头到尾的生产流程的时候就可以采用这种方法。

第二种方法：物以类聚

我们可以通过累积的方法来整理知识，也就是说将相似的信息归为一类，统一记忆和使用。比如，不同的客户对自己所代理商品的推荐书和证明信等就可以归为一类。

第三种方法：抓住一点，兼及其余

我们可以将某些显著的信息挑选出来，而将那些与之相关的不太显著的信息作为吸引客户兴趣的中心。比如，一个汽车推销员就可以略微谈及汽车的质量和性能，而着重强调他们公司遍及全国的维修服务站点。

第四种方法：投其所好

不同的客户有不同的爱好，因此我们可以根据这种不同的爱好来整理自己的知识。比如，对于那些特别关注商品表面光泽的客户，销售人员就应该着重向他们强调商品的光泽是多么好。当然，我们应该根据不同客户的特殊需要或特殊目的来灵活选择强调的重点。

第五种方法：比长较短

我们还可以通过比较的方法来整理自己的知识。比如，为了更好地说明我们产品的长处和优势，我们可以将自己的产品同客户所了解的其他产品相互比较。

第六种方法：寻找差异

我们可以通过相互之间的差异来整理自己的知识——这是同

第五种方法刚好相反的方法。

第七种方法："名人名言"

我们还可以将所在公司的人与相关的知识和信息联系起来。比如，引用老板或者上司所说过的话。

如果一个推销员没有对自己的知识进行各种各样的分类整理，或者错误地以为他可以采用同一种运用知识的方法来面对所有的客户，那么，他的工作将面临困境。销售艺术讲究以最小的代价获得最大的销售成果。客户经常习惯性地沿着同样的思路来思考问题。因此，如果销售人员能够了解目标客户通常的思维模式，那么他就能够从最有利的角度着手来赢得客户的信任，从而获得订单。

为了能够最有效地运用你的知识，首先必须认识到同一种方法并不适合所有的客户。在以后的章节中，我们会谈到如何对客户进行评估和判断。在从事销售工作的时候，你将会遇到世界上形形色色的人。尽管他们在本质上都是人，但是人与人之间毕竟有所差别，所以你必须事先针对不同类型的人准备好不同的应对方法。如果你事先准备了多种应对方案，那么，在遇到任何一位客户的时候，你都能够游刃有余了。一般来说，拥有了七种运用知识的方法，你就足以应对各种各样的客户了。

因此，请你事先准备好"秃头人的七把钥匙"（Seven Keys to Baldpate）（这是一篇小说的题目）。只要有了这"七把钥匙"，不管人们是不是"秃头"，你都能够把自己所掌握的信息传递到他们的头脑当中。如果你不能将自己掌握的信息传递到客户的头脑中去，那么，你的信息对客户几乎没有任何用处。仅仅是将你的信息倾倒在客户的"大门口"还远远不够。如果你随身携带着挂满了各种各样钥匙的钥匙串，那么，你就可以打开客户的"心灵之门"并且将你的想法传递给他们。

—— 第**5**章 ——

销售流程中"准备阶段"的第二步
调查研究

1. "欲速"往往"不达","厚积"才能"薄发"

◎ 仓促地进行准备阶段的工作，往往会导致"欲速则不达"的
后果。

◎ 不仅要对所代理的产品充分了解，还要了解好自己所代理区域内
的情况和目标客户的情况。

◎ 你所从事的销售工作是你自己的工作，因此，一定要将眼光放得
长远一点，更加明智地为自己"投资"，以便所付出的努力能够
获得最大程度的回报。

◎ 有效地利用所有机会进行调查研究工作，同时，要有系统地和有
针对性地调查研究。

销售人员通常都非常渴望马上能够开始实际的销售工作。在这种情况下，他们往往会受到销售经理的热情鼓励。事实上，同生活中的许多其他活动一样，销售工作常常也是只有"厚积"才能"薄发"。仓促地进行准备阶段的工作并不是好事，因为过分地仓促往往会导致"欲速则不达"的后果。在前面的章节中，我们已经强调了销售人员充分地了解所代理产品相关信息的重要性。现在，我们要说明的是：不仅对所代理产品的了解很重要，而且对自己代理区域内情况的了解和对目标客户的了解也同样重要。

很多推销员都把调查研究看得很狭隘。他们的视野当中只有那些可能会购买自己商品的人们，而没有认识到调查研究更广阔的范围。他们不寻求对整个代理区内的情况进行全面的了解，而只关注那些有可能为自己带来订单的"热点"。

另外，我们还经常发现：一些销售人员往往将系统的调查研究工作看成销售经理的职责。他们认为公司的办公室人员应该采用通信的方式彻底地调查市场情况，然后向推销员提供可能的目标客户。

因此，我们首先需要认识到调查研究所具有的更广泛的含义，并且还要意识到调查研究是销售人员应做的工作——实际上做好调查研究工作完全是销售人员的职责。要知道推销员主要是在为自己而工作。只要明白了这个道理，我们就可以理解调查研究工作到底应该由谁来做了。

在开始从事销售工作的时候，千万不要目光短浅。因为你所从事的工作就是自己的工作。如果希望自己能够从工作中获得最大的利益，就必须全身心地投入其中。你也许会认为自己整天是在为公司卖命，所以经常牢骚满腹并且在工作中"偷工减料"，其实，这样做损失更多的恰恰是自己，而不是公司。因此，一定要将眼光放得长远一点，更加明智地为自己"投资"，以便所付出的努力能够获得最大限度的回报。不要总是把自己的工作看成临时的将就和短暂的权宜之计。相反，要不断地寻求坚实的支撑，从而使目前的工作成为自己长久的事业。从一开始进入一个公司，你就应该抱着将要在这里奋斗一生的态度。当然，在以后年复一年的工作中，更应该如此。也许你还有其他的职业规划，但是，既然至今还在这里工作，就应该将代理区内的事情看成自己的事情。

你不仅需要准确而全面地了解所代理的产品，还需要准确而全面地了解你所代理的区域。如果还没有做到这一点，请你千万不要贸然前行。要想准确而全面地了解代理区和客户的情况，你必须去亲自搜集情报，因为没有任何其他人可以确切地告诉你相关的信息。你如果希望有人会帮着完成工作，肯定会失望。作为一个推销员，大部分时间你都需要"自编自演"地唱独角戏。

通常情况下，也许会有人说：一个人不可能对自己特殊的销售领域有太多的了解。而且，收集信息还要浪费大量的时间。一个推销员的主要工作是销售商品，是获得实际的订单。如果在调查研究方面花费了太多时间的话，就可能没有时间再去争取订单了。所以会有这样的说法，是因为大多数销售人员都没有协调好调查研究同争取订单之间的关系。事实上，如果能够有效地利用所有调查研究的机会，也许调查研究工作根本就不会影响到实际的销售工作。许多人协调不好二者之间的关系，往往都是因为没有很好地利用调查研究的机会。

实际上，在进行销售工作的最佳时期，那些非常能干的销售人员几乎不需要分配任何时间去进行专门的调查研究。他们每时每刻都在进行调查研究，甚至在同客户谈话的时候也不例外。他们的每一根神经都高度的敏感，时时刻刻都在准备捕捉新的销售机会。除了同客户在一起的时间之外，他们随时随地都在寻找着新的客户。他们把熟悉和了解自己的代理区域作为他们的工作，为了做好这项工作，他们通常会带着一些明确的、清晰的目的尽可能多地熟悉和了解代理区域内的人们。

漫无目的的调查研究永远不会有什么效果。所以在调查研究之前，销售人员必须有一个明确的目标。但是仅仅有明确的目标还远远不够，除此之外，调查研究工作还必须有一定的系统性。如果销售人员只搜集一些潜在客户的名字，而不去搜集其他相关信息，那么，到时候，他就会发现这些客户一定是鱼龙混杂、良莠不齐，就如同熏肉一样有肥有瘦。但是，如果销售人员在进行调查研究的时候，既有明确的目标，又能够系统地搜集代理区域内的各种基本信息，那么，他们就能够积累起大量的信息储备，这些信息储备将为他们的"运筹帷幄"提供可靠的依据。他们并不需要秘密情报和内部消息。因为他们可以了解到自己代理区域内影响客户采购的各种因素和信息，然后他们会根据这些信息推测出商机出现的时间和地点。

当然，特定的调查研究工作也是必不可少的。因为某些个别的客户需要专门的拜访。在花费时间和精力去争取一个客户之前，非常重要的一件事情是设法搞清楚这个人究竟是不是真正的目标客户。并非每一个看起来是目标客户的人都是真正的目标客户。我们可以根据一些条件来判断一个人是不是真正的目标客户，比如是否有能力支付订单就是一个非常重要的判断条件。如果一个客户没有钱支付订单，或者没有足够可靠的资产来做抵押，那么，销售人员还去试图争取他显然就是在浪费时间。因此在对一个目标客户开展任何销售工作之前，应该首先调查一下他的财政支付能力。只有在获得了能够证明他的财政支付能力的充分证据之后，才能开始销售工作，否则，全部努力都可能付诸东流。

初到一个代理区，首先进行全面的调查研究是明智之举。因为只有在整体了解的基础上，才可能接下来进行更详细、更具体的调查研究。推销员被派到新的区域开展工作的时候，应该通过仔细研究当地的地图来开始全面的调查研究工作。他应该调查一下这个区域有哪些特点，尤其是同其他区域相比在销售方面有哪些相同点和不同点。

全面的调查研究包括很多方面。首先是对地理特点详尽的调查研究。要了解该区域内主要的人口中心和商业路线的分布及其原因。还要仔细地研究，从而设计出通往区域内任何地方的省时省力的最佳路线和最佳途径。另外，还必须对居民的构成情况有所了解。不同种族的人可能有不同的生活习惯，他们对商品的需求也自然有所差别。而那些在总人口中占多数的种族往往决定着商业的性质和规模。同时，还应该对当地的气候、土壤以及其他各种各样的自然环境因素进行调查。

2. 调查研究具体的个人

◎ 高层次的销售人员在进行调查研究时，关注的是代理区内各种客户的实际需要。他们不是在争取订单，而是寻找为客户服务的机会。

◎ 在调查目标客户需求的同时，销售人员还应该了解一下自己的需求。

◎ 在寻找目标客户时，你必须遵循一个标准：你的产品必须能够满足他们的需要，否则就不能作为自己的目标客户。

在进行了上述调查研究之后，销售人员对自己代理区域内的购买能力就有了一个初步的了解。换句话说，他们对自己的潜在客户有了一个初步的了解。现在，他们就可以开始进行调查研究的第二阶段工作了。也就是说要收集信息，看一看具体哪些人有可能购买他们正在推销的产品。

高层次的销售人员希望销售的只是那些可以满足客户真正需求的商品。因此，在调查研究的时候，他们关注的是代理区内各种客户的实际需求。他们不是在争取订单，而是寻找为客户服务的机会。很多时候，客户并没有意识到自己的需求。甚至都没有认识到身边的环境——这些环境将引发他们的需求。

有时候，推销员可能会非常偶然地听说一个人打算购买某一种商品，而这种商品又恰恰是自己正在推销的商品。有时候，推销员通过主动的询问也可能碰巧获得这样的线索。但是，大多数情况下，这样的线索都不会来得那么直接。推销员往往需要大量的走访来获得需求方面的信息。有了这些具体的信息，再加上对当地情况的整体了解，推销员就可以确定目标客户了。

通过调查客户的需求，销售人员通常可以了解更多的东西，而不仅仅是客户的名字。而且，这样的调查工作还可以在很大程度上增加推销员的信心，因为通常在调查客户的需求时，他们会发现某些客户有可能会从潜在客户变成实实在在的买主。有时候，一些客户的采购计划可能存在失误。比如他们打算购买某种产品，但实际上另一种产品更适合他们。因此，在了解到客户需求的时候，销售人员不要急于做出判断，而应该先对各种情况进行综合的分析。这时候他们就好比是正在为人治病的医生，首先需要对病人的各种症状进行综合的诊断，然后才能对症下药。

在调查目标客户需求的同时，销售人员还应该了解一下自己的需求。在为客户提供服务之前，应该清楚地了解一下自己为特定客户提供服务的能力。如果不具备这方面的能力，并且提前认识到了这种不足，那么，他们就可以有针对性地进行弥补和改善。

当说到"调查代理区域内客户的需求"的时候，请不要误解了"需求"的含义。只要可以为人们提供某个方面的服务，任何东西都可能成为人们的需求。但是并非所有的需求都是必不可少的。比如，家庭中需要音乐，但是即使没有音乐，家庭也照样可以很融洽。当你考虑诸如"我的代理区内需要什么产品"或者"这个客户需要什么产品"等问题的时候，不妨转换一下提问的方式。比如可以这样问自己："我能给他提供什么服务？"

如果以这种方式来思考问题，你将能够按照最高的标准来完成调查研究工作。这样，有十足的把握相信自己的建议能够给一个人带来帮助，你就不会将他看成真正的目标客户。仅仅去寻找一些通过争取有可能购买你产品的人并不是真正的调查研究。因为那样做是一种狭隘的自私自利。你必须摆脱这种自私自利，同时还必须认识到如果你的产品不能给客户足够的帮助，那么即使卖出了产品也算不上成功。你在寻找目标客户的时候，必须遵循一个标准，那就是你的产品必须能够满足他们的需要，否则就不能作为自己的目标客户。

3. 调查出客户的需求

◎ 如果你记住了"我正在销售的是对商品的看法"，那么，在调查研究的过程中你就不会产生什么差错了。

◎ 事实上，几乎在任何时候，你向客户推销的第一个理念就是他们需要你的产品，然后，你才会去说服他们，让他们购买你的产品。

◎ 在调查研究时，销售人员应该时时刻刻关注产品最终消费者的利益。

请记住：你不是在销售商品。在前面的章节中我们已经说过，你正在销售的是对商品的看法。如果记住了这一点，那么，在调查研究的过程中就不会产生什么差错了。很多时候，你必须首先向客户推销一个他从来没有认识到的需求。事实上，几乎在任何时候，你向客户推销的第一个理念就是他们需要你的产品，然后，你才会去说服他们，让他们购买你的产品——你会向他们说明，在购买了你的产品之后，他们会多么喜欢它，或者它会给他们带来种种好处。

一个推销涂料的推销员发现在代理区域内有一个因为缺乏粉刷装饰而显得十分破旧的小镇。因为大家都如此，所以无论私人住宅或者商业用房，几乎都没有什么粉刷装饰。这名推销员对整个小镇的情况进行了调查。然后，他走访了小镇上一些主要的五金商店，分别向商店的老板们阐述了亮丽整洁的外在形象对城市的重要意义，进而又指出了油漆涂料在塑造城市外在形象方面的巨大作用。他的宣传获得了店主们的赞同，最后他们承诺：只要那位推销员能够激发起人们的强大需求，他们愿意订购他的油漆涂料。

接下来他去了报社，向对方坦率地说明了来意。他说希望推销自己的涂料，但是之所以要推销涂料仅仅是因为这个小镇需要它们。而且他还向报社证实了他公司的名望和产品的质量。最终，编辑采纳了他的意见，决定为他进行宣传推广。然后，编辑根据这位推销员所提供的材料撰写了一系列教育性的文章，并在报纸上发表。不久之后，一股粉刷房屋的浪潮就席卷了整个小镇。涂料销售也随之繁荣兴旺起来。自然，这位推销员不仅赢得了数量可观的订单，同时还和这个小镇上的代理商建立起了稳定的业务关系。这个推销员之所以能够取得成功，是因为他对整个小镇的情况进行了全面的调查，而不是仅仅调查了少数的个人。

上述事例还说明了另外很重要的一个方面：在调查研究的时候，销售人员应该时时刻刻关注产品最终消费者的利益。如果你正在向批发商或者零售商推销商品，那么，首先不要去调查他们的需求，而应该去调查他们的顾客的需求。因为他们的顾客的需求也就是他们的需求。一个推销员的最初需求很可能是对自己代理区域内的情况进行一些实际的了解。他也许没有认识到自己市场中的潜能。因此，要通过仔细的调查研究来发现市场的需求，再将发现传递给客户，这样，从一开始，你就能够给他们提供真正有益的服务。调查研究的真正目的是为客户服务，而为客户服务则是所有销售流程的中心目标。因此，时时刻刻都要把为客户服务摆在最突出的位置。

4. 通过有效的调查研究，预防消沉和倦怠

◎ 大多数人只是在"生病"之后才想办法去"治疗"。但是聪明的人知道未雨绸缪、防患于未然。同理，我们也可以通过有效的调查研究来预防消沉和倦怠。

◎ 只有调查研究做得足够扎实，你才能够满怀信心地去面对客户，而不会因为不了解对方的需求而茫然失措。

如果希望自己能够做一名成功的推销员，那么，你就一定不能把销售仅仅看成一份工作。相反，你必须将它看成一项可以为之奉献毕生精力的事业。尽管有时候确实会牢骚满腹，但是你清楚地知道，任何工作都不能同你的工作相提并论。有时候，你会认为你的工作是世界上最艰苦的工作；偶尔你也会希望自己能够拥有一份轻松的办公室工作，尤其是当你四处奔波，已经累得疲

惫不堪，但仍然一无所获的时候，这种渴望就会更加强烈。

我们可以通过两条途径来消除自己的厌倦情绪。大多数人只是在"生病"之后才想办法去"治疗"。但是聪明的人们知道未雨绸缪、防患于未然。有的推销员在经过了一整天徒劳无功的辛勤奔波、拖着疲惫的身体回到家里的时候，常常会觉得万分沮丧。不过，经过一晚上充分的休息之后，他们又会变得精神抖擞、斗志昂扬。这时候，他们决心重整旗鼓，力争将前一天的损失弥补过来。我们一般都会称赞这种推销员的自我恢复能力。事实上，他们也的确值得赞赏。但是，以这样的方式进行工作并不会有非常高的效率。所以他们并不是最好的销售人员。而相比之下，那些经过了一整天辛苦的工作之后不仅不会感到丝毫疲倦，反而依然精神饱满的销售人员更为优秀。因为他们每时每刻都不会消沉懈怠。

我们可以通过有效的调查研究来预防消沉和倦怠。不要总是在销售工作中碰运气，因为一个人不可能永远好运当头，相反，运气往往是捉摸不定的。所以要想在工作中保持稳定的销售业绩，就需要投入大量的时间进行实际的销售工作，同时还要尽可能充分地做好调查研究。只有调查研究做得足够扎实，你才能够满怀信心地去面对客户，而不会因为不了解对方的需求而茫然失措。你也许会感到厌倦，但是工作不能停滞不前，相反，你每天必须做更多的工作。你需要走更多的路，需要在工作中投入更多的时间。在不减少实际销售时间的基础上，你还必须要花费更多的时间去进行令人厌倦的调查研究工作。那么，如何才能做到这一点呢？

毫无疑问，首先需要具备更加充沛的体力和精力。不要因为每天晚上回家的时候总是筋疲力尽就决定必须减少自己的工作量。每天早上走出家门的时候都要保持着足够使用一天的精力和能量。其实你并不十分了解自己到底有多大的精力。因为往往在一天的工作结束之前你已经感到筋疲力尽了，所以你认为自己的精力是有限的。到了下午的时候，你的活力就消失得无影无踪了，当你完成了实际的销售工作、拖着沉重的步伐回到家里的时候，已经累得不能再进行任何的调查研究了。

你很可能会认为西奥多·罗斯福（Theodore Roosevelt）是一个精力无穷的超人。身为总统，他日理万机。他似乎有时间做成千上万件事情，而且似乎还可以一次去十几个地方。如果你要跟着他跑上一个星期，那么，在一两天之后的大部分时间里，你很可能就不得不躺在担架上了。罗斯福似乎永远不会感到疲倦。人们几乎想象不到他也会需要睡眠和休息。只要不是在"推销"自己的想法，他都会时时刻刻地进行调查研究工作。没有哪个美国人比罗斯福更了解自己的"代理区"和"目标客户"了。一年到头他都在关注着报纸上的头条新闻。我们经常感到迷惑不解："罗斯福总统每天都在做着繁重的工作，但他并没有因此将自己累垮，那么，他究竟有什么秘诀呢？"但是迷惑归迷惑，他的确是一个人做着十几个人的工作，而且还做得从容不迫、乐在其中。在几年以前，由于需要减肥，他不得不在一个疗养院里待了半个月。在离开的时候，他向工作人员透露：许多年以前，他的一只眼睛就已经失明了！

如果罗斯福像普通人一样生活的话，那么，在他去世之前的很长一段时间里，人们差不多都会将他看成一位老人。但是，他却一直都像一个充满活力的年轻人。为什么会这样呢？你也许会

第5章　销售流程中"准备阶段"的第二步
调查研究

说罗斯福拥有钢铁般的体质，一般人不可能像他那样去工作。我也承认他的确拥有钢铁般的体质，但问题是他钢铁般的体质是从哪里来的？如果读过罗斯福的自传，你应该记得他在年轻的时候瘦小柔弱，所以不得不去西部的一个农场里劳动以便锻炼身体。经过艰苦的劳动锻炼，他才从瘦小柔弱变得结实粗壮。由此我们可以看出，罗斯福天生的体质并不理想，他只是通过后天的努力才改变了这种状况。

对于那些在销售工作中经常感到疲惫不堪的推销员来说，西奥多·罗斯福的生活很有参考价值。我们可以想象一下：假如罗斯福是推销员的话，当他刚刚拜访了十几位客户、正在往回赶的时候，他肯定不会步履沉重、行动迟缓，显得有气无力。在回到家里的时候，他不会一屁股跌到安乐椅上闭目养神，相反，他会急切地去做更多的工作。试想，一个六十多岁的残疾老人尚且能够如此，难道那些不能发奋有为、做了一点点工作就累得筋疲力尽的年轻人不应该感到惭愧吗？所以，推销员应该学习一下罗斯福的拼搏精神，在完成了一天的拜访任务之后，不要坐下来休息，而要积极地投入到调查研究工作当中去。

有人认为调查研究在整个销售流程中不是一项重要的工作。这是非常错误的想法。事实上，如同销售流程中其他阶段的工作一样，调查研究也是一项重要的工作。在制订工作计划的时候，应该同时把实际的销售时间和调查研究的时间考虑在内，而且要在保证不减少实际销售时间的前提下，尽可能多地安排调查研究的时间。你所进行的调查研究完全是为了自己的利益——记住了这一点，你就不会把加班加点的工作看成痛苦和奴役了。

销售人员应该每天二十四小时都处于工作状态。更确切地说，他应该以有助于销售工作的方式来安排每天所有的时间。假如每天可以找到客户并进行拜访的时间是八个小时，那么，一个推销员每天争取订单的时间就不应该少于八个小时。否则，他就是在偷懒，或者说就是对自己不负责任。另外，他还应该安排八个小时的睡眠时间——这时候，不仅室内要有新鲜的空气，而且精神也要彻底放松——以便使自己的体力和精力得到充分恢复。除了实际的销售时间和休息睡眠时间，每天还有八个小时时间可以利用，这八个小时就是调查研究的时间。

这时候，你可能会问：难道销售人员就不需要任何休闲娱乐时间了吗？当然，他们也需要休闲娱乐，而且休闲娱乐同睡眠一样必不可少。但是，销售人员的休闲娱乐同假期的彻底放松并不能完全等同。在工作当中，仅仅完成了拜访客户的任务并不意味着万事大吉、无事可做了，因为他还必须去调查研究。事实上，只要方法得当，调查研究完全可以成为完成销售工作之后最佳的娱乐方式。即使是沉浸在一种极度放松的状态中，销售人员的思想也应该始终同他们的工作密切相关。他们的眼睛也应该随时关注着可能的机会，耳朵也应该时刻倾听着需求的信息。推销员如果能够真正全身心地投入到自己的职业当中去，那么，他就可以将看到的或听到的一切事情都与自己的工作联系起来。

销售人员如果在酒店里用餐时喜欢同那里的女服务生开开玩笑，就会很有意思地发现：他们既可以了解到她们所掌握的商业信息，而且可以了解到她们对销售人员的各种意见。曾经有一个大型的女帽生产企业的推销员就是通过这种方法来获得销售情报的。因为来酒店里参加宴会或其他社交集会的男男女女常常络绎不绝，所以酒店里的女服务生们有机会见到各种各样的服饰，自然她们也会对女帽的流行款式有所了解。于是每到一处，这位推销员就同所下榻酒店里的女服务生攀谈，向她们了解这个地区女帽的流行趋势。这种间接的调查研究为他提供了重要的信息，然后，这位推销员就带着这些信息去拜访当地的经销商。因为他了解了市场的需求，所以能够为经销商们提供适销对路的产品——很多时候，连那些经销商还没有意识到市场需求的时候，这位推销员就已经了如指掌了。最后顺便提一句，这位女帽推销员所进行的调查研究工作不仅让自己获得了宝贵的商业情报，而且还有一个额外的收获：因为友好的攀谈，他也赢得了那些女服务生的尊重和优待。

当然，在调查研究的过程中也必须运用智慧。假如一个推销员缺乏必要的智慧，他要么就应该抓紧时间纠正和弥补，要么就需要换一个更适合自己的职业。这里所说的智慧并不能从书本中找到，它是一种理解和感知的能力。几乎所有的销售人员都拥有智慧，但是只有极少数人充分地利用了自己的智慧。这一点在他们调查研究的时候表现得尤其明显。由于某些原因，很多销售人员在调查研究的时候似乎不敢开动脑筋——也许是担心一旦在这一方面用光了自己的智慧，到了向客户销售商品的时候就会"理屈词穷""江郎才尽"吧。

5. 调查研究，需要智慧与健康

◎ 要想精通销售艺术，必须以良好的身体素质为基础。销售人员需要具有超出常人的健康状况、生命活力、忍耐力以及对工作的真正热爱。

◎ 如果自己不能高效地工作，损失最大的还是自己而不是给自己支付薪水的公司；如果自己不重视调查研究，那么，赚钱的机遇将与自己擦肩而过。

◎ 很多推销员一开始便误入歧途。为了弥补损失的时间，他们往往过度操劳。正确的做法是首先增加自己的体能，有了更多的体能才可以工作更长的时间。那些非常高效的推销员需要具备运动员一般的体魄。

◎ 力争让自己的体力劳动量达到目前的两倍，脑力劳动量达到目前的十倍。

　　智慧需要以健康为基础，所以要想精通销售艺术，就必须以良好的身体素质为基础。毫无疑问，销售人员需要具有超出常人的健康状况、生命活力、忍耐力以及对工作的真正热爱。不过，只有极少数的销售人员事先采取了相关的措施来预防他们的"倦怠情绪"。一般的销售人员要么是过于劳累，所以根本就没有精力去调查研究；要么是在筋疲力尽的时候才去调查研究。他们往往计划在精力最为充沛的时候去进行实际的销售工作，但是在想到要进行调查研究的时候，却忽视了这项工作也需要身体基础。

因此，虽然本章的中心话题是调查研究工作，但是这里要详细地论述一下良好的身体素质对销售人员的重要意义。

不少人都认为，我们能够投入到日常工作中的脑力和体力是有限的，其实这是一个常见的误区。一些天才的心理学家研究表明：人类的大脑得到开发利用的还不到十分之一。换句话说，一个人即使像罗斯福那样高频率地使用自己的大脑，他的大脑也不至于劳累过度，因为充其量他也不过是使用了自己大脑工作能力的十分之一。一些杰出的科学家也断定：一般人都能够轻而易举地挖掘出自己双倍的体能。

现在，让我们想象一下如下场景：一个推销员在经过一天辛苦的工作之后已经累得筋疲力尽了，他首先狼吞虎咽地饱餐了一顿，然后，点上一支雪茄，懒洋洋地躺在安乐椅上闭目养神，也许他还会品上一两杯白兰地。休息一会儿之后，他疲倦地伸了一个懒腰，坐起来开始撰写工作日志。然后，他希望出去消遣一下，以便让自己暂时忘掉那些烦人的工作。所以他去电影院看了一场电影，或者打了半夜扑克牌。星期六的晚上，他向妻子倾诉了他每天过的"悲惨"生活，并说自己已经疲乏到了极点，妻子对此深表同情。这样一来，这个家伙一直都不能进行有效的调查研究工作。

然而，对这个推销员来说，要走出他的困境是完全有可能的。其实疲惫是一种疾病。如果不幸患上了这种病，也是可以治疗的，而且痊愈之后，只要采取适当的预防措施，就能够确保不再复发。假如一个推销员恍然大悟：如果自己不能高效地工作，那么损失最大的还是自己，而不是给自己支付薪水的公司；如果自己不重视调查研究，那么，赚钱的机遇将与自己擦肩而过。这样，他就会下定决心，每天一定要为自己的未来付出更多努力，做更多的工作。但是，他究竟应该怎样才能做好自己的工作呢?

很多推销员一开始便误入了歧途。为了弥补损失的时间，他们往往过度操劳。正确的做法是首先增加自己的体能，有了更多的体能才可以工作更长的时间。所以，聪明的销售人员往往首先会锻炼身体、增强体质。那些非常高效的推销员需要具备运动员一般的体魄。他们的肌肉应该强健有力；他们的身上应该没有多余的脂肪；他们的血液应该洁净清澈；他们的循环系统应该畅通无阻。他们应该比自己的目标客户更加健康，应该拥有远远超过日常销售工作所需的精力和能量。只有这样的推销员才可以在八小时之内完成更多的客户拜访（同那些体能不佳的销售人员相比）；而且在拜访了客户之后还依然精神饱满，可以继续进行调查研究工作。

如果一个推销员在一天的工作中感到疲惫，那么他不应该怨天尤人，事实上他自己对此难辞其咎。他没有任何正当的理由可以不去调查研究。他如果对自己尽职尽责，对公司忠心耿耿，那么，他的耐心和力量永远都不会枯竭。疲惫和倦怠并不是必然的。造物主在给每个人分配体力和脑力的时候，并没有对我们"缺斤少两"，相反，一般人都获得了多余的能量。精力不够用的原因在于我们没有对它们充分开发利用。

不要为自己编造任何托词和借口，用以逃避调查研究的职责。相反，要不断地加大工作量：力争让自己的体力劳动量达到目前的两倍，脑力劳动量达到目前的十倍。要不断地督促、鞭策自己，直到将工作效率提高到满意的程度为止。只有真正全身心地投入到工作中之后，才有资格说："我已经累得筋疲力尽了。"

要用狂热的理想来激励自己。要认识到你的代理区就是你的淘金场。假如你正置身于一个全新的金矿——在那里你有可能找到天然的金块——那么，除了必需的睡眠时间之外，每一分钟你都会不知疲倦地四处搜寻。代理区内的销售机会就相当于纯净的天然黄金，它们就在你的身边。但你绝不能守株待兔，因为它们并不会自动地"送货上门"。其实自动"送货上门"的机会也不是没有，但每个人一生只能遇到一次，那是在每个人被赋予生命的时候。在此之后，所有的机会就必须靠自己去寻找了。

要端正自己对待调查研究的态度。要认识到，如果在销售流程的开始阶段没有打好坚实的基础，就不可能成为非常成功的推销员。还要下定决心，一定要为客户提供他们真正需要的信息，当然，首先要不断地提高自己的能力，以便更好地搜集相关的信息。如果能够做到这一点，你将可能成为能够为客户提供最好服务的推销员。同时，你也将更加专注于自己的工作，工作业绩也将更加辉煌，收入也将更加丰厚。

6. 调查研究必须讲究技巧

◎ 要使调查研究顺利进行，你就必须以高度的亲和力为基础——这种亲和力能够吸引周围的人们并使他们乐于回答你的问题。

◎ 在调查研究过程中，适当的奉承和恭维既合乎道德规范，也不可避免。但是这种奉承和恭维更应该是神情举止方面的，而不是言谈话语方面的。

◎ 要学会倾听，要从倾听中获取知识。

◎ 真诚地向对方说出自己希望得到的信息。努力让你们的谈话成为
一个相互交换信任的机会。

◎ 理解别人并和别人产生情感上的共鸣。只要你具备了真正的同情
心，那些被调查者会感到你的善意并对你产生信任。

同销售流程中的其他阶段一样，在调查研究的时候也必须讲
究技巧。一个人花了好几个小时进行调查研究所获得的信息可能
还不及别人花十分钟得到的信息更有价值。调查研究的方法和技
巧同调查研究所涉及的内容同样重要。事实上，推销员如果没有
相应的能力，只是列出希望了解的各项信息的清单对他来说毫无
意义。

因为大部分调查研究都是跟人打交道并从人们那里获取信
息，所以调查研究的艺术显然要以销售人员高度的亲和力为基
础——这种亲和力能够吸引周围的人们并使他们乐于回答问题。
有些人我们一看见就愿同他们交谈。所以我们希望他们同我们
搭话。当然，如果他们同我们搭话，我们会表现得非常友好；如
果他们向我们请教某些问题，我们也愿意说出想法。但是，也有
一些人，我们一看见他们就很反感。当他们试图搭话的时候，我
们会爱理不理。当他们提出问题的时候，我们只会给一个简单的
回答，而不会热情鼓励他们继续提问。

销售人员都希望能够既省时又省力地做好调查研究工作。
同时，他们也希望能够以最高的效率进行工作——确保获得的信
息都是他们所需要的有用信息，而不是一堆毫无价值的信息。在

向另一个人调查相关信息的时候，销售人员必须主导整个谈话过程。但是从被调查者那里获得所需的信息并非销售人员法定的权利，相反，那只是被调查者友好的施舍。因此，为了顺利地完成调查研究的任务，销售人员必须机智老练。很重要的一点是不能冒犯被调查者，即使他是一个令人讨厌的家伙，也要对他恭恭敬敬。

如果一个人具有亲和力，那么在待人接物的时候他就可以非常直率和坦诚。如果你让一个人打开了话匣子，那么就没必要有太多的约束和限制。要清楚自己此次谈话的主要目标，而且要在不冒犯对方的前提之下使对方的谈话不脱离主题。要知道这种谈话是同对方交换看法，而不是滔滔不绝地向对方发表演说。最重要的是巧妙地诱导对方同你交流。在谈话过程中不仅要和颜悦色、富于表情，还要坦率真诚，同时还应该积极地肯定和赞同别人的观点。但是在谈话的过程中要做一个商人，不能让对方觉得你的谈话漫无目的。要巧妙地恭维对方，称赞他在某个方面的观点很有价值。不要通过争论的方式来让对方发表看法，而要运用你的亲和力来引导对方畅所欲言。

在调查研究的过程中，适当的奉承和恭维既合乎道德规范，同时也是不可避免的。但是这种奉承和恭维更应该是神情举止方面的，而不是言谈话语方面的。在同别人谈话的时候，无论你是否对他的话感兴趣，你都应该饶有兴趣地认真倾听。这样，你就会赢得对方的好感，因为这个世界上好的倾听者并不多见。比如当你在卧铺车厢的吸烟室里同别人聊天的时候，就要做一个倾听者。当然，在需要转换话题的时候，你可以偶尔插上一两句话。在倾听的时候，不要向对方提含糊不清的问题或者没有明确目的的问题。总之，要学会倾听，要从倾听中获取知识。即使一个傻瓜也可能听到过智者的谈话，所以即使是倾听一个傻瓜的谈话，你也可能感受到智慧的光芒。

永远不要担心坦率会有什么不好。比如你对某些事情感兴趣，就可以坦率地说出来。你不需要将你的事情告诉每一个你见到的人，但是如果你希望对方对自己产生好感，你就需要坦诚直率地向他们说明你的想法。适当的坦诚和直率，再加上令人愉快的表情或者微笑，只会让对方更加友好，而绝不会使对方反感。只要在坦率地表达自己想法的时候彬彬有礼，人们往往会欣赏这种坦率。

如果仅仅向别人提出一个问题而没有解释为什么，那么，别人很可能会有所顾虑、有所保留，而不愿意回答。如果别人无意回答，请不要试图三番五次地盘问对方，那是最糟糕的方法。要坦率地说明自己的想法，然后对方十有八九也会同你一样坦率。这样，你将直截了当地获得所需的信息。

我们不仅仅要得到信息，更重要的是得到真实的信息。因此，要运用亲和力来让被调查者产生好感。这样，他们就不太可能向你提供虚假的信息而让你误入歧途。不要让对方觉得你有什么东西在藏着或隐瞒着。讲话的时候，要富于表现力，从而让对方也受到感染，同样以富有表现力的方式来表达观点。同时，在表达自己的看法的时候，千万不要主观轻率地做出判断或者得出结论，否则别人往往就不愿再发表看法了。要真诚地向对方说出自己希望得到的信息。努力让谈话成为相互交换信任的机会。

要努力做善于交际的人。要温和亲切地对待世界上所有的人，不能表现出自私自利。不仅要向别人虚心求教，而且在别人有疑问的时候也应该乐于提供帮助。不过无论是"索取"还是"奉献"，都不能强加于人。最重要的是不要以自我为中心，在谈话中要给对方留下充分发言的机会，从而保持谈话气氛的和谐融洽。另外，不要过分地刨根问底，这样做往往会引起对方的反感。

在调查研究的过程中并非一定要通过交易来获得所需的信息。事实上，如果你只是一心想着通过给予对方某种好处来达到自己的目的，那么结果往往不能令你满意。在调查研究的时候，先向别人敬上一支雪茄并非是一个很好的开场白。也许只有在经过了友好的交流、双方都已经相互熟悉的时候，再像款待老朋友一般款待对方才是合适的。只有在这种情况下，向对方递上一支雪茄才显得合乎情理。不过，通常情况下，你并不需要向对方提供任何好处——仅仅表现出亲和力就足够了——就可以获得所需要的任何信息。

当然，除非对别人有真正的好感，否则你不可能体现出亲和力。你真诚的善意会融化冷漠的坚冰，温暖人们对你的感情。如果没有真情实感，只是装出一副友好的样子，迟早会露出破绽。因此，你必须培养自己对别人真正的好感，否则你不可能成为优秀的调查员。

人类的同情心在调查研究过程中也起着非常重要的作用。如果能够真诚地赞同别人，那么，你将会发现别人也会真诚地体谅你。人类真正的同情心并非总是同多愁善感和伤心落泪联系在一起。真正的同情心是理解别人并产生情感上的共鸣，而不是同情和怜悯别人。只要你具备了真正的同情心，那些被调查者会感到你的善意并产生信任。

现在让我们回顾一下前面提到的那个代理涂料的推销员。当他在小镇上拜访五金店老板的时候，他知道这些老板都是非常进步的公民——他们都为自己的城市显得如此破旧不堪而感到遗憾，并且都愿意看到自己的城市变得更加漂亮。于是，这位推销员便按照他们的想法去进行思考。

接下来，他并没有对那些因风雨剥蚀而显得十分破旧的建筑冷嘲热讽，也没有发表什么对小镇不敬的言论。他仅仅是为小镇如此朴素的外观而感到遗憾——毕竟还是漂亮一点的好。推销员对小镇的这种看法并不会引起五金店老板们的反感，因为他们发现这其实正是他们自己对小镇的看法。所以，五金店老板们对于这位推销员的说法以及他改善小镇面貌的打算深有同感。他的建议并不是建立在贪图利润的基础上的。同样，五金店老板们销售涂料主要是为了改善城市面貌，从中获得的利润也仅仅是附带性的。因此，在五金店老板们看来，这位推销员的首要目的是改善城市面貌，而其次才是销售涂料。也就是说，推销员和客户之间产生了相互的理解，相互的"同情"。

7. 高明的推销员善于活跃气氛，运用智慧

◎ 高明的推销员的每一句话背后都隐含着一个没有明言的目的，但是在别人看来，他所有的话都说得非常坦率真诚。

◎ 老练的推销员善于活跃气氛。而往往只有那些运用自己的智慧来活跃气氛的人，才能赢得别人的好感和尊重，从而从别人那里获

得自己所需的信息。

◎ 用友好的态度调查研究。一定要广交朋友，并从他们那里获得帮
助，从而让调查研究取得丰硕的成果。

有的推销员在调查研究的时候显得非常笨拙，有的推销员则
会非常巧妙。前者往往是没有知识、缺乏技巧的推销员，后者则
正好相反。为了在调查研究的时候能够获得最好的效果，他们不
仅时时刻刻都以诚待人，而且很善于运用方法和技巧。高明的销
售人员每一句话背后都隐含着一个没有明言的目的，但是在别人
看来，他所有的话都说得非常坦率真诚。

老练的推销员应该掌握活跃气氛的技巧。我们知道，在销
售人员开始调查研究之前，他们面前的陌生人常常都是一脸的冷
漠，这就需要销售人员运用技巧来消除他们的冷漠，激起他们的
热情。不过，销售人员在试图活跃气氛的时候，一定要时刻提醒
自己，活跃气氛是为了激发人们对自己的好感。因此，在活跃气
氛的过程中，千万不要自作聪明。要知道，用高人一等的口气对
别人说话并不会得到友好的回应。同样，降低身份去讲一些淫秽
的故事也不会赢得别人的好感。只有那些运用智慧来活跃气氛的
销售人员才能够赢得别人的好感和尊重，自然也能够从别人那里
获得所需的信息。不过，即使在运用智慧的时候，也一定要谦虚
谨慎，否则很容易变成令人厌恶的炫耀和卖弄。

为了更好地理解调查研究工作，我们不妨再举一个反面的例
子。即使是非常优秀的推销员，如果没有反复细致地调查研究，
最终也可能面临失败。有一个财团发现某个小城市很需要一个乡
村俱乐部。于是这些人一起在小城附近购买了一块非常适合兴建

俱乐部的地皮。然后，他们分别进行了各项准备工作，不仅安排好了高尔夫球场，而且为俱乐部会所准备了三四份建筑设计方案。然后，他们着手将这一提议送交社会各界的著名人士审议。

这是一个非常好的项目，选定的地点也十分理想，这个城市也刚好需要一个乡村俱乐部。财团的提议不仅合情合理，而且也实事求是。但是，这么好的计划因为推销员拙劣的调查研究而搁浅了。这位推销员完全忘记了俱乐部"俱乐"的基本精神，不以大众的广泛参与为原则，而是致力于组建排外的精英集团。但是，因为这里没有那么多卖弄财富的暴发户来支持这个俱乐部，所以他仅仅找到了三四十个会员就再没有任何进展了，最后不得不以失败而告终。以势利的眼光选择了一个错误的角度去调查研究，他的失败是必然的。

后来，另一个年轻的房地产推销员从受挫的财团那里取得了为期60天的销售权。俱乐部的业主们本来认为他们的项目缺乏吸引力，所以不可能成功。但是，这位推销员经过调查之后了解到了事实的真相。他客观地调查了人们对乡村俱乐部的意见和建议——没有夹杂丝毫的个人主观判断——他发现支持乡村俱乐部的人数是他们需要人数的两倍。了解到这一情况之后，推销员将这些人召集到一个剧场里，以他的友善和亲切消除了他们的冷淡，并激起了他们的热情。他原来就认为在市民中间存在着一种广泛的亲密友谊，这时，他又特意强调了这一点。实际上，他在让整个会场的气氛来推销他的乡村俱乐部的想法。而他自己只需要直接提出建议就行了。最后，俱乐部终于组织起来了，而且所有的会员资格在一个月之内便被热情的人们抢购一空。

要想有效地调查研究，必须采用正确的方法。画家运用画笔在纸上挥毫泼墨的时候需要技巧，同样，销售"艺术家"发挥热爱他人的天性越来越高效地调查研究的时候，也需要技巧。我们都知道，销售人员在调查研究的过程中需要持续不断地获得认识的人所提供的帮助。那些销售人员已经养成了友好地对待他人的习惯。因此，别人也会投桃报李，以同样友好的态度来对待他们。所以，他们永远都不会缺少情报，他们经常同情报的来源（被调查者）——这些人对他们的调查工作饶有兴致，会非常友好地配合他们的工作——保持密切的联系。

最后，在调查研究工作中一定要提醒自己：你的目的应该是为那些有需求的人们提供服务。在提供这种服务的时候，一定要本着兄弟般的亲切友爱，竭尽所能、全心全意。这样，你就不会浪费时间，就不会在阴暗的丛林中迷失方向，就不会在绝望的死胡同中痛苦地徘徊。不要指望凭借自己的单枪匹马就可以在陌生的世界里纵横驰骋，没有别人的帮助，谁都不可能一个人包打天下。一定要广交朋友，并从他们那里获得帮助。只有这样，你的调查研究才可能取得丰硕的成果。

—— 第 *6* 章 ——

销售流程中"准备阶段"的第三步
接近客户和拜访客户的计划

1. 接近客户和拜访客户的计划

◎ 在正式直接面对客户之前，我们需要研究拜访客户的正确方法。

◎ 销售人员的调查研究往往只能够获得一些一般性的信息。即使调查工作进行得很充分，在拜访客户之前，也应该制订出各种明确的准备计划，以便在面对客户时根据特定的情况灵活运用。

为避免对本章的内容产生误解，首先有必要做如下说明：我们现在并非正在接近客户，而只是计划接近客户；我们也并非正在试图拜访客户，而只是提前研究拜访客户的正确方法。换句话说，我们还没有走进客户的办公室，而只是在进行最后的准备工作。

这一章里虽然要讨论两个话题——接近客户的计划和拜访客户的计划，但是销售人员通常会把这两项准备工作放在同一时间完成，所以这两个话题在销售流程当中其实是处于同一个阶段。现在就来讨论这两个计划。

在初步的准备阶段和调查研究阶段，销售人员都可以不同客户直接见面。然而在计划接近客户和计划拜访客户的时候，销售人员就必须将客户的因素考虑在内，因为要实施这两个计划都必须直接面对客户。在准备这两个计划的时候，虽然还没有实际拜访，但是，销售人员需要在想象中直接面对客户。计划中的每一个细节以及这些细节有可能对目标客户产生的影响都要经过仔细推敲。

虽然在实际的销售过程中销售人员是同时准备这两个计划的，至少也是将它们结合在一起准备的，但为了方便起见，在这里还是分别论述这两个计划。

针对某位客户的充分的调查研究通常可以为我们提供一些线索，以便让我们制订最好的计划来接近这位客户。而销售人员的调查研究往往只能够获得一些一般性的信息。他们还必须实际地去接近那些几乎一无所知的客户。即使调查工作进行得很充分，在拜访客户之前，也应该制订出各种明确的准备计划，以便在面对客户的时候根据特定的情况来灵活地运用。

这里所说的"接近客户"，是指接近客户的兴趣——也就是接近他们的心灵——而不是接近客户的身体。而为接近客户的身体做准备其实是本章要研究的另一个主题：计划拜访客户。

2. 接近客户的兴趣，揣摩客户的心思

◎ 要站在客户的角度来审视自己，提前想象出自己给客户的第一印象是什么样的。良好的第一印象是好的开端。

◎ 在计划接近客户时，要考虑的非常重要的一点是：在拜访客户时，如何才能以自己服务至上的宗旨迅速地打动客户。

◎ 无论销售人员是否了解到关于客户性格的任何明确而具体的线索，在制订接近计划时都应该有多方面的准备。同时，还要为所有能够想象得到的突发事件准备好应对方案。

◎ 如果能够对客户的心思了如指掌，那么整个销售流程将变得非常简单。

销售人员必须培养丰富的想象力，要能够提前想象出面对客户时自己的形象。但是在这个想象自己形象的过程中，并不是像照镜子一样自己看自己，而是站在客户的角度来审视自己。在计划接近客户心灵的时候，销售人员必须特别关注自己可能给客户留下的第一印象。

很多推销员都认为只有在自己开口同客户说话的时候才是"接近阶段"的开端。而实际上视觉印象瞬间就可以产生，所以在听到你说话之前，客户就已经对你有了一个视觉印象了。如果你给客户留下了一个良好的第一印象，那么，接近客户阶段就有了一个好的开端。相反，如果第一印象不好，那么自然就有了一个不好的开端——第一印象绝不会保持中立——这个不好的开端就

成为以后工作中必须克服的一道障碍，而要克服这道障碍势必额外地花费销售人员的时间和精力。

在接近客户阶段，要能够做到还没有开口说话就令客户对你肃然起敬。如果你的派头像一个美国王子，那么，可以确信你一定能够给客户留下良好的第一印象。要时刻提醒自己，你去拜访客户是为了给他们提供服务，而不是请求他们给你帮忙。卑躬屈膝或者阿谀奉承并不能给对方留下好的第一印象。因此，销售人员在面对客户的时候，不要有任何谄媚和讨好的表示，相反，他们应该像一个气度不凡的绅士，既谦虚谨慎，又落落大方。

作为销售人员，不应该总是喜欢与人争论。因为销售工作不是对抗的过程，而是合作的过程。如果销售人员意识到了销售的真正目的是为客户服务，那么，他们在接近客户的时候就会充满信心。在计划接近客户的时候，销售人员应该考虑的非常重要的一点是：在拜访客户的时候，如何才能以自己服务至上的宗旨迅速地打动客户。

在接近客户的时候最理想的状态是首先要尽可能地给客户留下良好的第一印象，然后要立即"乘胜追击"，告诉客户自己能够为他们提供哪些特别的服务。比如，在一个蔗糖非常紧俏的时期，一个推销员来到了一个杂货批发商行推销蔗糖。他的开场白非常直截了当："早上好，先生。今天我可以为你供应一桶蔗糖。"他的话立即引起了客户强烈的兴趣。

销售人员在计划接近客户的时候，首先要想象到怎样才能让客户第一眼看到自己的时候就被自己的举止风度所打动。然后，还必须想象到自己将各种各样的想法介绍给客户的时候，客户会有什么反应。如果销售人员已经通过调查研究了解到某位客户通常的思维习惯，就可以制订出针对这位客户的最佳的接近计划。而无论销售人员有没有了解到关于客户性格的任何明确而具体的线索，在制订接近计划的时候都应该有多方面的准备。一个良好的接近计划虽然不可能适合每一位具体的客户，但是至少能够为了解客户的个性打开一扇门户——销售人员可以根据从中得到的信息迅速地修正自己的方案。

销售人员应该为所有能够想象到的突发事件准备好应对方案，这一点非常重要。如果事先做好了充分的准备，那么在实际接近客户的过程中，无论遇到什么情况，销售人员都不会惊慌失措。在接近客户的过程中，如果有迹象表明所运用的方案存在偏差，销售人员就必须准备立即改变计划。不同的方案适用于不同的客户，销售人员必须根据相关的线索，提前判断出适用于某个具体客户的具体方案。如果不能够做出这种正确的判断，那么尽管准备了一系列的备用方案也毫无用处。

其次，销售人员需要让头脑时刻保持高度的警惕。他们应该提前准备好接近客户的各种方案，并且还应该投入大量的时间来完善它们并使之最终定型。他们应该将这些方案烂熟于心，以便在需要的时候能够"信手拈来"。他们不应该有任何紧张和焦虑。相反，应该对自己充满信心，相信自己准备的方案一定可以适合面前的客户。如果已经将自己训练成了让人一看就会肃然起敬的"王子"，就没有必要考虑给别人留下的第一印象了，因为毫无疑问这种印象是好的。然后，他们就可以集中精力去体察和揣摩客户的心思了。

如果销售人员对人类的心理机能进行了深入的研究，那么，他们完全有可能揣摩到客户的心思。我们都承认：如果能够对客户的心思了如指掌，整个销售流程就将变得非常简单。但是，我们往往只是希望自己能够了解别人的心思，而没有付诸实际的行动去获得这种能力。

一个人在说话的时候，我们可以根据他的话语间接地了解到他心里正在想些什么。同样，我们也可以根据一个人的文章来间接地了解他的想法。无论哪一种情况，我们都需要了解他内心的想法，因为一个人说出来的话有时候可能并不是他真正的想法。当然，我们还可以根据其他征兆来了解一个人的内心——这些征兆往往能够比语言更精确地反映出真实的内心世界。

3. 训练自己的感觉，洞察别人的心理活动

◎ 人们的感觉能够揭示他们的性格。在感觉开发方面，世界上所有的人都互不相同。

◎ 感觉一般有五种：听觉、视觉、味觉、嗅觉和触觉。此外，还有方向感、压力感等特殊感觉。如果销售人员能够养之有素，时刻保持着高度的警惕，就可以发现那些能够暗示出客户主要感觉的线索和征兆。

◎ 同其他方法相比，利用吸引客户感觉的方法可以让你获得更多的订单。

我们可以通过一定的训练来培养洞察别人心理活动的能力。基本的做法是训练我们的感觉，使之变得更加敏锐，以至于能够

让我们发觉一般人不会注意的迹象和征兆。人类所有的印象都是通过感觉获得的，而人类对自己感觉能力的开发有时候是令人吃惊的。大家都知道海伦·凯勒（Helen Keller）的故事。她在出生后不久就因病致残，永远地失去了视觉和听觉——这往往给智力发育造成严重的障碍——但是，海伦·凯勒却凭借着顽强的毅力克服了种种困难，最终成为一个著名的作家。

在感觉的开发方面，世界上所有的人都互不相同。你知道，一个人可能对音乐特别敏感，另一个人则可能对音乐完全没有感觉；一个人可能有着超级敏锐的味觉分辨能力，另一个人则可能对不同的食物或者饮料没有辨别能力；一个人可能有很强的视觉记忆能力，甚至可以像照相机一样过目不忘，而另一个人在看了某种东西之后可能马上就忘得一干二净了。

我们所熟悉的感觉一般有以下五种：听觉、视觉、味觉、嗅觉和触觉。如今科学家认为人类还具有其他一些感觉。比如，我们能够敏锐地感到冷热的变化。当一个物体放到手上的时候，我们还能够感到它的重量。此外，我们还有方向感、压力感，等等——这些感觉都是我们通常不曾想到的。

我们都知道自己拥有这些特殊的感觉而且都在下意识地运用着这些感觉。但是我们并没有意识到这些感觉可以揭示我们的性格。在人们的各种感觉当中，会有一个是最主要的。假如一个人最主要的感觉是良好的平衡感，这种平衡感就会在各个方面表现出来。他不仅会平衡自己的手势、措辞以及语调，而且会试图平衡各种想法。

我们的客户也有他们主要的感觉。如果销售人员能够养之有素，时刻保持着高度的警惕，他们就可以发现那些能够暗示出客

户主要感觉的线索和征兆。也许客户办公室的色彩设计能够说明色彩对这位客户的影响。也许客户会将自己办公桌上的东西收拾得井井有条，处处体现出一种平衡感——墨水瓶刚好摆放在吸墨纸的中央，或者钢笔端端正正地搁在笔架上。此外，销售人员还可能发现客户经常习惯性地用手掂量一把小刀、一串钥匙或者一支铅笔，等等。你几乎永远都会发现一些可以暗示客户主要感觉的线索和征兆。

如果销售人员在计划接近客户的时候，设计了吸引不同感觉的多种方案，那么，即使事先不了解客户的性格，在面对客户的时候，他们也照样能够很好地找到客户正确的兴趣点——假定销售人员能够发现预示客户主要感觉的线索和征兆。

下面让我们举个例子。假如一个推销员正在推销一种配有丰富插图的认购书——在这本书的后面，有一些色彩艳丽、印刷精美的美女图片。在进入目标客户的办公室之后，这位推销员发现办公室里挂着漂亮的图画，而且铺着色彩丰富的地毯——这些细节说明客户对色彩的感觉得到了充分的开发。于是，这位推销员拿出他的样书，迅速翻到后面，向客户展示那些图片。因为他读懂了客户内心的需求，所以立即使用最能吸引色彩感觉的图片来打动客户。

不过，此类例证放在"评估客户"这一主题——我们将在后面讨论这一主题——之下似乎更为恰当。现在我们只关注销售人员应该如何做好接近客户的准备。概括地说，要做好这方面的准备，销售人员首先应该分析一下他们的产品和对客户提出的建议，以便预先确定他们能够采取哪些不同的措施来吸引客户的感觉。然后，他们应该想象出这些措施可能会对客户产生什么样的影响——因为每位客户都有着不同的主要感觉。

在接近客户的准备阶段，销售人员不仅要掌握充分的情报信息，而且要有积极的想象。然后，他们就将直接面对客户了，这时候，要保持高度的警惕，通过察言观色辨认出客户最主要的感觉是什么。在辨认出这种感觉之后，他们立即就知道了自己的产品中可以吸引这种感觉的因素。

因此，非常重要的一点是：销售人员必须知道他们的产品或者建议当中能够吸引不同感觉的因素分别是什么，而且还必须针对每位客户的主要感觉来制订方案。有时候，要想象出吸引不同感觉的所有方案并非易事，这要求销售人员具有足够的智慧和创造性。尽管如此，一般而言，针对任何一种产品或者销售建议，销售人员都有可能做到这一点，虽然准备全部的方案非常困难。但是要想确保不遗漏任何一个特定客户的主要感觉，销售人员需要事先准备好能够吸引各种感觉的所有方案。

这种接近客户兴趣的准备方案的另一个重大价值在于它的新颖性。在接近客户时，那些司空见惯的方法往往受到客户的抵制。而销售人员采取那些吸引客户感觉的方法则不会直接引起客户的怀疑，客户就会放松警惕。这样，在客户意识到事实真相之前，他们实际上已经接受了销售人员的想法了。

为了更清楚地理解这种吸引客户感觉的方法，让我们来看一个销售人寿保险的例子。所以要提到这种销售方法，是因为它显示出了一种独创性的智慧和谋略。我们甚至可以用它来销售那些无形的东西——销售这些无形的东西所需的那些吸引感觉的方法必须要靠凭空的想象。尤其要注意的是：例子中的销售人员是通过给客户创造感觉印象的方法——而不是通过巧舌如簧的劝

第6章　销售流程中"准备阶段"的第三步
接近客户和拜访客户的计划

说——来销售的。

一个代理人寿保险的推销员曾经对推销艺术进行了一番深入的研究。通过研究，他发现同其他方法相比，利用吸引客户感觉的方法可以获得更多的订单。于是他针对每一种感觉分别设计了不同的方案。这样他就可以应对任何一个客户了。下面是他计划的一些吸引感觉的方法：

首先是视觉方面。他计划用一些图画似的口头描述来形容在挣钱养家的人去世之后一个家庭将呈现出的悲惨处境。这些描述是如此精彩生动，使客户能够产生一种身临其境的感受。

其次是听觉方面。他准备用精确的语言来真实地描述一个寡妇衣食无着、寻找工作时又四处碰壁的境况。这位推销员做好了充分的准备，要用想象出来的耸人听闻的不幸遭遇来打动客户的耳朵。一个男人听了他的话，也许就会想到：假如自己不幸英年早逝，妻子将只能靠四处乞讨为生。那将是多么凄惨啊！

嗅觉方面。这位推销员准备去形容那些烟熏火燎的屋子里有毒的气味—— 一个无依无靠、穷困潦倒的寡妇往往只能住在这样的房子里。

味觉和视觉方面。他准备去描述干面包的味道以及那些穷人们对美味可口的食物的渴望。他还准备提到那些因为付不起电费而被剥夺了享受光明权利的人们，形容一下他们躲在黑暗的屋子里的时候那种痛苦的感受。他还要描绘一种缺乏色彩、暗淡无光的生活，单调乏味、肮脏邋遢的环境以及衣不蔽体的穷困。另外，他还打算对比一下生活在不同环境下的孩子：营养充足的孩子胖胖乎乎、精神饱满，而营养不良的孩子则面黄肌瘦、萎靡不振。

此外，他还准备展示一个柔弱的女子为了糊口度日，不得不东奔西走、辗转街头去乞求获得一份工作的情景。他还想象了那些孤儿寡母饥寒交迫、贫病交加的窘迫以及面黄肌瘦、骨瘦如柴的惨状。同时，他还暗示了他们会如何受到世人的歧视和凌辱。然后，为了同挣钱养家的人健在时那种幸福的生活相对比，这个推销员准备描述那些失去了父亲的孩子所面对的艰难生活。另外，他还准备展示"血汗工厂"里那种单调沉闷的漫漫白昼、铁道边简陋的小屋里令人无法入眠的震耳欲聋的火车轰鸣声以及其他种种感觉印象。

为了与上述比较凄惨的感觉印象形成鲜明的对比，他还准备了与之截然相反的欢乐幸福的感觉印象。在充分准备好了吸引不同感觉的各种方案——这些方案的设计是为了从各种想象的角度入手来打动客户——之后，这位推销员开始将他所做的这些准备实际运用到销售工作当中去。刚开始的时候，由于缺乏必要的经验，自然会遇到很多的困难，但是他一直不屈不挠地咬牙坚持。渐渐地，他学会了根据一些蛛丝马迹来辨别不同客户的主要感觉。一两个月之后，在拜访客户的时候，他已经能够非常准确地判断他们的性格了。有时候，他并不能一下子就发现客户的主要感觉。所以在找到正确的线索之前，往往需要一个"测试、排查"的过程。不过，他常常能够准确地找到客户最为敏感的一些感觉，然后全神贯注地针对那些感觉来实施相应的方案。

比如，他曾经试图去向一个在轮船上当司炉工的人推销人寿保险。尽管他费尽了唇舌，然而这个人一直都不为所动。后来，当他尝试刺激对方寒冷的感觉的时候，发现那个人不自觉地颤抖了一下。原来，那个人对寒冷最为敏感，在他的心目中，地狱就是一个寒冷的冰窟。于是，这位推销员紧紧抓住这一点向他展开猛烈的"攻势"，最后，为了让自己的家人免受严寒之苦，那位司炉工终于填写了一份保险申请书。

在熟练地掌握了吸引客户感觉的方法之后，这位推销员在工作中取得了巨大的成功。他几乎总是能够争取到客户。有时候他还能够利用客户对某些事物的担心或者忧虑来销售保险。不过，只要有可能，他还是喜欢利用人们对未来美好生活的向往——也就是通过感觉印象来激发客户的希望和信心——来销售保险。比如，他会描述那些由于得到保险赔付的孤儿寡母所过的舒适的生活。而且他在描述这种舒适生活的时候，往往运用一些感觉印象，比如居住在宽敞明亮的房子里、冬天可以享受温暖、夏天可以享受清凉，等等。同时，在描述这些感觉印象的时候，这位推销员将自己对那些弱者的关心和爱护融入其中，从而使描述更加生动和感人。

由此可见，通过吸引客户感觉的方法来销售人寿保险，显然要比通过向客户展示死亡率统计表格或者其他一些数据的方法要有效得多。

同样，吸引客户感觉的方法也可以运用于其他任何商品的销售中，而且在其他商品的销售中甚至还更为有效。同人寿保险的销售相比，你所代理的产品具有吸引所有感觉的特征和因素——你可以通过比较的方法来突出这些特征和因素。所以，请你以吸引客户感觉为基础来重新规划自己的接近客户的方案。最终的结果会向你证明这种方法的神奇功效。

4. 拜访客户前的周密规划和用好介绍信

◎ 如果见不到目标客户，多么有效的推销方法都毫无意义。因此，事先对那些可能妨碍你见到客户的因素进行充分的预测和分析就显得非常重要。

◎ 一封介绍信会比一张名片更有价值。但介绍信仅仅是给销售人员提供了一个可以展示自己的机会。

◎ 第一次拜访客户时给客户留下的良好印象就是以后再次拜访客户时最好的"介绍信"。

现在，让我们假定销售人员已经将自己接近客户的方案设计得尽善尽美，正在准备着去拜访客户。当然，在去拜访客户之前，他们首先要获得客户的允许。而要想获得客户的允许，他们还必须做出周密的规划——这也是销售流程中很重要的一环。

我们都知道，如果销售人员见不到目标客户，无论多么有效的推销方法都毫无意义。因此，事先对有可能妨碍你见到客户的因素进行充分的预测和分析就显得非常重要了。有一些求见客户的推销员往往指望着在遇到阻碍的时候可以凭借自己瞬间的灵感来说服对方，并最终顺利地见到自己想见的人。虽然有时候会侥幸获得成功，但是在大多数情况下，他们的灵感在关键时刻往往会消失得无影无踪。因此，在去客户的办公室之前，提前做好充分的准备很有必要。

要想顺利地见到客户有很多好的方法，随身携带介绍材料的就是其中之一。这些介绍材料就如同万能钥匙，它将帮你开启任何陌生的大门。而大门开启之后，客户通常都会给你一次见面的机会。但遗憾的是，在实际销售过程中很少有销售人员利用这种非常有效的方法。

销售人员在求见客户的时候，常常会遭到拒绝，而这将降低他们每天拜访客户的平均次数。虽然无法统计出遭受拒绝的比例，但是我们清楚地知道，销售人员常常在销售努力的开始阶段就遭遇到了挫折——根本就见不着自己想要见的人。这种情况在大客户那里表现得尤其明显，因为他们身边都有办公室职员和私人秘书保驾护航，一般人都会被这些职员或者秘书挡在门外。要想见到客户，首先要设法叩开他们紧闭的大门。如果拜访过某位目标客户，那么，一般的销售人员都能够找到正当的理由再次拜访。因此，第一次成功的拜访至关重要，必须做好充分的计划和安排。同任何其他的方法相比，一份介绍材料能够更好地实现销售人员的目标。销售人员要尽可能地配备这把"万能钥匙"。

真正的销售人员永远不会忘记：为客户提供服务是他们的根本宗旨。有了这种意识，他们在寻求介绍材料的时候，就会有一个正确的目标：不是为了用它们说服客户接见自己，而是为了获得更多信任，从而更方便地为客户提供服务。他们不会为了让别人给自己写一封介绍信而去欺骗别人。相反，他们会给出令人信服的理由，然后坦率地说出自己的目的和请求。除非他有充分的理由确信对方乐于推荐他们，否则他们绝不会请求对方为他们或者他们的商品写推荐信。一般情况下，销售人员只会请求别人为自己写介绍信。

如果销售人员能够充分地意识到推荐信和介绍信的区别，他们就有可能被介绍给代理区域内所有的重要客户。每一位客户都有一些要好的朋友和一些受到重视的熟人。而要了解某位客户的朋友和熟人并非难事。当一个推销员感觉不容易见到某一位重要客户的时候，他应该首先去接近这位客户的朋友或者熟人。如果他能够给对方留下良好的印象，他就可以轻易地向对方提出如下的请求："今天下午我要去拜访某某先生，如果你可以给我一张你的名片并且为我写一两句介绍性的话，我将万分感激！"

尽管只是一面之交，但是如果销售人员在做出请求的时候能够满怀信心，并且让对方相信自己的目的是希望为这位客户提供服务和帮助，那么，他们的请求通常都不会被拒绝。"兹介绍某某先生……"——客户的熟人写在名片上的这样短短的一句话有着神奇的魔力，在获得拜访客户的机会方面，将起到无法估量的作用。销售人员在求见客户的时候是否应当向对方呈递自己的商业名片一直是销售经理们争论不休的一个话题，但是，几乎所有的人都一致认为：利用其他人的名片作为介绍是很好的做法。

当然，一封介绍信会比一张名片更有价值。如果可以从客户的一个私人朋友或者一个商业伙伴那里得到这样一封介绍信的话，即使花费一些时间和精力也是值得的。如果实在找不到这样的介绍信，那么，销售人员在去求见代理区内那些重要客户的时候，至少也应该带上一封所在公司出具的介绍信，而不是仅仅拿一张自己的名片。

这封由销售人员所在公司出具的介绍信应该仅仅是一封介绍信，而不应该试图帮助销售人员推销产品，也就是说不应该在具体的措辞中包含任何推荐的意思。当一个具有良好声誉的公司——销售人员应该全力以赴来为自己的公司争取这种声誉——

为它的某一个销售代表出具了介绍信，让他分别送呈自己代理区内各位重要客户的时候，这对于销售人员和客户而言无疑都是一种礼貌和尊重。而礼貌和尊重往往会给人留下良好的印象。另外，公司出具的介绍信应该短小精悍、言简意赅。在称呼了客户的名字和头衔之后，只需写上以下的内容就足够了：

亲爱的史密斯先生：

您好。

兹有我处销售代表托马斯·布朗先生赴贵公司洽谈业务，请予以接洽为盼！

您真诚的朋友：

爱德华·琼斯于琼斯公司

那么，上述的介绍信究竟会有什么效果呢？首先，当销售人员在接待室受到工作人员盘问的时候，可以堂而皇之地介绍自己并且理直气壮地求见他们的领导。而办公室职员不太可能故意冷落怠慢他们，或者试图阻止他们。尽管客户的部下会带着怀疑的目光仔细审查销售人员所呈递的名片，但是他们所出示的介绍信十有八九会被毫无疑问地送交给客户——甚至可能是一个非常重要的客户。其次，当客户收到一封非常谦恭的短信——信中附有销售人员所在公司负责人或者某位高层领导签名——的时候，他会觉得自己也应该对对方以礼相待。他也许不会把一个推销员放在眼里，但是他会认为那个在信中签名的人可以同自己平起平坐。如果拒绝了这个推销员就相当于怠慢了他的上级领导。因此，大多数情况下，客户都会比较客气地对待这样的销售人员。也就是说，同那些仅仅递上一张名片的推销员相比，呈上介绍信的推销员更有可能赢得一次拜访的机会。最后，一封介绍信可以让销售人员的身份变得高贵起来。随身携带着一封大人物的介绍信，就不会给人留下一个沿街叫卖的小贩形象，而会让人觉得如同是一名真正的商业特使。

总的来说，介绍信可以为销售人员创造更多的机会：不但可以让他们更容易地见到客户，而且在拜访客户的时候还可以让客户对自己另眼相看。

当然，这样的介绍信对任何客户都只能使用一次。如果使用介绍信获得了拜访客户的机会，并且第一次拜访给客户留下了良好的印象，那么，下次拜访的时候还会受到欢迎。因此，第一次拜访客户非常重要。销售人员一定要认识到介绍信的作用和价值，同时，一定不能辜负了客户对他们的期望。遗憾的是，很多销售人员都把介绍信当成了撬门别锁的"撬棒"，而当他们进入客户的办公室之后，自己则成了不受欢迎的"窃贼"。介绍信仅仅是给销售人员提供了一个可以展示自己的机会。如果是不称职的推销员，他们的第一次拜访很可能就成为最后一次了。但如果是称职的推销员，那么，只要被客户接见过一次，他们就会发现下次拜访时的障碍已经很小了。也就是说，第二次拜访的时间在第一次拜访的时候就已经提前"确定"了。

在谈了如何赢得第一次拜访机会之后，在这里就不讨论如何赢得第二次机会了。因为第一次拜访客户时给客户留下的良好印象就是以后再次拜访客户时最好的"介绍信"。到时候，销售人员只需要报上名字或者递上名片，就足以获得一次拜访机会了。

5. 准备好遭拒绝时的应对策略

◎ 大多数客户会对那些他们不熟悉的销售人员闭门不见。因此，销售人员要做好应对拒绝的充分准备，让客户觉得你是一个值得一见的特殊的推销员。

◎ 坚持不懈无可厚非，但是坚持不应该变成固执。为了能够见到客户而在那里纠缠不休并不会有什么好处。销售人员应该站在客户的立场上来制订各种计划，以便能够获得客户接见的机会。

◎ 那些事先对可能遇到的困难做了充分准备的销售人员，往往能够在实践中更容易地克服这些困难。

一般来说，拿着一封很有分量的介绍信去求见客户的销售人员都不太可能会被拒之门外。但问题是，销售人员在拜访客户的时候往往都没有介绍信，而只能报上自己的名字或者递上自己的名片。他们常常要吃闭门羹。那么，销售人员在遇到这种情况的时候该怎么办呢？

如果销售人员对于客户的拒绝毫无准备，那么一旦面临客户的拒绝，他们很可能会心烦意乱、惊慌失措。这样，恐怕连客户办公室的职员也会嘲笑他们的失态。但是，如果销售人员对可能遇到的拒绝——各种各样的拒绝——有着充分的准备，那么，他们就能够迅速地做出机智的回答。大家应该都有这样的体会：在关键时刻我们往往哑口无言，而等到事情过去之后才会想起绝妙的辞令。这种事后诸葛亮根本于事无补。销售人员应该提前想到应对之策，并且还要将它们烂熟于心。要知道只有未雨绸缪才能防患于未然。

那些草率的拒绝，甚至各种各样的拒绝都可以被销售人员准确地预料到。对于那些他们不熟悉的销售人员，大多数客户都会闭门不见。而且在拒绝销售人员的时候，他们也总是使用某些固定的托词。比如，他们"太忙"，或者"不需要你提供的产品"，或者其他一些大同小异的表达方法。销售人员应该做好准备，利用这些习惯性的托词来让客户觉得自己是一个值得一见的特殊的推销员。他们应该认识到客户在拒绝一个推销员的请求时通常的心理反应和情绪状态，同时还应该针对每一种托词准备一个巧妙的回答——这些回答要能够引起客户的重视，而不能激起客户的反感。

无论是专业的教育还是一般的建议，都要求销售人员应该百折不挠、坚持不懈。坚持不懈无可厚非，但是坚持不应该变成固执。为了能够见到客户而在那里纠缠不休并不会有什么好处。因此，销售人员应该站在客户的立场上来制订各种计划，以便能够获得客户接见的机会。尽管其他很多推销员都被拒之门外，但是他们也不应该丧失信心。他们的目标必须是吸引客户，从而使客户急于见到他们。最好的方法是能够让客户觉得自己来这里是为了给他们提供服务，而不是为了想方设法赚他们的钱。

在准备争取客户接见的过程中，那些老练的销售人员都会预料到自己将可能遭遇的拒绝。他们会思考这样的问题："当我被拒绝的时候，或者当他们找借口搪塞我的时候，我应该怎么说？"如果他们只是打算依靠使用一些阴谋诡计或者要一些小花招来达到求见客户的目的，那么他们很可能会遭到拒绝，而且很

第6章 销售流程中"准备阶段"的第三步
接近客户和拜访客户的计划

可能引起对方的反感。这样的计划完全是自私自利的计划，因为它完全是站在销售人员的立场上制订的。这样的诡计和花招根本骗不了那些精明的客户，因为他们早已对这些东西了如指掌。但是，如果销售人员提供的是真正的服务，那么，即使是那些精明的客户也很难对他们断然拒绝。当然，这种服务必须是名副其实的，否则，在精明的客户面前，他们也将原形毕露。

如果一位客户说"他今天不需要任何东西"的时候，说明他的确认为自己的需要已经得到了满足。这时候，对于一个推销员来说，除非他相信自己一定可以在某些方面为这位客户提供服务，否则，这一次他就不可能见到这位客户了。有时候，*客户也许意识不到自己的需求，但是，销售人员一定要真真切切地意识到这种需求*。销售人员应该预先想到客户的拒绝，同时还要准备好应对方案。比如，当客户说他们不需要任何东西的时候，销售人员必须使用一定的方法来说明自己能够为客户提供真实的服务。一旦客户通过下属回绝了他们的请求，他们必须立即以预先设计好的方案来做出应对。他们应该准备一系列的应对方案，这些方案都可随时拿来使用，而且不同的应对方案应该针对不同的情况。

曾经有一个非常成功的推销员，他一直密切地关注着他所在行业的市场状况。有一次他去求见一位客户，但是客户不愿接见，于是他立即在自己的一张名片上写下了这样一句话让人送给客户："我今天来不是要向你推销任何商品，而是要向你提供一些你非常感兴趣的有关行业动态方面的信息。"

这种方法总能够让这位推销员顺利地见到客户。在见到客户之后，他不会去先找一个地方坐下——除非受到客户的邀请——

而是立即开始向客户提供他所知道的有价值的信息。这时候，他会严格地约束自己，绝不会流露出半点推销商品的意图。不过，在最后，他会请求客户在晚些时候安排一次会面，专门来探讨一下他所代理的产品。因为他向客户提供了有价值的信息，所以客户很少会拒绝他的请求。的确，有很多时候，客户都建议当场谈一谈他的产品。

显然，那些事先对可能遇到的困难做了充分准备的销售人员，往往能够在实践中更容易地克服这些困难。其实，高效地从事实际销售工作的时间非常有限。比如，在求见客户却遭受拒绝的时候，销售人员就损失了一些本来可以用于实际销售工作的时间。因此，很好地珍惜实际的销售时间非常重要。如果经常在见到客户之前就遭到拒绝，那么，无论多么优秀的推销员也不会有任何建树。事实上，这种事先的失败是可以预防的。通过一些有效的预防措施，我们可以大量地减少这样的失败。

另外，客户下属的挡驾并不一定就能够对销售人员构成障碍。那些办公室职员以及助理都会将一般的推销员挡在门外，不让他们接近自己的领导。但是，无论他们防范得多么严密，那些老练的销售人员照样可以突破"封锁"，接近目标。

6. 要见大客户，就要仔细地研究客户的下属

◎ 欲见大客户，首先应该仔细地研究一下他们的下属，尤其是他们的私人秘书，并有应对这些人员的明确方案。

◎ 千万不要轻视了客户的这些下属，因为他们有着相当大的影响力。销售人员应该将心比心，设身处地地为客户的下属着想，并且站在他们的立场上看待问题。

◎ 只要能够表现出客户通常喜见到的那种气质和才干，任何销售人员都会得到秘书的尊敬。

要想见到许多大客户，销售人员应该仔细地研究一下客户的下属，尤其是客户的私人秘书。销售人员应该准备好同他们交往的方法，应该有对付那些办公室职员和办公室助理的明确方案。有太多的销售人员都忽视了客户下属的重要性。这些下属在各自的职位上帮助客户处理公司事务。他们都知道自己的职责，而且客户或多或少都对他们有几分信任。如果来访的销售人员认为他们无足轻重因而对他们不屑一顾，他们自然就会心生怨恨，并且容易以其他一些方式表现出对销售人员的无礼和敌意。

销售人员应该将心比心，设身处地地为客户的下属着想，并且站在他们的立场上看待问题。因此，在见到客户的任何一位下属的时候，销售人员都应该表现出对他职责的理解和权威的认同。溜须拍马或者奉承谄媚不会给客户的下属留下良好的印象，而谦恭的友善和一视同仁的举止才会让他们产生好感。

这种一视同仁就如同法律上规定的"人人平等"。当然，这并不是一个社会问题，销售人员也不需要使自己适应不同下属的社会地位。他们应该做的只是以同样的尊敬对待客户的每一位下属，这样，那些下属自然就会觉得理所当然地应该以同样的尊敬来回报他们。销售人员对客户下属的尊敬态度不能是假装出来的，必须是完全真诚的。要想表现出真诚的尊敬，首先他们必须对这些下属甚至对所有的人类有一种真诚的友善。

在求见客户却被客户的下属挡驾的时候，堆出满脸虚情假意的笑容并不会对销售人员有什么帮助。但是一个真诚的微笑往往能够换来同样的亲切和礼貌。每一个人都希望获得别人的尊重。即使是一个卑微的速记员，也希望别人能像对待一位贵妇一样来对待自己；即使是一个低级的办公室职员，也希望别人能像对待一位绅士一样来对待自己。千万不要轻视了客户的这些下属，因为他们有着相当大的影响力。如果他们对某个推销员有好感，那么他们往往能够在关键时刻帮他一把。同样，如果他们对某个推销员心存怨恨，那么他们也可以在关键时刻拖他的后腿。因此，在每次见到客户下属的时候，不应该对他们视而不见，相反，应该充满善意地同他们交换一下眼神，让他们感到你眼神中流露出来的亲切和热情，这样做会对你大有好处。

在客户的下属当中，私人秘书最为特殊，他们对销售人员的成败有着非常重要的影响。因此，对销售人员来说，成功地同他们交往显得尤为重要。私人秘书的职责之一在于保护自己的老板，使其免受不必要的侵扰和时间上的浪费。但是，那些坚信自己的使命是为客户提供真正服务的销售人员不会认为自己是在打扰客户，或者是在浪费客户的时间。在意识到了拜访客户的正当性之后，销售人员就能够通过自己的神情举止让那些私人秘书明白："我的老板确实有必要见一见这个推销员。"

了解来访者的意图是老板赋予秘书的职责，不过，这也并不意味着他们就可以越俎代庖，代替老板处理一切事务。通常情况下，秘书都会小心谨慎，而不会越权办事。因此，当他们向销售人员提出某些问题的时候，销售人员应该表示理解，而不应该感到不愉快甚至大为恼火。其实秘书提这些问题都是正当的，他们要尽量避免一些来访者可能给老板带来的不必要的麻烦。因此，销售人员对这些问题都应该做出坦率的回答。故意的回避是错误的，闪烁其词只能增加秘书的怀疑。如果销售人员觉得某个问题涉及的内容应该直接跟客户谈，那么，他们应该非常客气地向秘书说明自己希望就这个问题同老板交流。

私人秘书大都接待过许多身份很高的来访者。因此，只要能够表现出客户通常喜欢见到的那种气质和才干，任何销售人员都会得到秘书的尊敬。真正优秀的推销员不会表现得盛气凌人或者独断专行，他们有强烈的自尊，却彬彬有礼、毫不张扬。为了在接待室里更好地同客户的私人秘书进行交流，他们会对私人秘书表现出充分的尊敬。但他们绝不会表现出任何的媚态。他们的行为举止仅仅是表现出他们有资格要求拜访客户。如果一个希望拜见自己老板的推销员看起来有着充分的自信和理由，那么私人秘书一般都不会贸然拒绝他。

7. 让勇气和胆量成为你的第二天性

◎ 在进入客户接待室时，销售人员要让对方感到自己的勇气和胆量。世界上所有的人都会钦佩那些真正勇敢的人们。要成为优秀的推销员，就必须让勇气和胆量成为你的第二天性。

◎ 当你不同意对方的观点时，你不应该懦弱地屈服，而要适当地表达自己的观点。

在进入客户办公室的时候，销售人员要有一种无所畏惧的勇气和胆量。而且这种勇气和胆量必须成为他们的第二天性，而不能只是一时的冲动。他们必须摆脱任何担心和忧虑。要知道客户就是一个买主，如果购买不到所需要的商品，他们将无法生存。因此，他们采购商品是必然的，也就是说，总有推销员会成功向他们推销出商品。如果一个推销员意识到自己能够为某个特定的客户提供真正的服务，那么，他就会变得勇敢无畏。这种勇敢无畏的意识是在求见客户之前开发出来的。而且这种勇敢无畏只能来源于内心的光明磊落和行为的堂堂正正。

在进入客户接待室的时候，销售人员必须让对方感到自己的勇气和胆量，否则，他们求见客户的请求很可能遭到办公室职员的拒绝。但是，世界上所有的人都会钦佩那些真正勇敢的人。即使是那些最冷酷无情、最乖僻暴躁的客户也会被销售人员身上的勇气所打动，并对他们产生由衷的敬意。相反，那些一味讨好他们或者过分阿谀奉承的销售人员往往会遭到客户的反感和鄙视。只有在极少数情况下那些真正勇敢的销售人员才会被客户怠慢。因此，销售人员应该预先获得勇气和胆量，而且还应该使它们成为自己的第二天性。他们应该经常勇敢地面对生活中的所有困难，从而循序渐进地培养自己的勇气和胆量。

我们经常见到一个人在别人的"威逼和恫吓"之下"举手投降"的情景。比如，在火车的吸烟车厢里，一个盛气凌人的推销员就某个商业或政治问题正在高谈阔论，而另一个胆小怯懦的推销员则在一旁唯唯诺诺、随声附和。事实上，那个羞怯的推销员在随声附和的时候，内心并不赞同对方的观点。虽然我们没有必要同那些吹牛大王做无谓的争论，但是也不要轻易地放过那些锻炼自己胆量的极好机会。每天我们都会遇到一些胆敢挑战我们勇气的家伙。勇敢地接受他们的挑战吧！当你同其他人谈话的时候，勇敢地说出自己的想法并没有任何损失。当然，勇敢地发表自己的观点并不意味着妄自尊大或者大吹大擂，显示勇敢并不一定就要公开地叫板或对抗。我们的意思只是要你明白：当你不同意对方观点的时候，不应该懦弱地屈服，相反，你有权利表达自己的观点。

曾经有一个非常胆怯的推销员，每当去拜访一位陌生客户的时候，他都会浑身发抖。后来，他决心要锻炼自己的勇气。于是，同别人在一起的时候，他抓住一切可能的机会来发表自己真实的想法。有时候，即使不需要自己思考的问题，他也会勇敢地说出自己的看法。比如，在乘坐公共汽车的时候，如果他不同意另一个人的看法，他就会坦率地说出来。六个月之后，这位害羞的推销员终于从自己的亲身经历中认识到自己不需要害怕任何人。这样，他树立起了自尊和勇气。下次再去拜访客户的时候，他就不会感到害怕了。

我们并不需要在付出昂贵代价之后才明白该如何接近客户以及如何求见客户。因为通过充分的准备和预先的计划，销售过程中的失误都是可以避免的。只有按照正确的方法开始销售工作，才不至于在以后的工作中出现失误。销售人员在准备工作中所投入的时间会在他们的整个职业生涯中为他们带来好处。

在见到客户之前，充分的准备工作至少能够将销售人员的平均成功率提高50%，同时还可能将他们的效率提高一倍。如果你希望取得成功，那么在开始之前一定要做好充分的准备。

第三部分

介　绍

——第*7*章——

销售流程中"介绍阶段"的第一步
评估客户

1. 了解客户内心活动的三种途径

◎ 在开始出发之前，一定要确定自己是正确的。当你不能确定自己是对是错的时候，要先停下来，仔细地观察、仔细地倾听。如果已经错了，就马上原路返回。

◎ 销售人员要能够解释和领会人类心理活动的外在迹象所表示的含义，然后才能够了解某一位客户内心的秘密。

◎ 一个人所说的话、说话时的语气和语调以及他的动作举止不仅可以透露出他当时的想法，而且能够显示出他此前的心理活动。

有一句古老的格言说："在开始出发之前，一定要确定自己是正确的。"其实这句格言所表达的意思不太全面。我们可以从相反的角度用下面两句话把它的意思补充完整："当你不能确定自己是对是错的时候，要先停下来，仔细地观察、仔细地倾听。""如果你确定自己已经错了，那么就要立即按原路返回。"

销售人员在向客户介绍自己产品的时候，一直都需要尽可能准确地知道他们的介绍在客户那里产生了什么样的效果。如果客户的"心理机器"是可以看得见的，那么销售人员就可以观察它的运转情况，同时对自己的销售策略做出相应的调整。但是，人们的内心世界是无法看到的。我们能够观察到的只是心理活动在外部肌肉上的反映。因此，销售人员首先必须能够解释和领会人类心理活动的外在迹象所表示的含义，然后才能够了解某一位客户内心的秘密。

我们知道，要想把一个人内心的想法传递给另一个人，只有三种途径：语言、语气和语调、动作。因此，如果销售人员能够辨别出他们所听到的语言和语气与语调以及所看到的动作代表的真实含义，那么，他们就可以了解客户的内心活动了。所以，评估客户的过程包括两个方面，销售人员不但要感知到客户不同的语言、语气和语调以及动作，而且必须探索出这些语言、语气和语调及动作背后所反映出来的心理活动。准确地注意到客户所说的内容以及所做出的动作还远远不够。因为那只是整个过程的一部分。另外，我们还必须对这些语言、语气和语调以及动作做出准确的解释——这一点也同样重要。

下面让我们首先来讨论评估客户的第一部分内容——感知客户的语言、语气和语调以及动作。然后我们要特别关注如何对它们进行解释的问题。

首先，我们需要搞清楚哪些是客户假装出来的想法，哪些是他们真实的想法。为了不被那些狡猾的销售人员的花言巧语所蒙骗，客户有时候会故意释放一些烟幕弹来迷惑对方。那些专业的客户尤其如此，他们在面对销售人员的时候，会习惯性地隐藏或掩饰自己的真实想法。所以在评估客户的时候，那些经验不足的销售人员往往会被这些烟幕弹所欺骗。而那些老练的销售人员则会考虑到这一特点。因此，他们会密切地关注反映客户心理活动的所有外部迹象，然后，如果发现有相互矛盾的地方，他们就可以辨别出哪些迹象是真实的，哪些是虚假的。

　　大多数情况下，这种去伪存真的辨别并不困难。如果客户习惯于掩饰或隐藏自己的真实想法，那么，凡是他们有意识地使用的那些语言、语气和语调以及动作都是伪装的。但是，没有哪一个人可以有意识地不去做那些所谓的潜意识所支配的事情。而这些由潜意识所支配的事情正是销售人员可以依赖的客户真实心理活动的反映。因此，销售人员应该对那些反映客户潜意识心理活动的外部迹象给予特别的关注。如果销售人员能够做到这一点，那么，他们就会发现：有时候，在客户自己都没有意识到的情况下，甚至在竭力掩饰自己内心的真实想法的时候，他们就已经把自己的真实想法泄露出来了。

　　假如你要去拜访一位客户——这位客户假装自己冷漠无情，简单粗暴。他在接待你的时候，表现得十分粗鲁，甚至有点冷酷。他的脸上始终阴云密布，而且言语之间充满敌意。那么，你是否就根据这些迹象认为他是一个脾气乖戾的家伙呢？他的那些使你感到反感的语言、语气和语调，以及动作都是他自己可以意识到的，因此，这些可能都是他假装出来的。一定要注意辨别哪些事情不是他有意要做给你看的，即他无意识地做出来的事情。如果一个客户的乖戾和暴躁是装出来的，那么，他办公室的下属们就有可能对这种矫揉造作的做法表示出一定的不满。这样，你就会发现客户的声色俱厉只不过是用来吓唬人的。如果客户的办公室职员似乎并不害怕他们的老板，那么你也没有必要去害怕他。要仔细地观察客户的表情。看他是一直阴沉着脸呢，还是有时候也放松一下，然后又再次绷紧呢？这种表情是不是他特有的呢？如果客户的满面怒容不是自然而然的，而是勉强撑出来的；如果客户发怒的时候，客户办公室的职员们并不感到紧张，那么你就可以断定客户的举止、语言和语气以及语调都是假装的。这时候，你就不需要再去浪费时间和精力来平息客户的怒火了，因为他根本就不是一个脾气暴躁的人。所以不需要经历任何铺垫性的"抚慰阶段"，你可以直接向他提出一个可以引起他的兴趣的话题。在吸引了他的兴趣之后，他就会不自觉地卸下他最初的伪装，而你也就顺利地突破了他对你设置的第一道防线。

一个人所说的话、说话时的语气和语调以及他的动作举止不仅可以透露出他当时的想法，而且能够显示出他此前的心理活动。因此，要想对客户的性格做出判断，销售人员应该首先对客户的言论和动作做出仔细的辨别。销售人员主要应该了解的是客户通常的思维习惯，而了解他们当时的想法不是特别重要。因为即使他们当时的想法有点反常，但是在以后他们终究还是要回到通常的思维习惯上来的。

2. 要粗略观察，更要具体观察

◎ 销售人员在评估客户时所进行的粗略观察通常包括三个要素：客户的工作环境、客户的同事以及客户本人。

◎ 老练的观察者会利用具体观察的结果来验证以前的粗略观察所获得的印象。如果具体观察同粗略观察的结果相吻合，则证明自己是正确的，否则就会迅速针对这一点重新进行检验。

◎ 那些高明的销售人员往往会训练自己对细节而不是对总体的感知能力。学习销售应该训练在一瞥之间进行观察的能力。

人是一个复杂的有机体。但是人们并没有意识到这一点，所以人们一般都不会进行自我分析。然而，在评估客户的时候，销售人员必须认识到密切关注各种细节的重要性。许多推销员在评估客户的时候仅仅进行一些粗略的观察。然而仅仅进行粗略的观察很可能对客户产生错误的印象。即使对客户的印象没有什么差错，也不可能十分清晰。所以仅凭粗略的观察，销售人员并不能准确地评估客户的性格。

尽管如此，销售人员并不能忽视通过对客户进行粗略的观察所获得的线索。但是，如果这些线索不能同随后进行的具体观察所获得的结果相吻合，那么这些线索就不应该被采用。如果具体观察的结果同先前的粗略观察相互矛盾，销售人员应该立即抛弃任何已经获得的第一印象，并按照具体观察的结果来看待客户。

销售人员在评估客户时所进行的粗略观察通常包括以下三

个要素：客户的工作环境、客户的同事以及客户本人。在大多数情况下，一般的销售人员仅仅根据这三个要素所提供的信息就会做出一个草率的定论，并且在以后的工作中始终以这个定论来看待客户。因此，如果销售人员一开始就产生了一个基于粗略观察基础上的错误看法，那么，这个错误看法很可能会一直伴随着他们并使他们不断地出现错误，最终导致他们销售努力的失败。不过，那些老练的观察者会利用具体观察的结果来验证以前的粗略观察所获得的印象。只有在通过这种验证之后，他们才会做出最后的结论。他们一开始就不会出现错误，自然也不会出现以后的连锁效应。

如果具体观察同粗略观察的结果相互吻合，那么，老练的销售人员会明白自己是正确的。如果二者相互矛盾，他们就会对粗略观察的结果产生怀疑，然后，他们会迅速地利用另一个具体观察对这一点重新进行检验。如果这一次检验同第一次具体观察的结果相同，他们就会接受这个结果并把它作为客户性格的真实反映。

那么，具体观察又是什么意思呢？下面让我们以具体的例子来说明这个问题。比如，在观察一个客户的时候，有一项非常重要的内容是观察他的身体结构。他的头形和面相能够说明什么？他的肩膀和胸部又能告诉我们什么？此外，他的腹部以及双手又能透露出哪些性格特点呢？我们都知道当我们逐一考虑这些因素的时候，每一个因素都会在我们头脑中留下一个印象—— 一个具体的印象。第一眼看到一个人，我们会对他产生一个总体的印象——上述各种细节都融合在这个总体印象当中。尽管这个总体印象可能是正确的，但是仅有一个总体印象是不够的，有时候它并不准确。如果我们对他的头形、面相、肩膀、胸部、腹部以及双手分别进行一番分析和评估；如果这些分析和评估并没有让我们改变对他的看法，那么，我们就可以完全确信我们的判断了——而在此之前我们并不能确信。当然，还有其他很多因素需要我们进行具体的观察。上述例子中仅仅提到六个细节只是为了行文的方便。

假如我们见到一个客户的时候，对他的总体印象是感觉迟钝、个性随和，因为他的形象——头型一般、面庞较大、双肩饱满、胸膛宽厚，而且有着一个胃口极好的人特有的便便大腹——很符合这种个性特征。但是经过仔细观察之后，却发现他的指甲剪得极短。由此可见，粗略观察所得到的结论——他是一个感觉迟钝、个性随和的人——显然是错误的。因为"指甲剪得极短"说明他经常焦虑不安，同时还暗示出暴躁易怒的可能性。这时候，我们就必须重新调整我们对客户的评估。如果我们带着这个错误的假设继续我们的销售流程，并且把这个客户当成一个感觉迟钝、个性随和的人来对待，那么，说不定什么时候他就可能对我们大发雷霆，而且很有可能会泄露我们的秘密。

上面的例子说明了对细节的具体观察非常重要。那些高明的销售人员往往会训练自己对细节而不是对总体的感知能力。学习销售应该训练在一瞥之间进行分析的观察能力。我们知道有一些人似乎具有超常的能力。他们只需对一个橱窗展示作片刻的观察，就能够回忆起相当于一般观察者能够回忆起的商品种类的20倍。这就是一个销售人员必须掌握的一种观察能力。在刚刚见到客户的时候，销售人员有充足的时间来观察客户。这段时间里他们甚至可以观察上百个细节，每一个细节都可能为他们提供必要的线索，让他们找到接近客户兴趣的最佳途径。同时每一个细节也都可能对他们提出警告，告诫他们不要采取某一种不利于销售工作的介绍方法。

如果没有必要的调查就不可能得出正确的结论。因此，销售人员的首要任务应该是搜集瞬息之间感知到的信息，而不是对它们做出判断。销售人员应该在见到客户之后的一两秒钟之内收集相关的信息，在收集了足够多的信息，了解了足够多的细节之后，再开始对它们诠释。而评估客户的工作不应该随着会面的结束而终止。销售人员应该在整个销售流程中始终保持高度的警惕，以便随时发现任何可以揭示客户心理活动的其他征兆和迹象。

销售人员应该小心谨慎以避免错误。他们应该在已知事实的基础上继续谨慎地前进。尽管已知事实不是很多，也比草率地得出不可靠的结论要好得多。在会面的过程中，坚决不能出现的情况是：以前对客户的评估不断地被否定，而新的评估结果又没有产生，从而对客户越来越缺乏了解。相反，销售人员应该不断观察，不断发现新的细节征兆，从而不断丰富对客户的了解。因此，随着销售工作的展开，销售人员应该对自己的客户越来越有把握。

3. 正确有效地实现评估客户的目标

◎ 评估客户的目标是，要尽可能地提高销售人员实际销售工作的效率。这也是整个销售流程中学习技巧、提高能力的目标。

◎ 不仅要通过对客户的语言、语气和语调及动作进行心理分析，还要能够对分析的结果进行灵活的运用，从而使销售工作变得更加容易和高效。

很多推销员在评估客户的时候往往丧失自己的目标。评估客户的目标是要尽可能地提高销售人员实际销售工作的效率。事实上，这也是整个销售流程中学习技巧、提高能力的目标。当然，要实现这个目标，需要通过两种方式。首先是要避免错误以及由此带来的危害，其次是要不断增强正确方法的功效以及由此产生的优势。

你也许读过福尔摩斯的侦探故事。当然，它们只是一些虚构的小说，但是那些想象出来的侦探所运用的分析和推理都具有一定的科学依据。小说中每一个人物的每一个细节都非常重要。他们的每一句话、每一种语气和语调以及每一个动作都意味深长。他们通过语言、语气和语调及动作这三种方式来展现自己的内心世界——销售人员也正是通过这三种方式来对客户做出评估的——在这三种方式当中，语言最不可靠，语气和语调很大程度上是可靠的，动作则最为重要、最为可靠。

因此，当你去拜访客户的时候，对于一切可以揭示客户性格的细节都不能轻易错过，而且对于构成会面背景的各种因素也要给予充分的关注。然而，有时候，办公室里死气沉沉的客户、客户的下属、客户的商业伙伴、客户的举止和服饰、客户的言论——所有这一切都可能对你造成一种误导。但是，如果对他们的语气和语调进行一番仔细的研究和分析，你很可能就会得到非常有价值的信息。如果你对他们的肌肉组织以及每一块肌肉的运动情况进行一番仔细的观察，你会毫无例外地了解到他们的性格特征。当然，我们这里所说的了解客户并不是说你就可以了解到客户所有的内心活动，但是这种了解已经足以让你避免错误，同时还可以指导你采取正确的行动方案。

要知道，客户的语言、语气和语调及动作仅仅是他们心理活动的征兆。首先，我们需要感知这些征兆，然后我们还必须能够解释它们。不过，销售人员不仅需要对客户进行心理分析，而且，他们还要能够对分析的结果进行灵活的运用，从而使自己的销售工作变得更加容易、更加高效。

因此，对客户心理活动的外在征兆进行解释应该包括两个方面，首先，必须准确地解读客户的语言、语气和语调及动作所表达的真正含义；其次，销售人员还必须正确地回答如下问题："对于这些刚刚了解到的关于客户的性格特征，我应该如何利用呢？"

我们一再地细化对"评估客户"这一主题的讨论，有人也许会产生怀疑：要想对客户做出一个综合的评估，销售人员必须在极短的时间内考虑到众多的因素，这种评估方法可行吗？如果你也有这样的想法，那么请你不要怀疑。事实上，这种评估方法完全可行。在你获准进去面见客户之后和你开始向客户介绍你的产品之前的几秒钟之内，你完全可以完成客户评估的所有步骤和流程。当然，为了不断地巩固和丰富最初所观察到的信息，对客户的评估不能仅仅局限于此，而应该贯穿于整个销售流程当中。你也许读过那些经历过溺水灾难或者其他致命危险的人们所写的文章。他们都描写了自己对于灾难的体验：在"死亡"来临之前的短暂瞬间，他们以往所有的生活经历会像电影镜头一样在脑海中逐一闪现。无数的试验已经证明：人类的头脑能够以非常高的速度运转，这种速度足以保证销售人员从客户办公室门口走到客户办公桌前的一段时间内完成对客户详尽的评估。

但是，只有经过大量的训练和实践，人类的大脑才能够如此高效地运转。在这本书当中，我们需要对这个问题进行认真的分析，当然这个分析需要花费相当多的时间。不过，当我们学会使用这个工具之后，将能够以极快的速度来完成实际的客户评估工作。因为每天都要同别人打交道，所以我们每天都会对别人进行评估。当你看到一个人的时候，如果你的注意力非常集中，你就可以迅速对他产生一个明确而独特的印象。这个印象并不是一个单纯感知过程的结果，而是你对以前遇到过的其他人印象的综合。你的眼睛会看到这个人，你的耳朵会听到他的声音，在握手的时候你的手会接触到他的手。但是，这些感觉印象仅仅为你"拍摄"了一张眼前这个人的照片而已。你的大脑则需要经过一系列复杂的运转，将这张照片同脑海中已经形成的观念进行参照对比。然后把这张照片归入某一个类别，最后确定眼前的这个人属于你所遇到过的哪一类型的人，比如智慧型、招人喜欢型或者令人讨厌型以及其他数不胜数的类型。

只要稍微想一想你对别人所进行的习以为常的评估，你就会知道上面的论述是正确的。但是，也许你的大脑一直是在漫无目的地进行运转，而不是按照科学的方法进行工作。然而，倘若你对自己的大脑进行一番有针对性的训练，使它按照你希望的方式运转，那么，以正确的方式对他人进行评估就会变得同以错误的方式进行评估一样容易。最终，如同你已经习惯了的漫无目的的方式一样，正确的方式也会成为一种习惯。

当然，学习新的方法需要一定的时间。而且在刚开始运用它的时候你会感到很不顺手。但是，一旦熟练地掌握了这个方法，你至少能够将销售效率提高一倍。换言之，如果继续使用漫无目的的方法，那么，你每天将会损失相当于现在一天的工作业绩，这是一个相当昂贵的习惯。

4. 大脑训练的方法及销售实践

◎ 大脑训练有三个要点：训练大脑瞬间感知大量具体外在征兆的能力，训练大脑将这些外在征兆与内在心理因素相互联系的能力，能够将所发现的客户特点或者性格运用到销售流程中。

如果能够制定出一个针对大脑的训练方法，当然会对你大有好处。下面就简要地论述一下这个方法的要点。首先，要训练大脑瞬间感知大量具体外在征兆的能力。其次，需要训练大脑将这些外在征兆与内在心理因素相互联系的能力。最后，要能够将所发现的客户特点或者性格运用到销售流程当中，以便促使客户购买我们的产品，同时避免客户抵制我们的销售努力。

要坚持不懈地在实践中训练自己的大脑，直到你能够在一瞥之间或者在听到客户声音的瞬间感知各种细节为止（视觉和听觉在评估客户过程中有重要的价值）。在能够瞬间感知各种细节之后还要继续训练，因为我们还必须能够迅速地解释这些细节。通过训练，你的大脑会越来越灵巧，最后，你将能够在看到客户的一瞬间同时完成"摄像"和分类两项工作。

第三步是将前两步获得的信息运用到现实的销售当中。同前两步相比，第三步不需要在瞬间完成。你需要在一两秒钟之内迅速感知各种外在征兆并且追溯到产生这些征兆的心理特征。但是，将获得的信息运用于销售工作中则需要花费相当长的时间。向客户介绍你的产品的时候，要接连不断地将对客户的评估结果运用到销售过程中。这样，你时时刻刻都在不断地巩固自己的销售效果。

现在，让我们来举例说明根据外在征兆揭示出内在性格，然后利用这些内在性格来帮助完成销售的过程。所举的例子来自于实际的销售经历，从例子中会看到如何运用正确的原则评估。

一个成衣推销员接受部门领导的指示去接待一位客户——我们曾经在这一章提到过这位客户：乍一看，他的整体形象很容易让别人误认为他是一个感觉迟钝、个性随和的人。但是，这位成衣推销员进一步做了具体的观察，并且发现了他那剪得极短的手指甲。于是，这位推销员立刻断定这个客户经常焦虑不安，而且暴躁易怒。到这里，这位推销员完成了正确进行客户评估的前两个步骤：感知到了具体的外在征兆，并且根据最重要的征兆揭示了客户内在的心理特征。然后，这位推销员开始运用他在转瞬之间获得的这个信息。

　　于是他开始一步一步地安抚这位客户。他以一种舒缓的、谈心式的语气和语调来同客户交流，尽量避免语气和语调上的突然变化和声音上的尖锐刺耳。同时，他的动作也显得安适从容，有助于平复客户紧张的神经。另外，他所说的话也都能够缓和而不是刺激这个焦虑不安的客户紧绷的神经。总之，这位推销员对待他的客户就如同一个精神病医生对待自己的病人一样。

　　当然，这个推销员针对这位客户的个人特征所采用的方法产生了极佳的效果。它给客户带来了良好的心境，使他的敌对情绪逐渐消失，同时接受推销员观点的意识逐渐增强。接下来，在向客户推荐衣服的时候、在帮助客户试穿衣服的时候以及在向客户提出建议的时候，这位推销员都在继续进行着他的抚慰工作。因此，那位客户始终都没有感到紧张。

　　大约20分钟之后，销售工作就完成了。在即将离开的时候，这位客户的妻子（她同丈夫一起来购买服装）对推销员说："以前布朗克先生需要逛完整个城市的所有店铺才能买到衣服，今天这么快就满意而归，这还是第一次。"而且，那位客户也握着推销员的手说："以后不管什么时候需要买衣服，我都会来找你。"

　　客户并不知道他自己的手指甲同推销员提供的令人满意的服务之间有什么关系。但是，如果推销员没有注意到客户的手指甲，那么他很可能会在无意之间刺激到客户极度敏感、紧张的神经，自然，客户和他的妻子也肯定不会在这里购买衣服了——就如同客户妻子所说的那样，来到这个商场的时候他们并没有抱太大的希望。

让我们再举一个例子。一个年轻的设计师得知城中一个新来的移民刚刚在某个居住区购买了一块地皮准备建房。为了了解什么样的房子最适合这个陌生人，这位设计师打算评估一下这位客户对金钱的态度。因此，他说服这位客户和他一起去实地勘察。到了客户购买的宅基地之后，设计师偷偷地在地上丢了一枚一美分的硬币。一两分钟之后，客户就看见了那枚硬币。这时候，设计师假装并不太关注这位客户，但事实上，他在密切地注意着客户的每一个动作、每一个表情以及语气和语调之间的任何一个细微的变化。

这位客户弯下腰捡起了那枚硬币，一边漫不经心地说了一句什么，一边将硬币装入了口袋。然后继续同设计师谈论房子的事情。当然，他并没有发现设计师正在对他进行评估。

事实上，在此之前，负责建筑服务推销的人员已经了解到了年轻设计师希望知道的情况：在购买这块地皮的时候，这位客户曾经一个劲儿地讨价还价。如果仅凭这一信息去判断客户的话，设计师很可能误以为他是一个非常吝啬的人。但是，通过亲自观察，设计师发现：在捡起那枚硬币并把它装入口袋的过程中，这位客户并没有表现出吝啬鬼们特有的那种沾沾自喜的神色，他对金钱的态度仅仅是一个生意人应该有的态度。一美分对他来说就是一美分，既不多也不少。

我们知道，评估客户的过程可以分为三个连续的阶段，但是销售人员需要在几秒钟之内同时完成这三个阶段的工作。第一个阶段：销售人员通过仔细观察客户的言谈举止来搜集反映客户心理活动的外在征兆。第二阶段：销售人员根据客户语言、语气和语调以及动作方面的信息和征兆推断出客户的性格特征。第三阶段：销售人员将推断的结果运用到自己的销售计划当中。上述事例中，设计师在充分了解到了客户的性格特征之后，就开始同客户讨论房子的设计方案。他提出的方案既不刻意讲究节约，也没有特别追求豪华奢侈——这是一种建立在生意人价值标准基础上的方案，而不是仅仅与费用开支相联系的方案。在竞争者当中，还有很多德高望重的老设计师，但是这个年轻的设计师最终赢得了订单，因为他准确地评估了客户并且确定了相应的方案。当然，在这个例子当中，销售人员使用了人为的手法诱导客户表现出自己的性格特征，但是这个例子同时也表明了进行客户评估的方法。

这里很有必要提醒一点，在上述两个例子当中，都是只提到一个客户评估的线索。于是，有的读者可能会产生一个错误的印象：只要根据一个线索就足以揭示客户的心理活动了。事实上，两个例子中的两个推销员在发现了第一个线索之后，并没有就此止步，他们都继续评估他们的客户，并且都发现了其他许多可以揭示客户性格的细节。也就是说，一个客户剪得极短的手指甲以及另一个客户所展现出来的对金钱的态度只是他们发现的最突出的线索，除此之外，他们还通过继续的评估发现了其他的线索。销售人员既不应该忽视任何可能感知到的线索，同时也不应该对任何了解到的线索进行错误的解释。

5. 识别客户购买动机

◎ 如果一个客户要购买某种商品，那么这个客户在正对他进行评估
的销售人员面前所流露出来的每一种性格特征都能够暗示出他的
购买动机。

◎ 购买动机主要有四大类，我们应该对它们进行逐一研究：与商业
有关的购买动机，与经济有关的购买动机，与人类物理属性有关
的购买动机，与人类精神属性有关的购买动机。

客户评估过程的前两个阶段不难理解，但是要针对一个具体
的客户将已知的事实运用到销售计划当中去就困难多了。我们知
道，所谓感知细节和线索，只不过是具体地观察一切事物而已。
另外，我们也能够很容易地根据客户的一个动作、一句话甚至一
种语气和语调来推断出客户的性格特征。但有时候，销售人员会
发现如何有效地利用那些得出的结论是一件困难的事情。

他们会自言自语："我知道这个客户性情迟缓、缺乏活力，
不是特别聪明，而且经常片面地看问题，同时还自私自利，悲观
厌世。但是我了解这些情况究竟有什么用呢？所有信息都说明他
不会购买我的产品。我希望能够发现一些可以促使他购买我的产
品的性格特征（如果他有的话）。但是我的评估结果告诉我的全
部是一些消极的东西。"

那么，摆脱这一困境的方法在于将消极因素转换成积极因
素。除非销售人员能够将客户的这些性格特征同他们的购买动机

相互联系，否则，了解这些性格特征毫无用处。当然，购买动机是积极的，而且为了生存，即使那些充满了消极性格的客户也需要进行一些采购。如果一个客户要购买某种商品，那么，这个客户在正对他进行评估的销售人员面前所流露出来的每一种性格特征都能够暗示出他的购买动机。如果没有一个动机，任何一个正常的人都不可能去购买商品。也就是说，无论一个人购买什么商品，他特有的购买动机将参与到交易当中。

在客户评估前两个阶段中得出的结论必须运用到销售流程当中去，而运用过程又必须涉及客户的购买动机。所幸的是，要解决运用问题并不需要对购买动机进行复杂的阐释。大体上说，总共只有四大类主要的购买动机。不过在每一类的下面又各有一些分支，这些分支几乎覆盖了销售人员所能够遇到的所有情况。

下面我们列出这四大类主要的购买动机以及各自所包含的分支动机。这些动机将能够满足一般的销售人员的工作需要。让我们对它们进行逐一的研究：

1. 与商业有关的购买动机

a.为了个人利益　　　　　　　　b.为了增强影响力

c.为了个人利益之上的公司利益　　d.为了节省时间

2. 与经济有关的购买动机

a.为了赚钱　　　　b.为了省钱　　　　c.喜欢消费

3. 与人类物理属性有关的购买动机

a.为了方便　　　　b.为了舒服　　　　c.为了自我满足

4. 与人类精神属性有关的购买动机

a.为了追求美　　　　b.为了亲情、爱情或友情　　　c.喜欢服务他人现在，假如我们将刚刚谈到的那些消极的个性特征同购买动机联系起来，从而将它们转化为积极的性格特征。客户所流露出来的性格特征是性情迟缓、缺乏活力，不是特别聪明，还经常片面地看问题，同时还自私自利，悲观厌世。那么，这样的客户可能有哪些购买动机呢？下面让我们对照着以上列出的购买动机来分析一下。

首先来看第一大类：与商业有关的购买动机。"为了个人利益"的动机应该同他自私自利的特点相吻合。同时，他还可能渴望着"增强个人的影响力"。不过，余下的两个动机显然并不适用于他——尽管他可能对一些能够节约时间的东西感兴趣。

在第二大类动机当中，我们可能认为他对"赚钱"感兴趣。不过，"省钱"很可能对他有更强的吸引力。可以肯定的是他绝不会"喜欢消费"。

第三大类中的三种购买动机可能都适用于他这种情况。不过，第四大类中的所有动机可能都不适用于他。

将他的消极特征转化成了积极特征之后，我们就确定了可以非常有效地吸引他的一些因素。如果销售人员告诉他，购买某种商品将可以给他带来个人利益，那么这个自私的客户会立即竖起耳朵。同样，如果销售人员告诉他这种商品能够给他带来方便，有助于他身体的舒适，还能够让他获得自我满足，他也会非常感兴趣的，因为我们已经知道他有"性情迟缓、缺乏活力"的特征。

在将客户的性格特征同他们的购买动机相互联系之后，老练的销售人员能够相应地设计自己的销售方案。他们会针对这位客户可能有的购买动机来对症下药。这种有的放矢的方法自然能够给他们提供更多的成功机会。相反，如果盲目地从诸如对美的追求、对感情的投入以及服务他人等方面来刺激这位客户的购买欲望，那么，这种做法很可能徒劳无功，因为这位客户根本就没有这些购买动机。

6. 有方法有技巧地进行客户评估

◎ 如果客户意识到销售人员正在对他们进行评估，那么，他们很可能认为销售人员有什么不良的动机，因而对他们产生反感。所以，在评估客户的时候，销售人员一定不能让客户感到自己正在被别人研究和分析。

◎ 想在自己的职业生涯中取得巨大成功的销售人员，必须成为销售领域里的"艺术家"。

由于篇幅所限，在这一章里我们只能对客户评估的流程——销售人员在拜访客户时对具体细节的感知、解释和运用——作一个大纲式的介绍。不厌其烦地列举需要实地观察的细节或者试图对每一个外在线索或征兆给出一个具体的心理解释并没有多大价值。我们只能对这一流程做一番简单扼要的论述。如前所述：我们首先要尽可能地感知所有的细节，然后再据此揭示出客户习惯性的思维方式，接着还要将这种思维习惯同可能的购买动机联系起来。根据这样的流程进行了客户评估之后，销售人员的销售工作就有了一个正确的开端。

需要补充说明的一点是，销售人员在进行客户评估的时候一定要讲究方法和技巧。

如果客户意识到销售人员正在对他们进行评估，那么，他们很可能认为销售人员有什么不良的动机，因而对他们产生反感。所以，在评估客户的时候，销售人员一定不能让客户感到自己正在被别人研究和分析。要做到这一点，销售人员的神态举止必须自然从容，而不能局促刻板。这一点至关重要。

艺术家们在工作或者表演的时候都不会给人一种非常费劲、非常吃力的印象。如果弗雷德·斯通（Fred Stone）在舞台上演戏的时候表现得非常吃力，我们也不会把他称为丑角艺术家和舞蹈大师了。亨利·欧文爵士（Sir Henry Irving）之所以是一位伟大的艺术家，是因为他不需要任何的支撑和炫耀就能够表现得宏伟壮丽。所有的艺术看起来都是轻松自然的。看到一尊精美的雕塑或者绘画的时候，我们不会去考虑艺术家为完成这件作品所付出的艰苦的劳动。

能够在职业生涯中取得巨大成功的销售人员必须成为销售领域里的"艺术家"。尤其重要的是，要能够熟练而巧妙地进行客户评估，因为销售人员在一开始的时候就会对客户形成一种成见，而这种成见要一直保持到让客户对他们的商品产生兴趣之后。销售工作的最初阶段是最为棘手的阶段，一旦使客户对我们的商品发生了兴趣，以后的工作就不会再困难重重了。

当然，如果还没有对目标客户进行评估就直接开始推销商品是很不明智的。但是一定要注意，不能让客户觉得你是在有意"拖延"。而且最为重要的是，不能让他们觉得你正在研究他们，或者正在观察他们对你的印象。整个评估过程中都要非常自然，非常从容。如果你表现出强烈的警惕，会引起客户的怀疑。但是你又要保持警惕，否则不可能感知到任何线索。所以要训练自己毫不费力地观察的能力。在遇到或看到一个人的时候就应该有意识地观察他。要学会在别人正在看你的时候以一种看似不经意的目光掠过他们的面部。同时在不引起别人反感的情况下就要完成对他们的分析和判断。

在乘坐公共汽车或者火车的时候，你的视线无疑会不时地离开手中的书报，向别的地方瞥上一眼，这时候你可能刚好同其他人的目光相遇。被别人死死地盯着的感觉是很不舒服的，也是很令人讨厌的。但是，如果你遇到的目光既不是在试图观察你，也不是在有意地躲避你，那么，你就不会感到自己受到了冒犯。但是，这样匆匆的一瞥也许比那些笨拙的观察者死死地盯视所获得的信息更多。

7. 自然从容地评估客户

◎ 没有哪一个客户乐于让一个推销员窥探自己的性格。但是，如果销售人员表现得从容自然、不露痕迹，客户很可能就不会注意到这件事情。

◎ 要获得自然从容的气度，首先需要熟练地掌握技巧，然后通过大量坚持不懈的实践，才能将自然从容变成自己的第二天性。

◎ 只有那些"用错误的方法去做正确的事情"的笨拙的销售人员，才会遭到客户的强烈反对和厌恶。

评估客户的方法和技巧非常重要，无论对这一点如何强调都不过分。许多销售人员不但知道如何感知各种细节，也能够根据这些细节准确地揭示出客户的性格特征，同时还能够将这些性格特征转换成相应的购买动机。但是，因为激起了客户的反感从而使得他们准确的评估变得徒劳无功或者大打折扣。没有哪一个客户乐于让一个推销员窥探自己的性格。如果发觉销售人员正在评估自己，他们很可能心头冒火。如果销售人员在评估客户时表现得非常明显、非常急切，那么客户一定会有所察觉。但是，如果销售人员表现得自然从容、不露痕迹，那么客户很可能就不会注意到这件事情。

那么如何才能获得这种"自然从容"的气度呢？同任何精通一门艺术的人一样，首先需要熟练地掌握技巧，然后通过大量坚持不懈的实践才能将自然从容变成自己的第二天性。作为评估客户艺术的学习者，一个年轻人首先要了解评估客户的原则——这些原则我们在本章当中已经介绍过了。然后，他需要精通评估客户的技巧，也就是说，他能够熟练地应用这些原则。另外，在感知细节和线索、然后根据这些细节和线索揭示出客户性格以及将客户的性格同购买动机相互联系的过程中，他还必须做得自然巧妙，让人根本看不出来。否则的话，他还算不上是一个精于此道的"艺术家"。

评估客户时的自然从容来源于大量的实践。但是这种实践并不局限于客户。我们知道，一个钢琴演奏艺术家并不是在听众面前学会弹琴的，相反，他是在下面学会了弹琴才去听众面前演奏的。同样，销售人员也应该在去拜访客户之前多次进行评估别人的练习。当然，他们不可能等到完全精通客户评估之后再去拜访客户，所以他们需要在拜访客户的过程中不断地学习，提高自己评估客户的技能。但是，他们一定要注意不能在评估客户的时候被客户发觉。

最后，让我们简单地探讨一下评估客户的道德问题。本章的某些内容可能让人觉得评估客户是出于一种自私的目的。我们考虑的似乎完全是销售人员的利益，或者说，在评估客户的时候，销售人员似乎正在对客户设置一个圈套、布下一个骗局一样。我们可能觉得评估客户是一个充满了阴谋诡计的过程。

事实并非如此。在整个销售过程中，销售人员的目标始终都应该是为客户提供真正的服务。在评估客户的过程中，销售人员必须抱着这样的目的来运用所获得的信息。但是，在搜集相关信息的时候，销售人员唯一的想法是了解事实。因此，他们既不是站在客户的立场上，也不是站在自己的立场上。他们完全站在一个调查者的立场上，而这种立场既不是自私的，也不是无私的。

因此，在评估客户的过程中，如果我们似乎忽视了客户的利益，那仅仅是因为一旦了解到了相关的信息，客户的利益和销售人员的利益都会得到同样的满足。只要销售人员在评估客户的过程中不暴露自己，那么他们就是完全道德的。只有在他们的行为让人觉得是在窥探别人的性格的时候才是不道德的。因此，评估客户是否道德的问题甚至取决于销售人员是否具有更高的技巧、是否能够自然从容，在评估客户的过程中并没有什么东西可以让客户理直气壮地去反对。只有那些"用错误的方法去做正确的事情"的笨拙的销售人员，才会遭到客户的强烈反对和厌恶。

—— 第 *8* 章 ——

销售流程中"介绍阶段"的第二步
获得关注并激起兴趣

1. "关注"与"兴趣"大有区别

◎ 只要还要继续向客户推销商品,你就必须继续研究销售学。

◎ 研究销售艺术的一个令人鼓舞的特点在于它的直接有效性,在于学到的每一个销售原则的纯经济价值。

◎ 吸引客户注意力的过程同激发客户兴趣的过程有着本质的不同。吸引客户注意力需要用"锤子敲击"的方法,激发客户兴趣则需要用"夹子固定"的方法。

在正式开始本章内容之前,让我们花上几分钟时间先来对本书的整个内容做一番说明。虽然本书共有12章内容,但是,你不要认为通过这12章内容的学习就可以掌握全部的销售知识,这是不可能的。学习完本书之后，你对销售学方面知识的了解充其量也只能说是"略知一二"。**本书的主要目标是开始让你发现一些销售学领域的问题。**比如，本章对于"注意"和"兴趣"的研究就不是一种透彻的研究，而是一种抛砖引玉式的研究。

只要你还要继续向客户推销商品，你就必须继续研究销售学。尽善尽美地完成销售工作是一个理想，一个终极的目标。但是，你现在的目标应该是在工作中不断地改善自己的销售技能。本书的目的就是要帮助你进行自我改善、自我提高。

如果有读者希望在理解了这12章内容之后就可以学到有关销售艺术方面的所有知识，那么，他们肯定会失望的。因为对本书的阅读仅仅能够激发起他们对更多知识的渴望。

但是如果你能够明确地领会哪怕是一点点新的观念，你也将从中受益。从此之后，那些新的观念会在销售工作中为你带来实际的帮助。研究销售艺术的一个令人鼓舞的特点在于它的直接有效性，在于学到的每一个销售原则的纯经济价值。

在正确地理解了本书的目标和范围之后，现在让我们正式进入本章内容的探讨。

首先，我们有必要来分析一下"注意"和"兴趣"两个词语在意义上的区别，同时明确地了解一下"注意"和"兴趣"所涉及的不同的销售流程。

"注意"一词在英语当中的说法是"attention"，这个词由两个词根构成，这两个词根组合起来是"抓住、握住"的意思。"兴趣"一词在英语中的说法是"interest"，这个词在英语中的原意是"关心、关注"。在了解了这两个词的定义之后，下面我们就能够区别它们各自所表示的意义了。

当我们引起了客户的"注意"的时候，仅仅说明我们"抓住"或"握住"了他们的一个或几个感觉印象。但是，当我们激起了客户的"兴趣"的时候，则意味着客户已经开始关注他们心中的想法了。

显然，我们可以通过施加外力来引起客户的注意，有时候甚至可以违背客户的意愿来引起他们的注意。我们可以吸引住他们的一个感觉印象，而且可以将这一过程保持相当长的时间。但是，我们不可能强迫他们对那些吸引他们注意力的东西产生兴趣。除非出于自愿，否则他们不需要对任何东西产生兴趣。

乍一看，这些区别似乎并不十分重要。但事实上它们是重要的，而且至关重要，因为吸引客户注意力的过程同激发客户兴趣的过程有着本质的不同。而且，销售人员在一个过程中运用的方法同另一个过程所运用的方法也截然不同。吸引客户注意力需要用"锤子敲击"的方法，激发客户兴趣则需要用"夹子固定"的方法。销售人员只需挥舞着他们的"锤子"用力敲击就可以吸引客户的注意了。但在激发客户兴趣的时候，销售人员只能暗示客户用"夹子"把吸引客户注意的想法或印象固定下来，而不能亲自代劳。吸引客户注意的过程完全是发生在客户的心灵之外，激发客户兴趣的过程则完全是发生在客户的内心深处。

因此，如果销售人员用同一种方法来吸引客户的注意和兴趣，那么，他们起码会在一件事情上遭到失败，当然，还可能在两件事情上都不会取得成功。如果他们错误地使用工具——在吸引客户注意的时候用"夹子"，而在激发客户兴趣的时候用"锤子"——那么，这将对他们的成功构成严重的负面影响。

我们知道注意是"抓住"一个想法或印象，但是不能将这一概念同激发客户兴趣时"将想法或印象固定下来"的说法相混淆。我们说一个人正在注意某一个想法或印象的时候,是说他的注意力正在"抓住"一个想法或印象而还没有"放下"它去"抓"另一个。倘若他的注意力还没有被另一个想法所吸引,那么即使目前的想法对他的注意力并没有太大的吸引力,它也是一种注意。兴趣则有所不同。只有一个人在自己的意志力的支配之下,通过注意力将一个印象固定下来才是兴趣。

也许这种区别看起来有点儿深奥难懂,不过,随着我们讨论的深入展开,这种区别就可以一目了然了。现在让我们先来探讨一下"锤子"的使用方法,随后再单独介绍"夹子"的用法。

2. "挥锤敲击",获得关注

◎ 销售人员必须用他们的"锤子"直接敲击客户的某一种或几种感觉,同时,这种"敲击"的方式还必须与常见的方式有所不同。

◎ 吸引客户注意的完美推销术的全部要求,包括以下三个前后衔接的阶段:第一个阶段,吸引客户注意推销员自身,包括他们的穿着打扮以及随身携带的东西;第二个阶段,将客户的注意力转移到推销员所推销的商品上面;第三个阶段,再将客户的注意力转移到商品的某一个价值上面去。

在销售流程当中,"挥锤敲击"的正确时间应该是在吸引客户注意的阶段。而且每一锤都要准确地敲在客户的心灵之门上。

在吸引客户注意力的阶段，销售人员的竞争对手并不是其他的销售人员，而是在当时有可能"抓住"客户注意力的其他想法。因此，销售人员必须想办法让客户摆脱它们。

有时候，销售人员会抱怨说某某客户太缺乏注意力。其实这样的抱怨正说明他们没有真正理解"注意"的意思。只要处于神志清醒状态，或者说只要有意识有知觉，任何人都不会粗心大意。所以，所有的客户都有注意力，而且他们的注意力随时随地都会"抓住"一些想法。但是，除非这种想法是销售人员希望客户的注意力所"抓住"的，否则，对销售人员来说，客户的"注意"就会成为实现目标的一种障碍。

那么，如何才能吸引客户的注意呢？要用一种与众不同的方式直接吸引客户的感觉。换句话说，销售人员必须用他们的"锤子"直接敲击客户的某一种或几种感觉，同时这种"敲击"的方式还必须与常见的方式有所不同。如果销售人员采用了这种方法去吸引客户的注意，那么，他们往往都能取得成功。下面这个例子将能够让我们对这个方法有一个更直观的理解：

有一个代理函授课程的推销员在去拜访客户的时候，随身携带着一块带着羊毛的棕褐色的羊皮。那是一块真正的绵羊毛皮，它象征着读完推销员所推销的教程之后所能够获得的毕业证书。毕业证书代表着一个人所获得的知识，同时也是这位推销员用来获取订单的道具。

因为对视觉有一种直接的吸引力，所以客户立刻就发现了推销员所携带的那块羊皮。一个推销员拿着一块羊皮出现在他的面前——这一幕十分罕见，因此，他的视觉受到了眼前情景的"重锤敲击"。他的注意力被吸引住了，被迫去关注那位推销员所介绍的想法。当这个推销员出现之后，那位客户被迫放弃了原来的注意对象——无论当时他正在关注着什么——转而开始注意新的对象。

这是一个吸引客户注意的典型方法。它满足了吸引客户注意的完美推销术的全部要求。这些要求包括以下三个前后衔接的阶段：

第一个阶段，吸引客户注意推销员自身，包括他们的穿着打扮以及随身携带的东西。

第二个阶段，将客户的注意力转移到推销员所推销的商品上面。

第三个阶段，将客户的注意力转移到商品的某一个价值上面去，当然这个价值应该能够吸引客户。

当然，在上述例子当中，客户首先注意到的是推销员以及推销员手中所拿的那块羊皮。于是，他放下了其他所有的注意对象。然后，那个老练的推销员立即将这位客户的注意力转移到了他所推销的商品上面——他的商品并不是羊皮，而是教育。之后，推销员又再次迅速地转移客户的注意力。这次是吸引他关注这种教育课程其中的一个价值。他一再向客户强调：只要修完了所有的课程，就能够获得他代表的大学所颁发的毕业证书——这种毕业证书象征着一个人已经掌握了很多具有巨大价值的知识。

3. 准备好吸引客户感觉的方案

◎ 每一个销售人员都应该掌握各种各样吸引感觉的方法，同时还要能够根据具体的环境和不同的客户进行灵活的运用。

◎ 在评估客户之后，甚至在见到客户之前，销售人员就应该能够立即确定一种最有可能给予客户"沉重敲击"的吸引感觉的方案。同时，为了让"锤子"敲击得更加有力，他们还应该提前计划好实施这种方案的新颖方式。

◎ "挥锤敲击"的五种方式：令客户感觉非常突然，或者频率非常剧烈，或者方式十分新颖，或者节奏富于变化，或者印象上没有规则。当你单独使用或者联合使用这五种方式时，客户就会情不自禁地注意到你。

如果一个推销员不能有效地吸引客户的注意，通常是因为他没有利用任何吸引客户感觉的手段而仅仅使用了一种语言工具。在激发客户兴趣方面、在诱导客户固定住"夹子"方面，语言是一种非常有效的工具。但是，除非同直接吸引客户某种感觉或几种感觉的方法相结合，否则语言在吸引客户注意方面几乎没有任何价值。当然，如果这种吸引客户感觉的方式非常新颖，那么最终的效果几乎是可以肯定的。

在销售人员开始实际介绍他们的商品之前，我们假定他们已经做好了各项初步的准备工作。比如，他们已经全面地了解了他们代理的商品，已经进行了尽可能透彻的调查研究，已经计划好了接近客户的方案，已经对客户进行了准确的评估并确定了是按原计划继续进行还是改用替代方案。同样，为赢得客户注意所采用的吸引感觉的方案也应该在具体实施之前准备就绪。每一个销售人员都应该掌握各种各样吸引感觉的方法，同时还要能够根据具体的环境和不同的客户灵活运用。在评估客户之后，甚至在见到客户之前，销售人员就应该能够立即确定一种最有可能给予客户"沉重敲击"的吸引感觉的方案。同时，为了让"锤子"敲击得更加有力，他们还应该提前计划好实施这种方案的新颖方式。

前面已经说过，除了大家都很熟悉的五种感觉之外，我们人类还有很多特殊的感觉，比如重量感、平衡感、方向感、能够告诉我们一个东西是粗糙还是光滑的触觉、色彩感觉，等等。销售人员应该了解所有的感觉，并且应该尽可能多地直接利用这些感觉来为自己服务。

通常，不同类型的商品有着吸引感觉的不同方式。比如电冰箱对人的冷感有一种特殊的吸引力。一个非常光亮平滑的表面会给人的触觉留下深刻印象。而香水则直接吸引人的嗅觉。其实，任何货物或商品都具有吸引多种感觉的特性。

前面我们已经提到，在销售人员来到客户面前的时候，客户的注意力很可能正在其他的方面。因此在这个阶段，销售人员的任务，就是要将客户的注意力从以前的关注对象转移到新的关注对象上。通常情况下，销售人员需要三个连续的阶段来吸引客户的注意。

第一个阶段是强制性地吸引客户的注意。销售人员必须"要求"客户停止关注其他任何东西，并且把全部的注意力集中到销售人员的想法或销售人员本人的身上。第二个阶段，客户的注意力应该成为某种程度上的好奇心。仅仅让客户感到惊讶还远远不够，销售人员还必须让客户感到好奇。在这两个阶段当中，客户注意力的转移都是在无意识中进行的。而到了第三个阶段，销售人员应该让客户从无意识变为有意识，也就是让他们主动地关注销售人员的想法。这一阶段是激发客户兴趣的开端。

但是，在销售人员见到客户的时候，如果客户的注意力正在其他的地方，那么，销售人员怎么样才能完全转移客户的注意力，并使之全神贯注于销售人员希望他们关注的东西呢？仅仅吸引客户一部分注意力远远不够，必须让客户的注意力完全离开以前的关注对象。在开始下一个阶段之前，销售人员需要确信自己已经成功地转移了客户的注意力，并且将它们完全吸引到了自己的身上。客户仅仅是注视着销售人员或者仅仅是起身离座并握手寒暄，都不能说明销售人员已经成功地吸引了客户的注意，因为客户的目光和问候都可能是心不在焉的敷衍。所以，销售人员需要的是客户的专心致志和全神贯注。

销售人员可以通过五种方式来有效地吸引客户的注意。如果销售人员"挥锤敲击"时令客户感觉非常突然，或者频率非常剧烈，或者方式十分新颖，或者节奏富于变化，或者印象上没有规则——这五种方式可以单独使用，也可以联合使用——那么，客户就将情不自禁地注意到你。

在你进入客户办公室的时候，同有点突然地、大步流星的走路方式相比，无精打采地、迟缓的走路方式显然不能更有效地吸引客户的注意。当然，如果你的迟缓是一种故意的设计，而且显得十分新颖特别，那就另当别论。比如，当你正在销售一种止疼擦剂的时候，如果你带着一种痛苦的表情缓慢地进入客户的办公室，也许你能够非常有效地吸引客户的注意。然后，为了暗示出这种擦剂的神奇疗效，你可以迅速地恢复到正常的步态，同时表现出消除痛苦之后的愉悦表情，这样做，你会非常好地达到吸引客户注意的目的。毫无疑问，这些直接"敲击"客户心灵的感觉印象能够引起客户的注意。如果在开始介绍这种擦剂的时候，你能够使自己的语气和语调变得抑扬顿挫，或者说利用自己富于变化的语气和语调给客户造成一个耳目一新的感觉——比如，在通常情况下应该降低声音的地方，你不妨有意提高声音——那么，你吸引客户注意的效果会更好，而且，你所表达的内容将成为客户的重点注意对象。

通过直接吸引客户感觉的方法来获得客户注意的例子不胜枚举，上述例子只是其中之一。人类的感觉是在潜意识的支配和主宰之下发挥作用的。因此，客户不可能阻止自己的感觉，或者说不可能阻止自己的所有感觉去感知各种印象。正因如此，销售人员可以通过一种或多种感觉去直接吸引客户的注意，只要这些吸引力比其他的吸引力更为强大，那么，客户自然就会放弃以前的任何关注对象。当然，销售人员也将吸引到客户全部的注意力。

如果分析一下你对任何问题或者任何东西的看法，你就会发现：你的知识其实是由许多单独的感觉印象所组成的。比如，可以分析一下你所代理的商品，看一看为了对它们有充分的了解你都运用了哪些不同的感觉。要对自己所运用的全部感觉有所了解。而且要把它们以书面的形式列出来，同时要给每一种感觉标上序号，还要弄清楚你是如何利用每一种感觉来获取想法的。你必须明确地知道如何单独地利用这些感觉，否则，在运用各种感觉来吸引客户注意的时候，你将不知道哪一种感觉会有什么样的作用。如果可能的话，在练习推销商品的时候，要针对每一种感觉设计出不同的方案，或者说，要针对客户所有常见的和特殊的感觉来设计出相应的方案。事实上，你不仅在引起客户注意的时候要用到这些吸引感觉的方案，而且在整个销售流程当中你都会用到它们。因此，一定要提前对所有吸引客户感觉的方案有所了解，否则，临时抱佛脚恐怕就为时已晚了。

4. 根据不同的客户，采用不同的方案

◎ 对推销术的研究只有一个目的，那就是要克服推销过程中遇到的诸多局限和障碍。

◎ 按照对事物感兴趣的不同，任何客户都是如下四大类型之一：对运动感兴趣的客户、对图片感兴趣的客户、对声音特别感兴趣的客户、对平衡和公平感兴趣的客户。

◎ 当你将任何一个客户归入所属的类型后，就可以获得相关的线索，知道哪些吸引感觉的方案最适合他，最能够有效地吸引他的注意力。

一个在能力和技巧上都平庸无奇的推销员在工作中会遇到诸多的局限和障碍。你现在和以后对推销术的研究都有一个共同的目的，那就是要克服这些局限和障碍，以便在以后的销售工作中不只使用一些普通的方法。要学会在销售工作中做不同凡响的事情，从而让自己成为不同凡响的推销员。当然，还要注意不能让

自己的不同凡响变成哗众取宠或者耸人听闻，也不能让自己在销售中的举动看上去像是马戏团或杂耍场上的表演。

你要知道，世界上没有完全相同的两个客户。因此，不要错误地试图在不同的场合运用同一种方法来吸引客户的注意。同整个销售过程中的其他阶段一样，在吸引客户注意的时候，你需要具体情况具体分析，根据不同的客户来选择相应的方案。但是，为了便于制订计划、便于做好准备工作，你可以粗略地将客户划分为四大类型。然后，当你将任何一个客户归入所属的类型之后，你就可以获得相关的线索，知道哪些吸引感觉的方案最适合他，最能够有效地吸引他的注意力。

第一种类型的客户是对运动感兴趣的人。对这类人来说，利用运动的观念或者运动的印象将能够对他们产生最佳的效果。因此，要运用动作来吸引他们的注意力。

第二种类型的客户是对图片感兴趣的人。你可以通过一张图片来对他们形成一种强大的吸引力。因此，吸引他们的视觉是最佳的途径。

第三种类型的客户是对声音特别感兴趣的人。声音可以最有效地影响他们，所以销售人员可以通过吸引他们的听觉来促使他们放弃原来的关注对象。

第四种类型的客户是对平衡和公平感兴趣的人。因此，对待这一类客户，销售人员应该采用那些可以刺激人们的重量感、平衡感以及比例感的方法，以便促使对不同的因素进行判断和衡量，从而达到吸引其注意力的目的。

仔细地检查和分析一下你所代理的商品，看一看可以分别运用它们的哪一些特点来有效吸引这四种类型的客户。你应该非常清楚地知道：一个人也许喜欢看正在运转着的机器，而另一个人则可能更喜欢在机器静止不动的时候去研究它。第一个人就是对运动感兴趣的人，第二个人则是对图片感兴趣的人。如果试图通过静止不动的机器来吸引第一个人的注意力，那显然是很糟糕的方法。同样显而易见的是：吸引第二个人注意力的最好办法是绘制一幅机器构造的特写图。这样的图片将能够对他的视觉形成强烈的刺激。而且，不管图片描绘的机器是正在运转着的还是静止不动的，都能够对他产生吸引力。

假如那台机器是一辆汽车，第三个人则可能对它运转时发动机所发出的轰鸣声非常留意，或者说汽车运转时的声音特点会给他留下特别深刻的印象。我们可以说第三个人是一个对声音特别感兴趣的人。这种客户会因为一些潜意识的原因——比如汽车排气装置的声音或者汽车喇叭的音色等——去购买一辆汽车。第四个人可能会对汽车的比例产生更为深刻的印象。他会对汽车构造的平衡性、和谐性或者对汽车的重量特别感兴趣。我们可以说他是一个对平衡和公平感兴趣的人。这类人通常都是具有很强判断力的比较大气的买家。

由于本章的篇幅所限，我们不能对这四种类型人的特征一一进行列举。但是，销售人员针对任何一个客户事先都会进行调查研究，在拜访客户时都会进行客户评估。这些调查研究和客户评估应该可以保证让他们将具体的客户正确地归入某一个类型。一旦确定了某个客户的类型，销售人员就能够迅速地决定采用哪些吸引感觉的方案来获得这个客户的注意。

要针对实践中运用的不同方法所产生的效果进行观测，同时对这些不同的效果进行分析，看它们是怎么产生出来的。要从每一次的经历当中学习到一些东西——要有意识地去学习。尽管在刚开始的时候往往会因为失误而犯错误，但是一定要在引起客户注意的时候持之以恒地运用吸引感觉的方法。只要坚持不懈，不久之后你就会成为这方面的专家。吸引客户的注意至关重要，如果客户不注意你，你就没有任何机会进入客户的心灵深处并使之同你一起继续完成余下的销售流程。从某种程度上说，要用一种真正有效的方式成功地吸引客户的注意是非常困难的。一旦一个客户的注意力从他正在思考的事情上转移过来，并且开始关注推销员希望他关注的事情，那么，整个销售过程中的大部分困难就已经被克服了。

　　但是，你不要对"吸引客户注意是一个非常困难的阶段"这一说法产生误解。其实吸引客户注意的所有困难都在于对相关的原理和技能的深刻把握和熟练运用。也就是说，真正困难的并不是吸引客户的注意，而是对"注意"的学习和研究。一旦你学会运用自己的知识并成为这方面的专家，那么，在实践当中吸引客户的注意会变得非常容易。

5. 仅获关注还不够，激起兴趣更重要

◎ 销售人员可以"唤醒"客户的兴趣，但是如果客户不乐意"醒来"的话，他们照样还可以再一次入睡。

◎ 要想使销售工作继续进行，销售人员必须使客户走得更远，必须要激发他们的兴趣。

◎ 销售人员工作的效果同他们暗示的能力和技巧成正比。你要通过暗示让你的想法同客户的想法发生联系。如果成功了，那就说明你已经激发起了客户的兴趣。

◎ 销售工作中的任何一个阶段的唯一目标，就是促使客户购买我们的产品。

现在让我们把关注的目光投向如何激发客户的兴趣这个主题。首先，让我们稍作停留，来注意一下我们话题转换的突然性以及强调新话题时对人们注意力的吸引强度。这种突然性以及强度立刻就让你放弃了我们正在关注的对象——如何吸引客户的注意，转而开始关注新的话题——如何激发客户的兴趣。这只是正确使用"敲击"的方法来吸引客户注意力的一个小小的例子。我们要再次放下吸引客户注意这个话题，继续来分析激发客户兴趣的过程。

我们已经说过，在这个阶段所用的工具是"夹子"。销售人员要诱导客户，让他们利用"夹子"把销售人员介绍给他们的想法"固定"在他们的心里。但是，销售人员不能强迫客户使用"夹子"，他们只能通过暗示去提醒客户。销售人员可以"唤醒"客户的兴趣，但是如果客户不乐意"醒来"的话，他们照样还可以再一次入睡。

前面我们已经说过，"有意"的注意是客户内心有意识行为的开端，而且这种注意几乎总能够让客户产生兴趣。兴趣是有意识心理行为的结果，或者说是有意行为的结果。这种有意识心理行为同潜意识心理行为有所不同。潜意识心理行为只能对外界的刺激产生注意，而不能产生兴趣。如果一个客户对销售人员的建议或者商品产生了兴趣，他就会关心销售人员的建议，有意识地关注它们并去考虑它们。

我们必须要确保完全理解"注意"和"兴趣"之间的区别。前面已经说过，销售人员获得客户的注意是通过吸引客户感觉的方法，使得客户的"内在"意识对销售人员的"外在"想法产生印象。无论这些外在的想法是什么都没有关系，只要它们对感觉的吸引力能够比客户正在关注的想法对感觉的吸引力更大、更持久，客户就会放弃他们正在关注的对象，并将注意力转移到新的想法上去。但是，如果客户仅仅是对销售人员的想法产生注意，销售人员的目的还不能实现。客户知道了一些新的想法之后，如若在这个阶段停滞不前，那将是远远不够的。要想使销售工作继续进行，销售人员必须使客户走得更远，必须激发他们的兴趣。

在激发客户兴趣的过程中，客户要把新的想法同他们头脑中已有的想法联系起来。当然，只有他们自己可以这样做。没有什么人可以强迫他们。为了影响客户，销售人员会做出诸多努力，但是如果客户有意反对和拒绝，那么，他们的意识将能够抵制销售人员所有的努力。因此，销售人员不能强迫客户接受自己的想法，也不能强迫客户把这些想法同他们自己的想法联系在一起。相反，销售人员只能暗示客户去这么做。所以，销售人员工作的效果同他们暗示的能力和技巧成正比。

致力于激发客户兴趣的时候，你所做的不仅仅是要让你的想法引起客户的注意。你还必须促使或诱导客户，让他们对那些想法产生一种个人的关心。"兴趣"一词的本意是"关心、关注"，所以兴趣往往伴随着关心和关注。你要通过暗示让你的想法同客户内心的想法发生联系。如果成功地让客户将你的想法同他的想法或他的商业联系在一起，那就说明你已经激发起了客户的兴趣。如果上述联系没有完成，客户就不可能真正产生兴趣。

我们已经说过，客户的注意往往可以分为三个阶段。同样，客户的兴趣通常也有三个阶段。

首先是兴趣的初始阶段。在这个阶段，对于销售人员用于吸引客户注意的那些想法，客户的态度从有意的注意开始转变成了真正的兴趣。这时候，客户第一次希望将这些想法同自己已有的想法联系起来。

其次是兴趣的联系阶段。在这一阶段，客户将外在的想法同内心的想法更加紧密地联系在了一起。假如某个客户对一个办公桌产生了兴趣，那么，他会特别关注这个办公桌所具有的符合他想法的一些特点。

最后的阶段可以称为个人兴趣阶段。这时候，客户开始想象这个办公桌放到自己办公室里的情景以及自己开始使用它时的情景。现在，新想法同原来想法的联系与结合使客户对商品产生了兴趣。他们对销售人员的建议产生了一种发自内心的关心。

下面让我们看一看销售人员如何才能激发出客户这三个层次上的兴趣。

首先，销售人员如何才能促使或诱导客户，使他们希望将新的想法同自己已有的想法联系起来呢？如果能够首先解决另一个问题，这一个问题就将迎刃而解。另一个问题是：销售人员希望做一些什么事情，他们愿意做这些事情吗？

答案很简单：当然是令人愉快的事情！没有哪一个人会希望去做一些惹人讨厌的事情。这个回答给我们提供了线索，根据这个线索我们可以找到赢得客户兴趣的正确方法。那就是销售人员要向客户提供一些令人愉快的建议。

显然，你可以通过一些令人不快的方式刺激客户的感觉从而达到吸引客户注意力的目的。有时候，令人不快的注意甚至可能对销售人员有好处。但是，要想让客户产生兴趣，首先必须给他们一个良好的印象，而良好的印象又必须来自一个令人愉快的想法。如果销售人员的想法令客户感到愉快，那么他们必然会产生良好的印象，如果这种印象足够好，他们就愿意对此产生兴趣。

所以，销售人员必须小心谨慎，以确保能给客户留下良好的印象。销售的准备阶段以及客户评估阶段的工作应该为销售人员提供充分的信息，根据这些信息，销售人员就能选择出可以令特定客户感到愉快的想法和建议。我们知道，有时候人与人之间有着巨大的差别，比如美国第26任总统西奥多·罗斯福同第27任总统威廉·塔夫脱（William H. Taft）在性格上就截然不同。这种差异表现得如此明显，以至于能够让前者感到高兴的事情也许会让后者感到非常反感。如果试图对这样两个性格迥异的客户用同一种建议来激发他们的兴趣，那显然是一种非常糟糕的推销术。因此，在接近目标客户之前，一定要经过认真的研究并确定什么样的想法最有可能令客户感到愉快和满意，然后，再根据特定的客户制订相应的销售方案。

其次，在客户愿意将新的想法同已有的想法相联系之后，销售人员如何才能诱导他们开始真正的联系呢？一个人往往会把相似的东西联系在一起，对于不同的事物则会通过对比把它们区别开来。因此，只有在销售人员所提的建议或商品同客户心目当中的想法在性质和特征上有相似之处的时候，客户才会觉得有必要将二者相互联系起来。这种说法看起来似乎颇为复杂，因此下面通过具体的事例做进一步的说明。假如一个客户生活中最主要的目标或理想是服务他人、奉献社会，那么他的头脑当中自然就充满了服务的想法。如果销售人员向这样一个客户介绍产品时，暗示出他的商品能够让购买者更好地为他人服务，那么，这样的一种暗示就能够促使客户将这种商品同服务人类的想法联系起来。比如，销售人员要向一个非常和蔼可亲、体贴病人的外科医生推销一种新型外科医疗器械的时候，强调一下这种医疗器械可以在手术中减少病人的痛苦，那就会收到良好的效果。

如果是一个对病人没有同情心的外科医生——只是一个冷冰冰的科学工作者，根本不考虑病人在手术中的痛苦——情况就有所不同了。这时候，如果代理外科医疗器械的推销员不能具体情况具体对待，而是强调他的产品可以在手术中减少病人的痛苦，那么，他的说法将不能引起客户的兴趣。因为这种说法同外科医生固有的想法——外科医疗器械最重要的价值是它的功效——没有相似之处。销售人员只有强调这种医疗器械具有更高功效的时候才会引起他的兴趣。只有这样的说法才能同主导着那位外科医生思想的"科学主义"相互联系起来。

最后，销售人员如何才能诱导客户并使他们产生出个人兴趣呢？当然，要通过一些建议或者暗示促使他们认识到：如果他们拥有了某种商品，他们将能获得个人的利益或者个人的满足。比如，对于上面提到的那两个医生来说，尽管他们对新型医疗器械的兴趣源于两个截然不同的原因，但是，他们都能够想象出自己将来使用这个医疗器械时的情景。

在这里很有必要说明一点。不要把销售流程看成一个已成定局、僵死不变的套路。一些销售人员总是认为，在销售工作中必须遵循一个固定的惯例或计划。要知道，销售工作任何阶段的唯一目标就是促使客户购买我们的产品。当然，我们要吸引客户的注意，要激发客户的兴趣。但是，如果他们跳过了销售流程中的一些阶段，比如在你激发他们的兴趣之前他们就已经产生了兴趣，那么，你也应该同他们一起跳过那些阶段，并且还要跳到他们的前面去。要密切地关注着客户的一举一动。有时候他们会主动地"走在前面"，甚至在几秒钟之内就会抵达销售的成交阶段。这时候，不要落后，要紧紧地跟着他们。按部就班地通过销售流程中的所有阶段并不重要，至关重要的是要避免由于你自己的原因对销售造成的妨碍。我们在学习销售流程的时候是按照各个阶段的先后顺序逐一进行研究的。但是，不要仅仅因为你学习的时候是这样，就在实际销售工作中死搬硬套、墨守成规。

6. 新颖的方法更容易吸引注意和激发兴趣

◎ 那些司空见惯、平淡无奇的销售人员很难引起客户的注意和兴趣。因为大部分客户都接待过许许多多推销各种各样商品的销售人员。在他们的眼里，所有的销售人员都大同小异。

◎ 在吸引客户注意和兴趣的阶段，那些高明的销售人员所显示的技巧会让他们从众多普通的销售人员中脱颖而出。因为他们使用了不同凡响的方法。

要总结吸引客户注意和激发客户兴趣的"艺术"原理并不容

易。但是，非常重要的一点是应该有一些标准，根据这些标准，可以判断出销售工作每一个阶段的最佳进展状况。我们已经说过，评估客户阶段的关键在于自然从容地分析客户的性格。而吸引客户注意和兴趣阶段的关键，在于销售人员要通过一些与众不同的方法，让人觉得自己是一个与众不同的推销员。下面对这一结论的意义做更明确的说明。

大部分客户都接待过许许多多推销各种各样商品的销售人员。在他们的眼里，所有的销售人员都大同小异。因此，那些司空见惯、平淡无奇的销售人员将很难引起客户的注意和兴趣。这也难怪，他们不能给客户的感觉上或心理上留下任何特别的印象，凭什么让客户对他们产生注意和兴趣？

但是，当一个同那些带着订货簿在办公室进进出出的平庸之辈截然不同的推销员出现的时候，他会让客户感到耳目一新。这种耳目一新的感觉不仅在于推销员本身，还在于他的产品。在吸引客户注意和兴趣的阶段，那些高明的销售人员所显示的技巧会让他们从众多普通的销售人员中脱颖而出。因为他们是使用不同凡响的方法的不同凡响的销售人员。

我们这里所说的"不同凡响"并不是说必须超凡脱俗，而是要同那些普通的销售人员有所区别。你不要指望一下子引起一个客户的注意并让他把你当成一个离经叛道的怪杰。你的任务仅仅是要让他们觉得：无论其他销售人员多么缺乏个性，你都是一个拥有独特商品的独特的推销员。如果你成功地给客户留下了这样一个印象，那么，毫无疑问，你将赢得客户的注意，同时也将激发出客户的兴趣。下面让我们再简要地回顾一下本章的要点。

在吸引客户注意的时候所用的工具是"锤子"，而激发客户兴趣的过程中所用的工具是"夹子"。你可以通过"挥锤敲击"的方法来迫使客户对你产生注意。但是，"夹子"必须由客户自己去使用，而你只能建议或者暗示而不能强迫他们去使用。

　　在吸引客户注意的时候，要采用直接吸引他们感觉的方法，而不能通过谈话的方式。在激发客户兴趣的时候，既要运用直接吸引他们感觉的方法，又要运用语言诱导的方式，使他们把你的想法同他们固有的想法联系在一起。

第四部分

说　服

—— 第 *9* 章 ——

销售流程中"说服阶段"的第一步

劝导客户并引起客户的购买欲望

1. 以理服人不如以情动人

◎ 要实现我们的目标，必须主要从心灵上而不是大脑上吸引客户。能够支配一个人欲望的是他的感情，而不是他的思想。

◎ 没有哪一个客户会因为自己辩论不过销售人员而去购买销售人员的商品。

◎ 一个人有购买欲望意味着他有某种需要，他需要某种东西并且内心里渴望得到这种东西。他认识到了自己缺乏某种东西，而且内心渴望着能够对这种缺乏加以弥补。

在前面几章中，我们的研究所涉及的都是人的大脑。现在，到了说服客户的阶段，要想实现我们的目标，必须主要从心灵上而不是从大脑上去吸引客户。能够支配一个人欲望的是他的感情，而不是他的思想，因此，"以理服人不如以情动人"。

大部分销售人员在引起了客户的兴趣之后便毫无进展了。这些销售人员吸引了客户的注意，也激发了客户的兴趣，但是在以后的销售流程中就不再努力去激发客户的兴趣了。然而，在以后的过程中客户的兴趣必须不断地得到强化，否则，他们的兴趣就会不断地减少。那些不善于劝导客户并引起客户购买欲望的销售人员，往往会发现客户的兴趣在慢慢地消退。这时候，他们会努力去增加客户的兴趣以弥补因兴趣消退所造成的损失。但是，他们的努力徒劳无功，只能眼睁睁地看着客户由感兴趣倒退到一般的注意，最后甚至开始对他们不理不睬了。这些销售人员不能引领客户通往或到达销售流程的下一个阶段，因而遭到了失败。这只是他们失败的外在原因，而更深层的原因往往在于他们不能从心灵上正确地把握自己、对待客户。

事实上，大多数销售人员并没有认识到，在他们试图去说服客户的时候，最应该避免的就是从思想上吸引客户。为了引起客户的购买欲望而从思想上吸引客户，这样的做法常常让销售人员事与愿违。当思想被吸引的时候，人们的头脑往往会保持一种防御状态。所以，当销售人员试图从思想上吸引客户的时候，客户对销售人员持一种批判态度。他们之所以会质疑销售人员的说法，是因为这些说法不是源于自己的内心，而是来自外人。只要存在着思想上的反抗，客户的购买欲望就会受到压制。

没有哪一个客户会因为自己辩论不过销售人员而去购买销售人员的商品。然而，那些笨拙的销售人员往往会试图同没有对他们的商品产生兴趣的客户进行争论，并且希望通过这种争论来赢得订单。这种错误做法往往会引起客户的反感和敌意。刚开始的时候，他们对于销售人员从思想上吸引他们的做法会采取一种被动的抵抗。如果销售人员还不知趣，他们就会主动出击，甚至会对销售人员下逐客令。因为销售人员并没有进入他们的心灵，仅仅是搅动了他们的思想。为了摆脱这种搅扰，他们会"奋起反抗"。

一个人有购买欲望意味着他有某种需要，他需要某种东西并且内心里渴望得到这种东西。他认识到了自己缺乏某种东西，而且内心渴望着能够对这种缺乏加以弥补。他的头脑也许会反对他的心灵，也许会阻碍他的心灵去获取它正在渴望着的东西。因为他的头脑没有感情，所以他的头脑不能体会到渴望的痛苦。当一个渴望接受教育——教育是一种精神食粮——的人否定了自己对知识的渴望的时候，他并不会感到头痛。而真正感受到切肤之痛的是他的心灵，因为正是他的心灵在忍受着"饥饿"的煎熬。

我们都认识到了这个原理。但是，在销售过程中，我们是否都在应用这个原理来劝导客户并引起客户的购买欲望呢？我们有没有宁愿忽略或者漠视客户心灵的需求而只是试图吸引客户的头脑呢？当然，如果我们只是非常专注地"瞄准"一个错误的目标，那么，我们的"枪法"越好，"击中"正确目标的可能性就会越小。这就说明，为什么那么多实施了极好的方案去吸引客户头脑的销售人员却遭到了客户的拒绝。这样的销售人员可以称为"只有头脑没有心灵的"销售人员。

在吸引客户注意以及激发客户兴趣的时候，销售人员需要做的是让新的想法进入客户的头脑。而劝导客户并引起客户购买欲

第9章 销售流程中"说服阶段"的第一步
劝导客户并引起客户的购买欲望

望的过程则恰恰相反。这时候，销售人员应该将遥远的情感（而不是想法）从客户心灵深处召唤出来，并引起他们对销售人员的商品的渴望。我们只能大体地说这两个过程是相反的，要更清晰地想象这两个相反的过程则是困难的。

那么，"遥远的情感"又是什么意思呢？那是指自从人类诞生起就有的情感。新的想法已经改变了人类的精神，但是在最基本的人性方面，人类一直都没有什么变化。无论一个人是文明还是野蛮，他今天的内心冲动同远古时期人们的情感在性质上并没有什么区别。你和早期的祖先在感情方面的唯一区别在于你们心灵的活跃程度不同。

地球上的第一个人所拥有的渴望同我们的渴望并没有什么两样。在感到饥饿的时候，他渴望得到食物；在感到口渴的时候，他渴望喝到清甜的泉水；在疲惫不堪的时候，他渴望寻找一个能够让他获得休息的栖身之所。到了一定年龄的时候，他会渴望着拥有一个配偶。在得到一个妻子之后，他自然会渴望他的妻子能够安然无恙。因此，他会小心谨慎地保护她，以免她受到其他男人或者猛兽的攻击。同时，他还渴望他人的陪伴和友谊，所以他会加入一个小的团体（部落），成为其中的一员。他所拥有的原始的心灵冲动同我们的感情多么相似啊！

在对"遥远的情感"的意义进行了解释之后，让我们继续来关注客户的购买欲望。我们必须通过激发客户内心所具有的遥远的情感，同时要用诱导的方式让他们说出或透露出自己心灵深处的自然冲动，从而唤醒他们沉睡的渴望（购买欲望）。仅仅努力让新的想法融入客户的头脑还远远不够。让我们再次重复一下上面的论述，请注意这段话的两个部分之间在意义上的对比："我们必须通过激发客户内心所具有的遥远的情感，同时要用诱导的方式让他们说出或透露出自己心灵深处的自然冲动，从而唤醒他们沉睡的渴望（购买欲望）。仅仅努力让新的想法融入客户的头脑还远远不够。"

但是，不要对上面的话产生误解，从而错误地认为，在劝导客户并引起客户的购买欲望时，销售人员就可以忽视客户的思想。相反，销售人员还应该继续用自己的头脑同客户的头脑进行交流，从而不断地增强他们的兴趣。与此同时，销售人员应该用自己的心灵同客户的心灵进行交流，以便从感情上引起他们的购买欲望。因此，为你拉车的一共有"两匹马"：一匹是客户的心灵，另一匹是客户的头脑。要想最终实现你的销售目标，这两匹马缺一不可。

当然，在拉车的时候，你需要让它们并肩前进。但是，你不能把它们放到同一个马槽上喂养，否则，比较强悍的那匹马可能会吃光所有的草料，而另一匹比较温顺的马将不得不忍饥挨饿。尽管比较强悍的那匹马可能会变得更加强壮，但是，两匹马一起拉车的时候，它们的效率会大大降低。如果你采用这种不明智的方法来喂养它们，那么，当你那沉重的马车开始出发的时候，你将会发现，无论你怎样呵斥或是鞭打，这两匹马却无法让你的车动起来。此时，你才知道应该将两匹马分开喂养，只有这样才能保证让它们都吃到足够的饲料，以后一起拉车的时候才能够有更高的效率。

客户的头脑和心灵就如同为你拉车的两匹马一样。要想顺利地完成销售工作，需要分别为它们戴上一套"马具"，让它们并肩拉车。不过在"喂养"它们的时候，一定要将它们分开。然而，将客户的头脑和心灵比作为你拉车的两匹马可能会对你造成误导，让你错误地认为这"两匹马"应该吃同样的饲料。其实，心灵和头脑有着根本的区别，它们分别需要不同的"饲料"。你必须用想法来"喂养"客户的头脑，同时用情感去"喂养"他们的心灵。这样，"每一匹马"都会精神饱满、充满活力。它们将会齐心协力地安心拉车，并且会将客户顺利地运送到销售流程中不同阶段的终点。因此，销售人员不能只使用"一匹马"，而应该让"两匹马"并驾齐驱。当然，在此之前，要分别用它们所需要的不同的"饲料"来好好地"喂养"它们。喂养它们的时候，一定要注意不能将它们各自的饲料混淆，否则，两匹马都要挨饿了。

2. 人们在心灵方面具有很多共同之处

◎ 必须认识到：人们在大脑构成方面存在着巨大差异，但是在心灵方面具有很多的共同之处。销售人员要想知道如何劝导客户并引起客户的购买欲望，就必须首先深刻理解这一点。

◎ 在吸引客户的大脑之前，你必须考虑他们的头脑是否能够理解你的想法。但是，当你吸引客户的心灵的时候，你就不需要考虑这样的问题。你所拥有的每一种情感，在某种程度上都可以从客户那里找到。

◎ 真正高明的销售人员在销售流程中的各个阶段都会努力追求以最小的"代价"获得最大的成果。艺术的做事方式在于：以最小的付出成功地做好一件事情；尽可能轻松自如地做好一件事情。

销售人员必须认识到：人们在大脑构成方面存在着巨大差异，但是在心灵方面具有很多的共同之处。二者之间的这个差别非常重要，销售人员要想知道如何劝导客户并引起客户的购买欲望，必须首先深刻理解这一点。理解了这一点，他们才可能知道：*他们所遇到的每一位客户在本性方面都存在着好的因素和不好的因素*。在一个客户身上，好的冲动或情感占主导地位。而在另一个客户身上可能就会完全相反。但是，这种差别并不是人类本性的差别，而是好坏程度不同而已，因为每一个人身上都有着好的特点和坏的特点。所以这样说，是因为我们看到一些极坏的人可以弃恶从善，变成一个非常好的人；同样，许多好人因为不能严格要求自己也会慢慢变坏。

如果采用学术探讨的方式去吸引一个愚昧无知的客户那未经开发的头脑，当然是十分荒唐可笑的。因为他根本就听不懂你在说什么。正如我们所说的，你的想法将会检查他的头脑。*在吸引客户的大脑之前，你必须考虑他们的头脑是否能够理解你的想法*。但是，当你吸引客户心灵的时候，你就不需要考虑这样的问题。你所拥有的每一种情感，在某种程度上都可以在客户那里找到。因此，你在评估客户的动机时，不是看他们拥有什么以及缺乏什么，而是要了解他们的哪些动机是最主要的。如果你能够准确地了解通常支配着某位客户行为的情感，在销售过程中当然会有更高的效率。

为了避免让大家产生一个错误的印象，在这里让我们来研究一下劝导客户并引起客户的购买欲望这一阶段的道德问题。*根据客户的主要动机——即使这种动机是不好的动机——来说服客户去*

购买商品是完全道德的。这种说法似乎有失偏颇，不过在进行详细的分析说明之后，你将会发现这种说法并没有错。

我们多次说过，销售人员的目标是为客户提供真正的服务。销售人员应该经常以此来激励自己。然而，要想为客户提供服务，销售人员在发现客户的时候就必须能够紧紧地"抓住"他们。假如一个客户由于过分的自尊而导致了性格上的扭曲——我们可以用一句非常通俗却富有表现力的话来形容他："他是一个完全被自己迷住的人。"那么，要想博得他的欢心，最有效的方法是利用他自负的情绪。在这种情况下，销售人员应该利用这种情绪。没有看到这一点的销售人员肯定不是老练的推销员。然而，即使客户的动机并不是很好，但如果销售人员采用了足够好的方式来吸引他们的动机，那么，销售人员的推销仍然可以变得非常道德。

自尊本身并不是一种不健康的感情。从某种程度上说，自尊可以让人变得杰出和高贵。不仅仅是客户，那些具有道德意识的销售人员也会有自尊心。正因为有自尊，所以他们不会去屈尊俯就客户那种低级的自尊。但是，他们通过努力，能够把客户的自尊从较低的层次提升到较高的层次。因此，在为客户提供服务的同时，销售人员还能够改善客户的心灵。

比如，在美国内战开始不久，为一个制作时髦服装的裁缝工作的推销员去拜访一个花花公子。这位高明的推销员知道这位客户总是喜欢别人把他看成一个时尚领袖。于是，他就利用客户的这种自尊进行说服工作，不仅获得了订单，而且将客户的自尊提高到了一个新的层次。这位推销员的话大概是这样的：

"朴素的风格将是今年冬天的流行趋势。各类服装都会朴素无华，而且在图案和色彩上也倾向于柔和内敛。当然，您肯定希望自己的衣着能够反映出严峻的战争形势。因为您知道，任何同国人的感情形成鲜明对比的服装将不可能成为今年冬天的流行时尚。"

最终，那位客户接受了销售人员的观点，当然也购买了他推销的朴素内敛风格的服装。他想象着自己将成为这种风尚的领袖，感到无比的自豪。这样的自豪本来并不值得称道。但是，通过融入一种高尚的爱国主义情感，这位销售人员大大地提升和改善了这种自豪感的品位和层次。销售人员所吸引的是一种错误的动机，但采用的是一种正确的方法。毫无疑问，以这样的方式利用客户处于支配地位的情感来说服客户是完全道德的。

真正高明的销售人员在销售流程中的各个阶段都会努力追求以最小的"代价"获得最大的成果。艺术的做事方式在于：以最小的付出成功地做好一件事情；尽可能轻松自如地做好一件事情。销售人员同客户的关系是服务与被服务的关系。如果销售人员的目标不是向客户提供真正的服务，那么，他们最基本的道德是不健康的。如果以一种错误的方式开始，那么将不可能以一种正确的方式结束。假如销售人员抱着服务客户的愿望去从事销售工作，那么，无论客户的主要情感倾向是什么，他们都能够很好地加以利用，并最终成功地说服客户。

但是，在这样做的时候，销售人员一定不能没有原则地去迎合客户那些低俗的动机。无论是对于他们自己还是对于客户来说，销售人员都有义务尽可能地提升每一位客户的购买动机。同时，也不能忘记他们的天职是作为销售人员向客户提供服务，而不是作为传教士向别人服务。只要在工作中付出最大的努力并且能够持之以恒，每一个人都可以高效地完成自己的工作。

3. 激起客户心灵深处的"感动"之情

◎ 除了通过感觉，没有人可以直接触及另一个人的生命。

◎ 如果客户意识到了销售人员正在试图说服他们，他们就会提高警惕，有意同销售人员保持距离。但是，如果他们的大脑"监控器"没有发现什么可疑情况，他们将可能敞开心灵的大门。

◎ 能否成功地说服客户并引起客户的购买欲望，主要取决于销售人员暗示的技巧——这种暗示不是为了促使客户产生某种想法，而是为了激发出客户的某种情感。

在吸引客户注意、激发客户兴趣的时候，销售人员需要让自己的想法"进入"客户的头脑中去。我们已经讨论过这两个阶段需要使用的"工具"。在劝导客户并引起客户的购买欲望时，销售人员也需要"进入"客户的个性之中。他们必须激起客户心灵深处的"感动"之情。"感动"一词意味着"移动和迁徙"。销售人员希望客户从内心深处产生情感并进而变成对他们所推销商品的渴望。那么，销售人员如何让自己的情感进入客户的心灵，同时又如何让客户表达出他们相同的情感呢？

销售人员必须通过客户的感觉来实现这些目标，因为除了通过感觉，没有人可以直接触及另一个人的生命。更确切地说，如果客户拒绝用自己必要的感觉来传递销售人员的信息，那么，不仅是通向客户头脑的大门，连通向客户心灵的大门也将被全部锁上。但是，在通过给客户留下感觉印象来实现"劝导客户并引起客户购买欲望"目标的时候，绝不能让客户感到你在试图吸引他们的大脑。我们前面已经说过：当客户的大脑察觉到有某种想法正试图进入其中的时候，它会本能地进行抵制。在接纳新的想法之前，它一定会阻止新的印象并对其进行仔细的检查。这样一种"怀疑的"态度——如果我们可以这样称呼它的话——对客户购买欲望的产生并没有好处。用下面的说法来说明上述原理也许会更加清楚：如果客户意识到了销售人员正在试图说服他们，他们就会提高警惕，有意同销售人员保持距离。但是，如果他们的大脑"监控器"没有发现什么可疑情况，他们将可能敞开心灵的大门。

销售人员在进入客户的心灵深处并使客户流露出真实情感的时候，必须要像"润物细无声"的春雨一样让人不易察觉。那就意味着要采用"暗示"的方法，要暗示出而不是直接说出客户缺乏或需要某种东西。因为直接的陈述会引起客户思想上的反抗。但是，客户的大脑所感知到的仅仅是语言、语气和语调以及动作的思想含义，对于心灵暗示却感知不到。

如果销售人员能够不露痕迹地向客户做出巧妙的暗示，那么，客户将能体会到自己内心生出的某些情感——他们是在内心深处发现这些情感的。但是当销售人员的暗示在进入他们内心时，他们的精神并没有发觉，因此，在客户发现自己内心生出了某些情感的时候，他们并不会有意地去抵制和反抗。他们还能够感到自己的心灵生出了某种渴望，但是他们并不会对此感到担忧，因为那是他们自己产生出来的，而不是销售人员强迫他们产生的——只有后者才会引起他们的担忧和怀疑。

让我们再来看一看刚刚提到的那位花花公子——销售人员向他暗示：作为一个高尚的爱国者，他应该购买那些在图案和色调上比较柔和内敛的流行服装。这种暗示激发出了他的购买欲望。如果那位推销员直截了当地说："您是一个爱国者，所以您所购买的服装应该同处在战争中的人们的感情相互协调。"那么，这位客户立即会对推销员的动机产生怀疑，并且可能会对这位推销员产生反感和抵制。因为他本来并没有想要做一个爱国者，他的理想仅仅是穿着最流行的服装，无论走到哪里都可以吸引人们羡慕的目光。这种爱国主义情感仅仅是销售人员暗示出来的。通过推销员的暗示，这位客户发现了自己心中的爱国主义情感。他为自己拥有这样高尚的情操而感到无限自豪，并且还购买了能够象征这种爱国情操的全套服装。在此之后，这位花花公子竟然以自己的衣服为例四处宣扬自己的爱国主义精神。因此，可以说，在劝导客户并引起客户购买欲望的过程中，那位推销员完全达到了他预期的目标。

因此，能否成功地说服客户并引起客户的购买欲望，主要取决于销售人员暗示的技巧——这种暗示并不是为了促使客户产生某种想法，而是为了激发出客户的某种情感。暗示永远不是直接的陈述，它只是给出了一些提示和线索，而且这种暗示又是如此巧妙，以至于让人看不出一丝痕迹。这种暗示的过程必须通过感觉印象传递到客户的大脑。但是，一定要让这种暗示以一种几乎察觉不到的方式通过客户的大脑抵达客户的心灵。然后，当客户沉睡的情感被唤醒并且从客户的内心深处喷涌而出的时候，客户并没有意识到自己受到了别人的影响，相反，他们会认为自己的渴望是自然而然地生发出来的。

要客户产生出购买欲望，首先他们需要承认自己存在着某种需要，同时还要承认销售人员所提供的商品能够满足这种需要。因此，我们可以说"客户的购买欲望是完成销售工作的决定性因素"。如果你唤醒了客户内心深处那遥远的情感，从而让他们认识到了自身的需要，同时也认识到了你的商品能够满足他们的需要，那么，这时候，只有两件事情能够阻止你完成最终的销售——要么是客户存在着另一个更大的需要（比如用于购买商品的资金），要么是你自己在销售工作中出现了严重的失误。

当一个客户对销售人员的想法发生了兴趣时，只能说明销售人员"到达了"客户的大脑。只有客户产生了购买欲望，才说明销售人员已经通过客户的大脑"触及了"客户的心灵。如果客户对你说："我对你的商品很感兴趣，但是很抱歉，现在我不需要它们。"事实上，他是在告诉你：你的销售工作仅仅影响到了他的头脑，但是还没有打动他的心灵。或者说你的销售工作仅仅成功了一半，另一半已经遭到了失败。因此，你必须同时运用自己的头脑和心灵同客户的头脑和心灵相互沟通。

因此，要想让客户的心中产生出某种情感，销售人员应该首先在自己的心里体会到这种情感。人类的心灵有一种神奇的能力，它能够感知到别人的虚情假意。如果销售人员的暗示是一种虚情假意的产物，那么几乎可以肯定的是，这种暗示在客户心中产生的结果也不会是一种真实的情感。如果那个为裁缝做推广工作的推销员自己并没有爱国之心，那么，他将不可能唤醒那位纨绔子弟的爱国情怀。成功的销售人员常说的一句口头禅是："这件事儿我能搞定。"但是，这个世界上也有一些事情是不太容易

"搞定"的，比如成功地撒谎就不太容易。为了激起客户的购买欲望而进行的任何虚伪的暗示不仅不能实现销售人员的目标，而且更可能引起客户对销售人员的怀疑。

销售人员还应该通过吸引客户的感觉来引导客户发挥想象——想象他们在拥有了销售人员所推销的商品之后的情景。但是，在客户的内心深处还没有产生出购买欲望的时候，不要去尝试引导他们发挥这种想象。客户只有在意识到他们缺乏某种东西的时候，才会想象他们拥有这种东西之后的情景。客户的购买欲望同他们与生俱来的人性冲动有着密切的关系，这种购买欲望是在销售人员引导之下，经过一个相当复杂的过程后，最终由客户自己产生出来的。

4. 激发客户购买欲望的过程

◎ 激发客户购买欲望的过程看似很复杂，其实，它仅仅是人类大脑和心灵的自然机能罢了。

因为客户购买欲望的产生看起来的确十分复杂，下面让我们用另一种方式来对它进行分析。仔细地研究一下这台庞大的"机器"是如何运转的非常重要。

第一阶段，销售人员运用语言、语气和语调以及动作来暗示出——而不是直接地陈述—— 一种情感，比如热爱自己祖国的情感，或者说爱国主义情感。

第二阶段，客户的大脑中对销售人员暗示却并没有说出来的一个想法——销售人员的爱国主义情感——产生了一个印象。

第三阶段，因为销售人员并没有明确地说自己信仰爱国主义，也没有明确地说客户应该热爱自己的祖国，所以在客户的头脑中并没有对这种说法产生抵制和反抗。相反，因为这种说法仅仅是一种暗示，所以客户甚至根本就没有意识到自己已经接受了这种说法。他认为这种爱国主义情感仅仅是推销员自己的想法，自己仅仅是听一听而已。

第四阶段，客户的头脑现在开始向客户的心灵传递着这样一个信息：这位推销员身上所具有的爱国主义精神很值得赞扬（通过头脑触及了心灵）。

第五阶段，因为感受到了这种高尚的爱国主义情感，所以客户的心灵变得激动起来。

第六阶段，在客户的心灵深处也生出了希望能够表达一下自己的爱国之情的冲动。

第七阶段，客户意识到自己需要一个能够表达爱国情操的途径。

第八阶段，客户意识到拥有并使用销售人员所提供的商品可以让自己获得一个表达爱国情操的途径。

第九阶段，客户产生出了购买欲望。

这个由大脑和心灵活动所构成的过程——在这个过程中，销售人员和客户共同参与，最终的结果是销售人员成功地向客户推销出商品——看起来的确很复杂，但是，当我们想到人类大脑的运转快似流星、人类心灵的冲动疾如闪电的时候，我们就会知道这个看似复杂的过程其实仅仅是人类大脑和心灵的自然机能罢了。明白了这一点，你就会知道上面详细列举的九个阶段也并非是对这个过程精确的描述。所以，我们的解释并不是对客户精神和情感活动的精确说明，仅仅是对销售流程中激发客户购买欲望阶段进行一个粗略的分析。

5. 善用"暗示"引起客户的购买欲望

◎ 销售人员向客户做出一个正确的暗示时，一种想法会在不知不觉中进入客户的头脑并在客户的头脑中生根发芽，以至于客户会认为这个想法是他自己头脑中本来就有的。

◎ 当你暗示一种情感时，这种情感往往会通过客户的头脑直接触及他们的心灵，而心灵是各种情感的发源地，也是销售人员所暗示情感的自然的居所。

◎ 暗示的巨大力量在于它能够引起无意识的模仿冲动。

◎ 无论何时何地，销售人员对客户的暗示都只能基于一种正确的情感，而且他们向客户传递的应该是内心的真实情感。

◎ 在说服客户的过程中，欺骗客户并没有什么好处，同样，让客户自己去欺骗自己、自己去说服自己也没有好处。

如果我们牢牢记住了"暗示"一词的含义，将有助于我们理解同暗示相关的一系列事情。从字面上看，"暗示"一词的意思是"不明说，而用含蓄的话或动作使人领会"。销售人员向客户做出一个暗示的时侯，一种想法会在不知不觉中进入客户的头脑并在客户的头脑中生根发芽，以至于客户会认为这个想法是他自己头脑中本来就有的。这种想法从客户的意识深处生发出来，在客户没有察觉的情况下就已经进入客户的头脑之中。向客户暗示一个同精神或智力有关的想法（比如2×2＝4）的时候，这个想法只能到达客户的头脑。而如果暗示一种情感的话，这种情感就会通过客户的头脑直接触及他们的心灵，因为心灵是各种情感的发源地，也是销售人员所暗示情感的自然的居所。

当然，为了让客户的大脑对你的商品保持着一种持续的兴趣，要促使他们不断地考虑你的商品。但与此同时，还要向他们暗示出同你的商品相关的某种情感，以便在他们的心灵深处引起购买的欲望。我们在本章中反复强调这种双管齐下的做法，是为了避免读者对激发客户兴趣和引起客户购买欲望这两个概念产生误解。销售人员必须能够协调地完成这两个部分的工作，必须用自己的头脑和心灵分别同客户的头脑和心灵进行沟通。

直接地陈述一个事实往往不会被人所接受，甚至还会引起对方的怀疑和反感，但是采用暗示的方式来表达同一个事实非常容易被人接受。暗示虽然是强有力的工具，但是如果使用不当，也会造成严重的后果。那些不择手段的销售人员会针对客户本性中不好的方面提出暗示，并且在引起他们不健康的欲望的同时对他们造成伤害。但是，我们再次重申：当销售人员抱着真正为客户提供服务的正确信念进行工作以及进行相应的暗示的时候，他们的每一个暗示都将有益于客户，而不会有损于客户。

不要错误地理解为引起客户的购买欲望而进行的暗示，不要因为这种暗示可以从客户的意识深处生发出某种情感就错误地认为引起客户购买欲望的过程多么神秘、多么不可理解。事实

劝导客户并引起客户的购买欲望

上，我们每时每刻都在通过暗示向外界传递着我们的信息，而且这种暗示并不仅仅局限于语言，它有着更广泛的应用。在一个集会上，当一个演讲者出现在人们面前的时候，浑身上下显得清爽整洁，那么，他就暗示出了很多内容。但是你并没有感到他对你使用了什么诡计和花招，也没有感到他在利用"暗示"占你的便宜。因此，暗示在日常生活中是一种应用非常广泛的表达方法。

暗示的巨大力量在于它能够引起无意识的模仿冲动。如果一个演讲者在观众面前打哈欠，那么，观众也会跟着他打哈欠，不一会儿，整个屋子里都会哈欠连天。甚至仅仅是谈论一下打哈欠也会让你产生出打哈欠的欲望。说了这么多，恐怕你现在已经有了打哈欠的冲动了吧？

销售人员能够通过暗示对客户产生强烈的影响。当你认识到这一点之后，毫无疑问你也会认识到暗示是劝导客户并且引起客户购买欲望的最有效方法。但是，在实际销售过程中，你是一直在采用直接陈述的方式来争取客户呢，还是已经开始使用暗示的方法了？当然，你必须自己回答这个问题。要坦率地分析一下自己以前的方法，如果你已经偏离了正确的"轨道"，就请你迅速改弦更张，采用正确的方法。

现在让我们看一看在劝导客户并引起客户购买欲望的时候，销售人员如何确保自己向客户提供一种正确的情感暗示。基本的原则是暗示本身要诚挚真实。无论何时何地，销售人员对客户的暗示都只能基于一种正确的情感，而且他们向客户传达的应该是他们内心的真实情感。因此，劝导客户并引起客户的购买欲望阶段的基本要求，就是销售人员所具有的真正的大丈夫气概。销售人员需要加强修养，使自己的情感操守和心灵冲动变得更加纯洁、更加高尚。这样，他们就不可能再用低俗、下流的情感暗示去迎合客户的低级欲望了。只要是可以让客户的感情得到升华、心灵得到净化的暗示都会受到客户的欣赏——尽管直接地说出这种情感会被某些销售人员认为是一种傲慢的训诫而引起他们的反感。

在向客户进行暗示的时候，销售人员的真诚是必不可少的。但是，仅有这一点是不够的。除此之外，销售人员还必须特别留意以确保让客户正确地理解自己所给予的情感暗示。例如，销售人员在暗示自己的商品所具有的美感的时候，他的评价也许是中肯的，但是在客户听起来也许就是一种言过其实的夸耀了。

因此，销售人员在说服客户的时候，一定要密切地关注着客户——但不要引起客户的注意——*以确保自己的暗示没有被客户活跃的想象力所扭曲*。销售人员的暗示也许会像火柴一样，如果使用不慎，将会引起一场如同烈焰一般的情感喷发，这时候你不得不采取适当的措施去平息。*在说服客户的过程中，欺骗客户并没有什么好处，同样，让客户自己去欺骗自己、自己去说服自己也没有好处*。

在激发客户购买欲望的时候，要确保不能让客户的期望值超出你的商品所能够满足的范围。如果在签出订单以及收到货物之后，客户的期望并没有得到完全的满足，在他们的心里仍然存在着一种渴望，那么，我们可以说你销售出去的并不是商品，而是一种失望——这种失望在不久之后会给你带来损失。因此，在运用暗示来激发客户的购买欲望的时候，谦虚谨慎要胜过言过其实。要记住我们向客户传达的仅仅是那些真实的信息，同时还要记住你正在刺激的是客户的想象力，而他们的想象力有可能同他们的情感一样变得失去控制。

第9章 销售流程中"说服阶段"的第一步
劝导客户并引起客户的购买欲望

6. 激发出客户健康的欲望

◎ 一个人的性格由他的欲望构成。在激发客户的购买欲望时，销售
人员应该保持一种正直诚实的欲望，同时还需要一种特殊的没有
私心的自私。

一个人的性格是由他的欲望构成的。我们知道，有时候人们的
性格中会掺杂一些不健康的东西。在激发客户的购买欲望时，销售
人员应该保持一种正直诚实的欲望。同时还需要一种特殊的没有私
心的自私。因此，销售人员的欲望必须非常洁净，如果在性格中掺
杂了一些不健康的欲望，他们便不可能达到这种境界。

销售人员的主要渴望之一应该是从那些最坏的人们身上发现
好的因素。因为销售人员在工作中要面对形形色色的客户。在这
些客户当中，有些人会非常明显地表现出他们邪恶的一面。如果
销售人员特别关注他们不健康的动机，以至于时时刻刻都在小心
翼翼地防范着他们，那么，这些销售人员将不可能高效地完成说
服客户的工作。因为这种思想方法会让销售人员陷入一种对待客
户的消极心境和消极心态当中。而说服客户的过程应该是积极的
过程，也应该是销售流程当中富有建设性的阶段。为了激发出客
户健康的欲望，销售人员在一开始的时候就需要坚信：在客户
每一个邪恶的性格特点的背后都有善良的欲望，都存在着正直
和诚实。

如果能够以这样的观念去看待面前的客户以及这些客户的主

要动机，那么，无论这些动机多么不健康、多么邪恶，销售人员都能够有效地对它们加以利用。这样，他们将追溯到这些邪恶的动机在扭曲之前的本来面目，到时候，他们也许就会发现那些动机原来都是非常善良的。然后，他们就会做出正确的暗示——这些暗示激发的是客户固有的善良情感，而不是激发那些被扭曲的邪恶情感。

假如一个房地产推销员在劝说一个守财奴去购买一套房产的时候，所做出的暗示是为了激起这位客户的贪婪之心，那就说明他并不是一个好的推销员。吝啬是对勤俭节约品质的一种扭曲。因此，这位推销员可以通过将客户的吝啬动机转化为小心节约和谨慎消费的动机——这种动机代表着真正的节约——从而改善这位客户的欲望。他可以引导这位客户去回顾一下他过去那勤俭的生活和谨慎的投资。同暗示出一种贪婪的购买动机相比，节约性的暗示可能更会打动这位客户的心。

7. 尽量避开障碍，赢得客户信任

◎ 有时候我们需要勇敢地面对各种困难，有时候我们需要机智地回避困难。激发客户购买欲望的阶段就需要我们回避困难而不是面对困难。

◎ 在说服客户的过程中，销售人员的人格魅力是一个非常重要的因素。销售人员要让客户感到自己是真正在为他们的利益着想。同时还必须让客户对自己给予相当程度的信赖。

在吸引客户的注意、激发客户的兴趣以及说服反对意见的时候，销售人员都必须要直接地面对各种障碍，并且还要彻底地扫清这些障碍。但是，在劝导客户并引起客户购买欲望的时候，老练的销售人员会尽可能地避开每一个障碍。这种回避并不能说明他们缺乏勇气，而只是说明这些销售人员具有更强的判断能力和更老练的人际交往能力。

然而，对于一个充满自信、闯劲儿十足的推销员来说，他无论遇到什么样的困难都绝对不会退缩，相反，他会迎头而上，逐一克服它们。这种习惯也许比在销售流程的各个阶段都躲避困难要好，但是，这两种做法都是不对的。有时候我们需要勇敢地面对各种困难，也有些时候我们需要机智地回避困难。激发客户购买欲望的阶段就需要我们回避困难而不是面对困难。

销售人员试图将自己头脑中的想法传递到客户头脑当中去的时候，有可能会遇到他们某种程度的反对，因为人们的头脑一般会处于戒备状态，容易对"外来的"想法产生怀疑。然后，销售人员当然需要通过论证来征服客户。但是，在劝导客户并引起客户购买欲望的阶段，销售人员千万不能有征服客户的暗示。而只能通过引导的方法使客户流露出他们的情感。

因此，如果在他们的表达中出现了障碍，那么，要去克服这些障碍的并不是销售人员，而是客户。要知道客户在产生购买欲望的过程中并没有销售人员那样克服困难的动机。因此，一旦客户面临需要克服一定的困难才能获得购买欲望的情况，他们往往会毫不犹豫地选择"撤退"。所以，要尽可能地使客户从心灵向外的情感通道变得更加畅通。当你发现前面出现障碍的时候，一定要带领客户巧妙地避开它。

让我们再回到刚才提到的一个推销员试图向一个吝啬鬼推销一套房产的例子。这个推销员应该在刺激客户的节俭欲望的同时还要考虑到一个障碍，也就是他的客户非常重视的另一个欲望——积聚财富——所构成的障碍。如果推销员去抨击客户的这个欲望，那么很可能会适得其反：在他的"提醒"之下，客户会更加清晰地意识到这个欲望，从而使之变得更加强烈。因此，如果是一个老练的推销员，他不会说："您把钱存在银行里只能得到3%的利息，但如果做这项房产投资，您将会获得更多的回报。"因为这样说将会让他们的谈话同上述障碍撞个正着，从而让客户非常明确地感到银行储蓄的安全性。因此，老练的推销员会避免任何可能对客户节俭欲望构成障碍的暗示。如果推销员察觉到他的客户对银行储蓄的安全性非常信赖，那么，就应该暗示客户土地本身就是所有有形资产价值的坚实基础。

在说服客户的过程中，销售人员的人格魅力是一个非常重要的因素。销售人员要让客户感到自己是真正在为他们的利益着想。同时还必须让客户对自己给予相当程度的信赖。因此，销售人员要能够让客户感到自己绝对的真诚，从而不至于让自己的暗示受到客户的猜忌或怀疑。仅仅用语言并不能给客户留下这样良好的印象。的确，如果客户产生了某种猜忌或怀疑的话，那也是同销售人员的言论有关。但是，如果销售人员抱着为客户服务的目的始终真诚地对待客户，那么，客户就不会觉得销售人员正在试图欺骗自己。这样客户就会对销售人员产生出信任感——这种信任感是完全的、绝对的信赖的基础。

许多推销员在试图说服客户的时候，会竭力证明自己完全

第9章 销售流程中"说服阶段"的第一步
劝导客户并引起客户的购买欲望

是为客户的利益着想，而没有丝毫的自私之心。其实这是一种错误的做法，因为客户清楚地知道那只不过是一种虚伪的表现。的确，正如客户所知道的那样，销售人员真正想要的是获得订单、卖出商品。因此，对于销售人员来说，比较好的做法是既向客户暗示出通过为他们提供服务自己将能够获得的好处，同时还要暗示出客户也将从中受益。

某一个谷物推销员感到他的客户对于购买谷物所能够获得的好处产生了怀疑。这个推销员给出的价格是每蒲式耳（美国惯用的体积和容积单位。——译者注）2美元。但是客户明白地表示：谷物市场差不多已经达到了饱和，不太可能有升值的空间了。

"当然，对于市场的变化谁也不能做出准确的预测，"这位推销员说，"但是，我坚信市场还有每蒲式耳25美分或者更多的升值空间。因此，您可以选择另一种交易方式。我销售这种谷物的佣金是5%，现在，我愿意根据这个佣金比例同您做一笔私人交易：如果您乐意，您可以按照我的成本价——每蒲式耳1.9美元——买下这批谷物。然后，您将它们存放上三个月再转手卖出，所得利润我们两个五五分成——当然，在取得一致意见的基础上，我们也可以提前将它们售出。如果到时候市场价增长到每蒲式耳2.1美元，那么我的收益仍然相当于原来5%的佣金。但是，如果涨到了每蒲式耳2.25美元——正如我确信的那样——我的收益就相当于增加了75%的佣金。"

这位推销员的话表明了这笔交易并不仅仅能够为自己带来好处，而且也能够给客户带来收益。同时，他也向客户证明了自己的真诚。另外，他还暗示，如果客户爽快地以每蒲式耳2美元的价格买下这批谷物，那么，客户将可以一个人独享超过每蒲式耳

2.1美元的价格所带来的全部利润。因此，这位推销员激起了客户立即购买的欲望——这种购买欲望是成功销售出商品的决定性因素。虽然这位推销员所提出的另一种交易方案非常的真诚，但是最后，客户还是以每蒲式耳2美元的价格签了订单——其实这正是销售人员所希望的。

在劝导客户并引起客户的购买欲望时，销售人员应该牢牢记住如下三个要素：

首先，必须把客户的购买欲望引导到"宽阔的主干道"上并且要让它始终沿着这个主干道前进。那些"乡间小道"不可能让客户的欲望顺利抵达销售流程的终点。可是客户往往会离开"主干道"而旁逸斜出。这时候，你不要跟着他们"四处漫游"，而应该把他们引到正确的轨道上来。

其次，销售人员需要激发起客户对未来的生动想象——想象他们在使用了销售人员所提供的能够满足自己需求的商品之后的那种满足感。也就是说，销售人员要利用客户的想象来为自己的销售工作服务。

最后，销售人员应该通过能够让客户的想象力继续维持下去的语言、语气和语调以及动作等方面的暗示来不断地强化客户的想象。当然，购买欲望也有不同的程度。因此，销售人员必须要持续不断地去对客户进行说服工作，直到确信自己已经为客户创造出足够强烈的欲望为止——这种强烈程度要足以保证客户购买自己的商品。

当你在说服客户的时候，一定要记住：在这个阶段，所有的工作都要针对客户的心灵，而不是针对客户的头脑。

第9章 销售流程中"说服阶段"的第一步
劝导客户并引起客户的购买欲望

―― 第 *10* 章 ――

销售流程中 "说服阶段" 的第二步

应对客户的异议

1. 认清 "异议" 的本质和类型，对销售至关重要

◎ 客户的异议对销售人员来说，是一种帮助而不是一种妨碍。

◎ 除了 "没有钱和没有需要" 这两种异议之外，其他异议都可以作为有助于销售工作的一种因素被销售人员加以利用。

◎ 对于客户的借口要置若罔闻，对于客户真正的异议切勿漠然处之。

◎ 在销售工作中，只有如下三种障碍可以影响客户的实际购买：一、客户对产品缺乏真正的了解，二、客户目前缺乏必要的采购资金，三、客户目前没有办法或没有能力有效地使用或者转售这些商品。

首先，准确地理解"异议"一词的真正含义非常重要。如果客户产生了异议，这并不是一个负面的信号。相反，客户的异议是一个正面的暗示和证据，它说明客户对你的商品产生了兴趣以及购买欲望。只有那些对你的商品没有任何兴趣的客户才不屑于对你的意见提出异议。

要正确地看待客户的异议。其实这种异议对销售人员来说应该是一种鼓励，而不是一种挫折。几乎可以肯定：如果客户的头脑和心灵没有被销售人员的商品所打动，那么，他们不会提出任何异议。因此，客户的异议应该被当作销售人员的一种帮助而不是一种妨碍。

一般来说，只有两种异议不能帮助销售。如果一个客户没有足够的资金来购买销售人员的商品，也没有其他筹集到足够资金的办法，那么，这种财政方面的"异议"将会中止这次销售。同样，如果一个客户并不需要销售人员所提供的商品，那么他势必对购买这些商品产生"异议"，而且这种异议一定是一种决定性的否定。

除了"没有钱和没有需要"这两种"异议"之外，其他异议都可以作为有助于销售工作的一种因素被销售人员加以利用。因为一旦客户的一个异议被消除之后，在客户的眼里，销售人员的商品会变得比提出异议的时候更具魅力。在消除了客户的一个异议时，就等于克服了一部分来自于客户方面的阻力。一旦他们开始"向你靠拢"的时候，一直保持这种"靠拢"的态势就相对容易得多了。

然而，我们要对真正的异议和所谓的异议做出区别。只有那些真正的异议才能证明客户的兴趣、才能暗示出客户的购买欲望。销售人员不能把客户的借口和推托当作真正的异议来对待。如果销售人员过于重视客户的借口和推托，那么，对销售工作造成障碍的将是他们自己，而不是客户。当然，在某些情况下，客户的借口是完全合情合理的，他们的推脱也是非常真诚的。但是，一般的借口或托词仅仅是客户搪塞销售人员或者摆脱销售人员"纠缠"的说法而已。

对于那些试图接近自己的销售人员，客户往往会本能地采取一种防御性的态度。只要有可能，一般的客户都会将销售人员拒之门外，那些经常受到销售人员"骚扰"的客户，就更是如此了。他们会设法避开任何购买的可能性，并且以借口或托词来敷衍那些销售人员，这几乎已经成了所有客户的共同特征。

如果销售人员不做任何的努力就接受了这样的借口或托词，那么，客户不费吹灰之力就实现了自己的目的。但是，如果销售人员像对待蜘蛛网一样随意地"扫除"客户的这些借口或托词，那么，客户十有八九都不会再继续坚持自己的借口或托词了。

然而，对于客户真正的异议，销售人员千万不能漠然处之。无论客户在提出这些异议的时候是否真诚，销售人员都必须努力消除这些异议。在消除这些异议的时候，他们应该把这些异议作为有助于销售工作的有利因素加以利用。巧妙地消除这些异议将能够为客户购买欲望的产生扫清障碍。如果客户首先提出了他们的全部异议并且都得到了有效的解决，那么，他们会对你的商品产生更多的信赖。

并非所有真正的异议都会对客户的购买造成实际的障碍，在此我们有必要说明另一个区别：对客户的购买造成实际障碍的真正异议和不造成实际障碍的真正异议之间的区别。如果某些异议对客户的购买造成了实际的障碍，那么销售人员就需要改变自己的销售流程来消除这些障碍。严格意义上的异议并不会对客户的购买造成实际的障碍，因而，销售人员没有必要改变自己既定的销售流程。只要不是面临一个真正的销售障碍，销售人员都需要按照既定的销售计划"勇往直前"。如果遇到了真正的销售障碍，销售人员需要暂时地改变一下"前进方向"，等到消除了这些障碍之后，再继续朝着他们的主要目标迈进。换句话说，对于大多数严格意义上的异议，销售人员会把它们作为有助于销售工作的因素加以利用，而仅仅将那些对销售造成实际障碍的异议当作有可能阻止他们完成最终销售的真正障碍。

在销售工作中，只有如下三种障碍可以影响客户的实际购买：

首先，客户对产品缺乏真正的了解；

其次，客户目前缺乏必要的采购资金；

最后，客户目前没有办法或没有能力有效地使用或者转售这些商品。

如果一个客户不了解销售人员的商品，销售人员就应该暂且停止他的销售努力，首先向客户做一番详细的介绍。否则，他的一切销售努力都将毫无意义。因此，当客户提出的异议表明他们对商品缺乏必要的了解时，销售人员就需要暂且"扮演"一个老师的角色了。如果客户的异议是因为他们对商品缺乏了解，那么，只要他们对产品有了相关的了解，他们的异议就将不复存在，同时也不再成为购买的障碍。消除了客户的异议之后，销售人员就可以返回到原来的销售阶段，继续进行说服客户的工作。

如果客户缺乏必要的采购资金，那么，除非销售人员能够帮助客户获得所需的资金，否则，继续试图说服客户去购买自己的商品无异于浪费时间。因此，这时候，销售人员也必须在这个销售阶段稍作停留，暂时"扮演"一下客户的财政助手。一旦资金问题解决了，销售人员就能够重新继续他们的销售流程并且朝着他们的目标迈进了。

如果客户目前没有办法或没有能力有效地使用或者转售销售人员所代理的商品，那么，这时候销售人员也必须停止他们的主要销售流程。否则，所有的努力都将是没有意义的。比如，一个代理某种全新品牌商品的推销员试图向一位经销商推销这种商品的时候，这位经销商却提出了异议——他没有办法做广告，因为一个全新的品牌要先进行广告宣传才能打开市场。这时候，这位推销员就应该停下他的销售工作，暂时担任这位客户的广告顾问，为他出谋划策，帮助他做好宣传工作。也许你可以为他设计一个橱窗展示——这样做并不需要花费什么资金。我们可以再举一个例子：一个书店推销员向一位读者推荐某一本书的时候，这位读者却提出了一个异议——他的视力太差而不能进行阅读。这时推销员就应该暂时放下自己的主要目标。他需要设计出一个能够解决这位读者阅读障碍的方案，比如可以建议他请别人为他朗诵，或者为他推荐一个能够帮助他恢复视力的优秀的眼科医生或者眼镜经销商等。在这两个案例当中，一旦客户的购买障碍被消除，销售人员就可以重新返回到销售流程当中。

有时候，客户根本就不需要销售人员所提供的商品。客户的这种"异议"几乎无法消除，所以我们将不需要花费时间来考虑消除它们的办法。当然，这样的异议会对客户的购买造成障碍。如果销售人员遇到了这种异议并且认识到客户对自己的商品的确没有任何的需求（比如，一个图书推销员向一位读者推荐一本书的时候，却发现这位读者已经买过这本书了），那么，再继续说服客户将无异于浪费时间。这时销售人员要么就转换一下销售的思路（比如，图书推销员可以建议这位客户再买一本送给他的某位朋友），要么应该完全放弃对这个客户的销售努力（比如，一个钢琴推销员在向一位客户推销钢琴的时候，发现他已经拥有了一架钢琴，而且还对这架钢琴非常满意）。当然，如果客户提出了不需要销售人员商品的异议之后，销售人员并不相信客户真的没有需求，那么，他就不需要因为客户的异议而改变自己的计划，因为只要销售人员能够向客户证明他们的确存在着某种需求——只不过他们自己没有意识到罢了——就说明客户的异议并不能成为他们实际购买的障碍。

2. 让"严格意义上的异议"为你服务

◎ 在任何情况下，最重要的事情就是首先要了解有哪些异议正在阻碍着客户的购买欲望。

◎ 如果预感到客户将要提出某种异议，或者认为客户有可能提出某种异议，销售人员就应该尽力采取相应的预防措施，以期获得"先发制人"的效果。如果无法知道客户的异议是什么，那么他们就应该通过暗示性的方法来对客户进行试探，推测出客户内心的异议。

◎ 如果你认为销售人员读懂客户的心事是一件十分困难的事情，那你就错了。对于那些老练的、经过了严格训练的销售人员来说，这件事情一点儿都不困难。

现在让我们来关注那些严格意义上的异议——就是那些销售人员可以加以利用，使之为自己的销售工作服务的异议。那么，我们该如何应对客户的这些异议呢？

如果销售人员能准确地了解客户的异议，那么应对这些异议就会变得更加容易。但是，如果一个客户对销售人员的意见不予评论，这种不置可否的态度就暗示出他们心里暗藏着某种异议。因为无法准确地知道客户的异议到底是什么，所以在这种情况下销售人员将会面临一定的困难。在任何情况下，最重要的事情就是首先要了解有哪些异议正在阻碍着客户的购买欲望。如果可能的话，销售人员要尽量避免让客户亲口说出他们的异议。要知道：一旦一个人说出了自己的观点，他就会继续为自己的观点进行辩护——这完全是人类的本性使然。因此，如果一个笨拙的推销员直截了当地去问一个客户："请问您有什么异议吗？"这个客户也如实地回答了这个问题，那么，这个异议将很难被消除，因为客户往往不会轻易地收回自己已经说过的话。

因此，一方面，在感到客户将要提出某种异议之前，或者认为客户有可能会提出某种异议之前，销售人员应该尽力采取相应的预防措施，以期获得"先发制人"的效果。另一方面，如果销售人员无法知道客户的异议是什么，那么，他们就应该通过暗示性的方法来对客户进行试探，然后根据客户的反应间接地获得相关的线索，从而推测出客户内心的异议。

下面以一个服装店推销员的例子来说明应对客户异议的方法。这个推销员在接待一位客户的时候，一边为他介绍着各种价位的服装，一边留神观察着他的反应。当推销员向他展示一套定价为400美元的服装时，这位客户流露出了强烈的兴趣，但是在听到推销员的报价之后，他便显得很失落的样子，然后就把这套衣服放在了一边，继续看其他的衣服。

这位客户在内心里显然提出了价格异议。如果他明确地说出了这个异议，那么，他会倾向于坚持自己的意见——他买不起一套价值400美元的衣服——并可能拒绝接受推销员的劝说。但是，如果这个警惕的推销员在客户说出来之前就意识到了这个异议，并且立即着手来消除这个异议，比如他可以举例说明其他那些价格便宜的衣服事实上并不实惠，这样，客户的异议就会大大减少。而客户觉得自己不应该买一套400美元的衣服的想法也会产生动摇。由于客户事先没有亲口说出一个价格上限，所以他最终要出多少钱买一套衣服的问题也就变得相对灵活了。在没有明确地说出自己的想法之前，在行动上至少还有更多的选择余地。

假如客户对推销员推荐的所有衣服都不感兴趣，但是，推销员又没有发现客户流露出任何可以表明他心存异议的迹象。这时候，推销员知道客户肯定有某种异议，只不过他不能感知到相应的线索，所以无法知道客户的异议究竟是什么。他必须找出客户的异议，否则自己的销售工作将寸步难行。尽管如此，销售人员也要尽量避免直接向客户问及这个问题，因为这种不明智的做法会让客户亲口说出自己的异议从而使异议变得难以消除。因此，推销员需要通过一些暗示来获得相关的线索。

要在一个人没有开口之前发现他们心中的想法几乎就是一种心灵感应，对你来说，这似乎是一件非常困难的事情。但是，如果你认为销售人员读懂客户的心事是一件十分困难的事情，那你就错了。对于那些老练的、经过了严格训练的销售人员来说，这件事情一点儿都不困难。要知道在整个销售过程中，销售人员应尽可能地始终处于主导地位。因此，当你向一个客户做出一个暗示的时候，如果在他的语言、语气和语调以及动作上没有任何迹象可以表明他的想法同你暗示的内容相一致，那么，你几乎就可以确定他不同意你的这个想法。那么，根据他的态度所提供的线索，你就可以发现他深藏内心的异议。

如果在销售工作开始之前，你已经做好了充分的准备，那么，你就应该知道通常情况下客户都会有哪些不利于销售工作的异议。根据这些信息，你就可以断定你面前的客户心里会有什么样的异议。这时，你应立即采取先发制人的措施去消除客户的这些异议。通过一些实践的锻炼，再加上你对客户的观察，你将能够准确地击中要害，消除客户心中的异议。清除了客户筑起的用于阻碍自己购买你的商品的障碍之后，你就会发现，客户对你的商品又增添了新的兴趣。

3. 坚定地站在客户的"购买欲望"一方

◎ 客户的一个异议正代表着客户内心矛盾的一个方面，并带有他们的人性特征。如果你要正确地应对客户的异议，就必须正确地理解他们的本性。

◎ 在应对客户异议的过程中，大多数失败都是因为销售人员不理解客户异议的双重性质。

◎ 在客户理智与欲望的斗争过程中，销售人员必须以"盟友"的身份坚定地站在客户的购买欲望一方。

现在，我们假定你已经确定了客户的异议，并且也已经巧妙地避免了让客户亲口说出他们的异议。

那么，接下来我们应该怎样做呢？

上面我们提到应立刻着手去消除客户的异议，但是，这种说法可能误导你，让你以为对待所有的异议都应该轻率贸然地采取应对措施，其实这是一种错误的做法。众所周知，在生活中我们不能采用同一种方法来对待所有的人。同样，我们也不能采取同一种措施来应对客户所有的异议。正如每个人在本性上都有所差别一样，不同客户的异议也会有所不同。的确，客户的一个异议就代表着客户内心矛盾的一个方面，也带有他们的人性特征。如果你要正确地应对客户的异议，就必须正确地理解他们的本性。

通过对销售流程中应对客户异议之前的各个阶段的研究，我们知道：要想获得客户的订单，销售人员就必须善于运用自己的头脑和心灵同客户进行沟通。我们已经对吸引客户注意和兴趣的思想过程与激发并加强客户购买欲望的情感过程做了区别。现在，在应对客户异议的阶段，我们发现客户的头脑与他们心灵之间存在着矛盾和斗争。我们知道，之所以客户没有购买你的商品，是因为他们头脑的反对意见在妨碍着他们心灵的购买欲望。如果你的商品对客户的心灵没有任何的吸引力，那么，即使他们感觉应该抵制这种商品，他们的头脑也不会费心劳神地去反对你的商品。

在任何一场搏斗中，时时刻刻都会有一方采取主动，一方处于被动。当一方主动出击向对方发动进攻的时候，或者虚晃一招以扰乱对方注意力的时候，另一方要么会闪身躲避，要么会做出招架的姿势和对方进行直接的对抗。接下来，防守的一方很可能主动出击，采取攻势，而刚才进攻的一方则会转入守势。但是，在紧张的搏斗当中，对抗的双方不可能既不采取攻势也不采取守势。在应对客户异议的阶段，客户的头脑与他们心灵之间的斗争也是如此。对于销售人员来说，弄清楚客户提出异议的起因和由来以及客户异议的类型和性质都非常重要。

假定客户提出的异议完全是他们真实的内心感受，那么，他们的异议可以反映出客户的以下两种心理。第一种心理：客户可能对销售人员的商品很感兴趣而且也有购买欲望，但是，相比之下，他们头脑中的反对意见比他们的购买冲动更为强烈。在这种情况下，客户的头脑显然支配着他们的心灵。比如，一个口袋里只有10美元的人在看到自己喜欢的东西时，往往要先掂量一下，如果这个东西不太重要——比如是可有可无的一本书——那么，他的理智就会去抵制他的欲望，并且决定要将口袋里的钱留下来花在更重要的地方。他提出的异议是为了通过理智的力量来征服自己的情感取向。对于客户来说，尽管拥有一本有益的图书比拥有一双新鞋子或一顶新帽子更有意义，但是，在这种情况下，客户往往会选择后者而不会选择前者。此时，销售人员要想成功地完成销售工作，就要面临着一个难以克服的阻力。

第二种心理：客户一方面可能对销售人员的商品有着强烈的购买欲望，另一方面，他们的理智告诉自己不应该购买这个商品，但是，客户还是希望他们的理智能够支持自己的心灵。这时，客户的欲望就比他们的理智更加强烈。客户在潜意识里希望他们的理智是错误的，而他们的心灵是正确的。假如一个客户认为：在急需一双新鞋子的时候用仅有的钱去买一本书是非常愚蠢的。但与此同时，他也在希望着能有人告诉他买这本书并不愚蠢，那样的话，他会更乐意舍弃新鞋子。对这位客户来说，他之所以反对购买这本书，仅仅是因为他不愿意自己欺骗自己。在这种情况下，销售人员需要做的全部工作就是向这位客户证明购买这本书是明智的。客户反对意见的强度同他们购买欲望的强度是成反比的。因此，如果这位客户对那本书的购买欲望非常强烈，那么，他的头脑中的反对意见将不难被征服，也就是说，他的心灵将最终在"斗争"中获得胜利。

在应对客户异议的过程中，大多数的失败都是因为销售人员不理解客户异议的双重性质。如果你仅仅通过理智的过程试图来消除客户的异议，那么，你是不会获得成功的，因为在一个人试图用自己的思想去征服另一个人的思想的时候，和谐融洽的气氛会被敌意和对抗所取代。争执和辩论永远不会令对方心服口服。另外，如果你仅仅通过情感方面的措施来试图消除客户的异议，你也不会获得成功。因为客户在理智上也必须感到满意，否则他们也不会购买你的商品。甚至连他们的心灵也可能对你情感的真诚与否产生怀疑。

那么，销售人员究竟应该怎么办呢？怎样才能在既不让客户的心灵对销售人员的真诚产生怀疑、又不让他们的头脑产生对抗的前提下消除他们的异议呢？这似乎是一件不可能的事情。但是，假如你正确地理解了客户异议的起因和性质，正确地理解了销售人员在消除客户异议阶段所发生的"欲望和理智之争"中所扮演的角色，你就会发现这是完全可以做到的。

第10章 销售流程中"说服阶段"的第二步
应对客户的异议

销售人员必须要认识到这场斗争是客户的斗争，而不是自己的斗争。当销售人员参与这场斗争的时候，必须以"盟友"的身份坚定地站在客户的购买欲望一方，来支持客户的心灵。但是，一定要小心谨慎，不要有任何准备参与"战斗"的表现，以免引起客户理智上的敌意。销售人员仅仅是向客户的心灵提供"战斗"的工具。正如同一场职业拳击赛中拳击手的助手一样，他们并不参与实际的"战斗"，仅仅是在一边"呐喊助威"，激励并强化客户的"战斗欲望"。

4. 要确定客户产生异议的原因

◎ 根据客户异议的起因将它们进行适当的分类，将有助于销售人员确定客户异议的内容、性质和起因，同时还有助于确定消除这些异议的方法。

◎ 客户产生异议的原因主要有六种：存在疑虑和担心，不愿意改变自己的购买习惯，对销售人员所提供商品的某些特点不满意，对商品的一般条件不满意，对销售人员的看法不好，客户某些自身原因。

在销售人员确定了客户的异议是什么之后，还需要确定产生这些异议的原因，然后才可以采取相应的措施来消除这些异议。他们需要确信自己已经知道了这些异议的性质和起因，然后才可以判断出自己在帮助客户的欲望战胜客户理智的过程中所应该扮演的角色。销售人员尽管参与了客户的欲望与理智的斗争，但是，这种参与一定不要显山露水，一定不要让客户察觉出来，这样，就不会有什么不良的后遗症。

当销售人员知道了客户异议的内容以及这些异议的性质和起因之后，他们就能够决定如何最好地应对了。他们就如同在拳击场边上密切地关注着比赛进展的拳击手助手一样。他们在留意着自己一方的拳击手和对方的拳击手的一举一动，并且根据他们的表现分析、评估他们的力量和勇气。助手会不时地对自己一方的拳击手做出鼓励或者提醒。有时候，助手的提醒可能会引起正在场上挥拳奋战的自己一方的拳击手的反感。有时候，还可能引起对方拳击手的愤怒。但是，只要助手不进入拳击场，他们就不会卷入实际的争斗。在销售流程中的应对客户异议阶段，当客户的心灵同他们的理智之间发生"争斗"的时候，无论哪一方遭到了失败，都不会恼羞成怒。因此，客户的理智并不会因为销售人员充当了客户心灵的"助手"而将销售人员视为仇敌。只要整个"赛程"公平、公正，只要"助手"没有越俎代庖，那么，在"战斗"结束之后，互相敌对的双方还将重归于好、和谐相处。

如果销售人员根据客户异议的起因将它们进行了适当的分类，那么，这种分类将有助于销售人员确定客户异议的内容、性质和起因，同时还有助于客户确定消除这些异议的方法。我们可以根据异议产生的原因将客户的异议分为六种类型。如果我们针对每一类型的异议事先做出了相应的应对方案，那么，当我们面对客户异议的时候，只要能够将客户的异议正确地归入某一类别，我们就可以成功地消除这些异议。

客户产生异议的原因有如下六种：

第一，因为客户存在着疑虑和担心。

第二，因为客户不愿意改变自己的购买习惯。

第三，因为客户对销售人员所提供商品的某些特点不满意。

第四，因为客户对商品的一般条件不满意。

第五，因为客户对销售人员的看法不好。

第六，因为当时客户的某些个人原因。

找到客户产生异议的原因并根据上述类型把它们正确地归类之后，销售人员将能够准确地找到相应的方法来应对客户的异议。相反，如果不能首先确定客户产生异议的原因，他们将不可能准确地找到应对方案。客户的异议并不是正在折磨着客户的"疾病"本身，而是"疾病"所表现出来的症状。因此，不要头痛医头、脚痛医脚，而要根据疾病的症状寻根溯源，找到真正的病因，再对症下药。如果是纯粹思想上的"疾病"，就应该对准客户的头脑"用药"；如果客户产生异议的原因与情感有关，为了消除这些异议就需要对客户的头脑和心灵同时"用药"。事实上，客户产生异议都与情感有关，因为如果客户对销售人员的商品没有任何的购买欲望，他们就不会提出真正的异议。因此，销售人员在应对客户异议的时候，必须考虑到客户的心灵。不过，异议本身意味着一种思想结果，因此客户的头脑也必须要获得"治疗"。

5. 最有效地消除异议的三种方法

◎ 为了了解客户头脑中的想法以及内心的冲动，我们应该特别注意他们的语气、语调及他们的动作举止。

◎ 要最有效消除客户的异议，通常需要用到这三种方法之一或联合应用：一、断然地否定；二、先认可对方的观点，然后再提出自己相反的观点；三、利用客户的异议作为说服客户最有力的理由。

◎ 那些老练的销售人员都会非常小心地不让自己以主要"参战者"的身份出现，而仅仅以客户欲望的"助手"的身份露面。

前面我们研究将一个人的想法传递给另一个人的时候，我们特别强调：要想把销售人员的想法传递给目标客户，需要重视的是语气、语调和动作举止的运用，而不是语言的运用。反之亦然，为了了解客户头脑中的想法以及内心的冲动，我们也应该特别注意他们的语气、语调以及他们的动作举止。客户在直接向销售人员提出他们的异议时，或者虽然没有直接表达出内心的异议却在外表上有所流露的时候，销售人员应该仔细分析他们的语气、语调和动作举止——这一点非常重要。因为这种分析将能够让销售人员判断出应该采取何种措施来帮助增强客户的购买欲望，从而战胜他们的理智、消除他们的异议。

例如，当客户在表达他们异议的时候音调非常高，那么，销售人员就应该知道这时候和异议有关的只有客户的头脑。因为只要我们稍稍思考一下，就会知道理智的音调比情感的音调要高。我们知道有一些动作和表情无足轻重，可以不予重视，但是也有一些动作和表情意义重大，不可小视。所以意义重大，是因为这些动作和表情既反映了客户的思想倾向，同时也反映了客户的情感倾向。

现在，让我们假定销售人员已经发现了客户的异议并且已经根据这些异议的起因将它们进行了分类。*他们必须决定如何帮助客户以增强客户对商品的内在渴望*——客户的异议表明了他们内心存有这种渴望。我们假定销售人员已经成功地避免了让客户直接说出他们的异议，而是由自己首先将这个异议提出来，然后，他们需要做的就是最有效地消除这些异议。为了实现这一目标，销售人员可能需要用到如下三种方法（或者使用其中一种，或者将它们联合应用）。

第一种方法：断然地否定。一提到"断然地否定"，你也许立刻就会想到这样做可能会引起客户的敌对情绪。当然，除非你是一个了不起的大人物，否则你在语言上对客户的断然否定有可能令客户勃然大怒。但是，有时候，对客户所提出的异议进行断然的否定也是很有必要的。为了避免"直截了当地宣称客户的异议是没有根据的信口开河"这样冒犯性的说法所带来的风险，销售人员要使用适当的语气、语调以及表情动作来强调那些本身没有冒犯性的词语。假如一个客户提出异议，说你给其他客户的价格更为优惠，并且还言之凿凿地宣称他曾经亲眼看到你给别人提供的报价单。你明明知道他在撒谎，你却不能这么说，否则，你就没有任何成功的机会了。相反，你应该主要通过你的语气、语调再配上相关的表情动作来表达你的断然否定。你可以说：

"××先生，我们的公司只有一个统一的定价，不可能有第二个价格。您说您曾亲眼看到我们更低的报价单，那只能有两种可能性：要么是您看错了，要么就是我们发错了。"然后，你可以继续向他介绍你的商品。客户非常清楚你不相信他的话，但是你的态度并不会让他感到不愉快。在明知"理亏"的情况下，他会"支持"你的语气、语调和表情动作，但是如果你直截了当地指责他在撒谎，他可能就会恼羞成怒了。

第二种消除异议的方法是先认可对方的观点，然后再提出自己相反的观点。我们可以把这种方法简单地概括为"您说得对，但是——"的模式。这就是说，当客户提出他们的异议之后，或者当你感到他们心里的某种异议之后，你要首先承认他们的意见是正确的，但是，在认可了他们的意见之后，紧接着立刻提出了一种与客户相反的意见，从而完全"否定"客户的观点。客户往往会说你要的价格太高，然后会说其他公司是多么的便宜。对于诸如此类的异议，我们也许就可以用这种方法来有效地应对。

"您说得对，"你首先要用真诚的语气坦率地对客户的观点加以肯定。"但是，"接着你要用有力的语气表示出转折、暗示出否定，同时还应该用一个适当的手势来增强这种力量。然后，正式开始阐述你的观点："××先生，您刚才提到的那家公司并不能生产这种档次的产品，要不然他们就是在说谎。他们的产品只能用于那些较低级的公司，并不适合您。"

如果你所说的是千真万确的事实（要注意你的话一定不能有丝毫的"水分"，必须是千真万确的事实），那么，通过你对客户观点的认同以及随后的否定，客户的异议会自然消失。

第三，客户的异议有时候恰恰会变成说服他们自己的有力理

　第10章　销售流程中"说服阶段"的第二步
应对客户的异议

由。假如你在向一位客户推销保险的时候，这位客户说他根本就不需要保险，因为他这一辈子从来没有生过病，而且他的家人也都非常健康长寿。这时候，你可以恳请他填写一份申请来购买你正在推销的保险，因为像他这样有着良好的生活习惯和优秀的健康状况的人正是你要寻找的最佳客户，因为如果达不到他这样的标准你的公司很难批准客户的投保申请。正因如此，所以你的公司才能够保持较低的损失比率，同时还能够通过给投保人返还大量红利的方式来维持较低的保险费用。

然后，仿佛客户并没有用他那华而不实的异议来反驳你一样，你继续进行你的说服工作，并且向客户表明他的确需要一份保险。你还应该向客户说明你代理的是一家人寿保险公司，而不是一家死亡保险公司。

销售人员在运用这三种方法来应对客户异议的时候，一定要注意不能同客户发生直接的"冲突"。我们前面已经说过，"冲突"只发生在客户的头脑和他们的心灵之间，而销售人员并不能作为一个主要的参与者卷入"冲突"。当销售人员对于客户的某个异议予以断然否定的时候，他们仅仅是尽可能地支持客户内在的购买欲望，并没有摆出一副要同客户的理智为敌的架势。同样，在肯定客户的意见以及紧接着用一个"但是"作为转折来进行否定的时候，在向客户表明客户的异议恰恰是能够说服他们自己的有力理由的时候，那些老练的销售人员都会非常小心地不让自己以主要"参战者"的身份出现，而仅仅以客户欲望的"助手"的身份露面。通过对以上案例的分析，我们可以明显地发现，这三个案例当中，销售人员在消除客户异议的时候都没有冒犯到客户。

6. 帮助客户的心灵战胜他们的理智

◎ 当你在应对客户所提出的异议的时候，要记住你是来帮助客户满足他们某种实际需求的。他们也许并没有意识到自己的需求，所以需要你来帮他们指出来。

◎ 要耐心地引导客户去做他们应该做的事情——同自己的理智做斗争，让他们的心灵去征服他们的理智。

在本书各章当中，我们都在反复强调：销售人员应该抱着真正为客户服务的目的去从事销售工作。在这里我们再一次强调这一点。当你在应对客户所提出的异议的时候，要记住你是来帮助客户满足他们某种实际需求的。他们也许并没有意识到自己的需求，所以需要你来帮他们指出来。在向他们展示了他们所需要的商品（即你向他们提供的商品）之后，你可能还必须要帮助他们消除他们购买所需商品的一些障碍。他们会以各种各样的理由提出异议，但是，无论他们自己有没有意识到，你都必须意识到客户的每一个异议都为你提供了一个机会，可以让你作为一个"老师"为他们服务，向他们提供他们真正想要了解的信息。当然，在向客户"授课"的时候，你一定要讲究方法和技巧，千万不能让人感觉你像是一个高高在上的教书先生。因为人们往往都会非常反感那些好为人师者居高临下的教导——这一点我们在小学生对待老师的传统态度当中很容易就可以发现。

另外，我们也反复地强调：销售人员应该在销售流程的各个阶段起主导作用。比如在计划接近客户的阶段、在争取拜访客户的机会的阶段、在吸引客户注意和激发客户兴趣的阶段以及在唤醒客户购买欲望的阶段，你都应该管理和控制着销售的流程。但是，在应对客户异议的阶段，你常常需要保持一种防御性的姿态。你知道客户的"理智同欲望之争"并不是你的战争，但是，客户往往认识不到这一点。在同自己头脑的反抗进行斗争的时候，客户的心灵有可能会错误地把你当成它的敌人，从而将斗争的矛头对准你。这时候，不要因此而生气，要耐心地引导客户去做他们应该做的事情——同自己的理智进行斗争。

一旦你做到了这一点，你知道是你在管理着这场争斗，而不是这场争斗在管理着你。要让客户自己去反驳自己的异议。要向他们表明这件事情与你无关，完全要由他们自己去处理。征服客户的异议并不是你的任务，你需要做的是激励客户，让他们的心灵征服他们的理智，因为正是他们的理智在反对他们的购买欲望。

7. 为有效应对客户异议，你必须具备的基本素质

◎ 要想有效地应对客户的异议，销售人员必须具备一些基本素质，如心理素质、情感素质以及道德素质。

◎ 这是一个安全可靠的通行原则：要从客户的视角来审视你遇到的每一个异议，然后根据不同的情况采取不同的应对方法——或直接面对，或巧妙地避开。

◎ 有人建议：应对客户异议的最好方法就是不断地增加客户的购买欲望。这的确是一条很好的忠告。

◎ 要牢记：客户的异议并不是一种消极因素，而是一种积极的因素，请正确地应对和利用它们，千万不要忽视了它们。

要想有效地应对客户的异议，销售人员必须具备一些基本的素质。我们可以将这些素质分为如下三种类型：心理素质、情感素质以及道德素质。

巧妙应对客户异议所需的心理素质包括智慧和谋略、交际能力以及阻止客户随心所欲地提出异议的能力——你要让客户的理智同他们的情感协调一致，或者让他们的心灵致力于征服他们的头脑。

销售人员所需的情感素质包括耐心和冷静。

销售人员所需的道德素质包括绝对的坦率和诚实以及为了客户的最大利益而努力的真诚愿望。

对于客户的异议，销售人员是应该勇敢地面对，还是应该机智地避开呢？对于这个问题，不同的销售经理有着不同的回答。一些销售经理要求他们的销售人员在遇到客户异议的时候，都要面对面地去应对。而另一些销售经理则要求他们的销售人员要尽可能地避开客户的异议。不过，这两种销售经理的目标都是让销售人员去控制销售流程。

推销术在很多方面同航海术有相似的地方。销售人员应该是他们销售"航船"的船长，同时也应该是掌控轮船航向的舵手。然而，如果一个船长在整个航行过程中始终采用一成不变的方法来应对所有的障碍，那显然是错误的。遇到暗礁和沙洲的时候应该及时躲避，而遇到冰层的时候则需要破冰前进，同样，遇到风浪的时候也必须迎风破浪前进。因此，在遇到客户提出异议的时候，销售人员应该能够随机应变，应该根据具体的情况采用最恰当的应对方法。

对于那些客户没有想到的异议，销售人员不应该主动地提出来，因为那是自找麻烦、自讨苦吃。那些高明的销售人员都会尽可能地避开前进中的困难。但是，对于那些客户已经提出来的真正的异议，他们绝不会不理不睬、漠然置之。否则，即使是那些事实上可能微不足道的异议也会不可避免地变成难以应付的大问题。一个安全可靠的通行原则是这样的：要从客户的视角来审视你遇到的每一个异议，然后根据不同的情况采取不同的应对方法——或者直接面对，或者巧妙地避开。最重要的事情是向客户证明他们提出的异议并非是他们购买你商品的不可逾越的障碍。如果你对客户的异议置之不理，只顾自己一个人继续进行你的销售工作，那么客户的思维将不会跟上你的思维。每当客户想到这个没有得到解决的异议时，这个异议就会变成一个阻碍客户展现购买欲望的绊脚石和拦路虎。

然而，你也不能让客户牵着你的鼻子走，因为这样会影响你的主要目标，从而让客户控制整个销售流程。并非在客户提出一个异议之后都必须立即去着手解决。有时候，客户会打断你的介绍来提出某种异议，为了保持思路的连续性，你可以暂时推迟解决客户的这个异议。因此你可以说："请您稍等一下，我马上就会谈到这一点。"然后再继续你的介绍或解释。但是一定要在适当的时间内重新回到客户的这个异议上来，并且当你旧事重提的时候，还要做一个特别的提醒，让客户知道你要对他们刚才提出的异议进行解释。也许客户原来会以为你是在有意躲避：因为你不能有效地解决他们的异议，所以你才会将他们的异议暂时地搁置起来。而在后来当你主动地提到他们的异议并给予了令人满意的回答或者彻底解决的时候，客户原来对你的猜疑就会涣然冰释，他们的异议也自然会消失。例如，当一位客户嫌你的《不列颠百科全书》价格太高的时候，你就可以暂时把这个问题放在一边，首先去说明这本书的巨大价值。在充分地激起客户的购买欲望之后，再去着手消除客户的价格异议。到时候，你可以提出分期付款的方式，这样客户每个月需要支付的金额就显得微不足道了。

很多时候，客户会非常真诚地提出一个完全没有根据的异议。这个异议也许显得非常荒谬可笑，但是你应该像对待一个值得尊敬的异议一样认真地去处理，耐心地去解释。无论应对什么样的异议，都不要采取那种盛气凌人、居高临下的态度，而应该以一种完全平等的态度进行交流和讨论，既不要"俯视"任何一个客户，也不要"仰望"任何一个客户。有太多的销售人员在应对客户异议的时候仅仅把这些异议看成他们前进道路上的障碍。因此，当他们发现某一个异议并不重要或者根本没有什么价值的时候，他们就会对这个异议不屑一顾或者置之不理。这样的态度是完全错误的，要知道客户的异议不仅会对你的销售造成影响，更重要的是，它们还会对客户的购买欲望构成障碍。所以，要帮助客户扫除他们前进道路上的障碍，因为这些障碍直接影响着他们对你所销售商品的购买欲望。

当客户向你提出一个异议的时候，无论客户是否真诚，你都应该接受这个异议。如果客户是真诚的，你就应该耐心地去帮助客户彻底地消除他们的异议，令他们获得满意的答案。如果你确信客户在提出异议的时候没有诚意，而且他们的异议毫无根据，那么就应该运用适当的语气、语调和表情动作来强调你对他们异议的否定，然后再继续你的销售流程。如果你已经向他们表明你知道他们所说的并不真实，而且你并没有直接在语言上指责他们在撒谎从而令他们感到难堪，那么，客户会知趣地不再继续坚持自己的观点。

在大多数情况下，客户的借口和推托实际上都是谎言。所以在不激怒客户的前提下，销售人员可以对这些借口和推托不予理会。如果你对客户的借口和推托不予理会，而且在应对他们虚假异议的时候你并没有冒犯他们，那么客户会因为你的明察秋毫而对你产生敬意。

有人很可能建议你说：应对客户异议的最好方法就是不断地增加客户的购买欲望，因为随着购买欲望的增加，他们的反对意见就会越来越少。只要不把它当成一剂包治百病的灵丹妙药，这的确是一条很好的忠告。作为销售人员，你应该提前列举出在工作实践中你可能会遇到的一些异议，并且分别制订出相应的增强客户购买欲望的方案，这样做会对你大有好处。例如，当一个客户担心购买了你的商品之后赚不到钱甚至还可能亏本的时候，你就可以用高额的利润来刺激他的购买欲望。在你向他证明了一经转手就可以赚到一大笔钱之后，他的担心自然就会消失。

不过，要牢牢记住的一点是：客户的异议并不是一种消极因素，而是一种积极的因素。请正确地应对、利用它们，千万不要忽视了它们。

第五部分

成　交

—— 第 *11* 章 ——

销售流程中"成交阶段"的第一步

促使客户做出决定并签署订单

1. 成交阶段为什么还会丢掉订单

◎ 如果销售人员还没有完全消除客户的异议，要想让他们签订单是很困难的；如果还没有激起客户对商品的购买欲望，要想让他们签订单就更加困难；如果还没有激发出客户对商品的兴趣，那么困难更大。

◎ 在成交阶段到来之前，销售人员已经高效地完成了前面各个阶段的工作。

◎ 当客户的注意力从其他事物上转移到销售人员的身上或者销售人员的商品上时，当客户的注意转变成为兴趣时，当客户产生购买欲望时，当销售人员消除了客户的一个异议时，当客户做出购买决定时，都存在着一个非常重要的"最关键时刻"。销售人员清楚地知道自己已经达到了哪个"最关键时刻"非常重要。

"成交阶段"的工作通常被认为是销售流程中最为困难的工作。但是，既然销售人员已经吸引了客户的兴趣，已经激起了客户的购买欲望，而且也已经有效地消除了客户的异议——在这种情况下，客户已经确信自己需要销售人员的商品；而且他们也有足够的支付资金；并且确信这些商品能够满足他们的需要。这时候，销售人员获得客户的订单本应该是轻而易举、顺理成章的事情——那么，为什么获得订单的时候却变得如此困难呢？

成交阶段之所以被认为是困难的阶段，是因为如果销售人员不能获得订单，人们往往会把责任归咎于销售人员在销售流程的最后阶段没有能力让客户乖乖地填写订单。如果在整个销售流程各个阶段的工作当中，销售人员都做得非常成功，那么，到了最后阶段，客户显然也已经做好了一切购买的准备了。但是，如果在消除了他们所有的购买障碍之后，他们仍然不同意签订单，那就说明一定是出现了新的障碍，要不然就一定是销售人员在最后阶段的服务中出现了差错。

如果销售人员还没有完全消除客户的异议，那么，要想让他们签订单当然是很困难的。如果销售人员还没有激起客户对商品的购买欲望，那么，要想让他们签订单就更加困难了。再进一步说，如果销售人员还没有激发出客户对商品的兴趣，那么，困难就更大了。也就是说，在到达销售流程最后阶段之前，无论哪一个阶段出现了错误都会给最后"促使客户做出决定并签署订单"阶段的工作增加难度。当然，如果调查研究阶段的工作出现了误差——销售人员拜访的人根本就不是一个潜在客户，那么，要想从这个人那里获得订单根本就是不可能的。

现在，让我们以一种正确的态度来讨论"促使客户做出决定并签署订单"阶段的工作——不是孤立地看待这个阶段工作的成败，而是将这个阶段工作的成败同前面的各个阶段——诸如准备阶段、调查研究阶段、客户评估阶段、接近客户阶段、吸引客户注意和激发客户兴趣阶段、激发客户购买欲望阶段以及消除客户异议阶段——工作的得失联系起来考虑。如果在前面各个阶段的销售工作中出现了很多的失误，那么，这些失误所造成的不良影响就会逐渐地积累起来，到了成交阶段会最终扼杀销售人员成功销售的机会。因此，当你分析那些在成交阶段失败了的销售人员的工作时，一定要首先研究一下他们在所有销售流程当中的工作情况。这样，你会发现：在到达成交阶段之前，他们很可能就已经失败了。

但是，同那些失败者相比，我们对那些成功者更感兴趣，因为我们一直在研究的就是如何更有效地做好销售工作。为了研究本章的主题，现在让我们假定：一位做好了充分准备工作的销售人员选定了一位真正的客户，而且以正确的方法接近了客户并准确地进行了客户评估，然后，成功地吸引了客户的注意和兴趣，接着，又激发出了客户强烈的购买欲望，同时也消除了客户的所有异议——换句话说，在成交阶段到来之前，销售人员已经高效地完成了前面各个阶段的工作。现在，我们想知道的是：如何促使客户做出赞同购买销售人员商品的决定，然后，如何促使客户按照这个有利的决定开始行动并签下订单。

每一个销售经理都是按照销售人员所获得的订单来评价他们的。因此，所有的销售经理对订单的重视程度都是不言而喻的。

为了让销售人员努力获得订单，他们会采用诸如命令、激励其至恳求等各种各样的手段；那些不能获得订单的销售人员，将会遭到他们毫不留情的解雇。但是，这些销售经理并没有给销售人员提供如何做好成交阶段工作的明确指导。他们给销售人员的指导通常都是一些冠冕堂皇的一般原理，或者是让销售人员总结一下以前说过的要点，在这个阶段再次重复一遍而已。他们强调的重点是销售人员非常熟悉的、已经被过分强调的、老掉牙了的"最关键时刻"。

在这里，让我们摆脱一种常见的错误观念——把客户决定购买商品的时刻视为最关键时刻的观念。当然，在客户的思想变化过程中必然存在着一个时间点——在这个时间点上客户决定了他们要购买某种商品。但是，这样的一个所谓的"最关键时刻"其实并不比销售流程中其他任何思想转变的时刻更为重要。

当客户的注意力从其他事物上转移到销售人员的身上或者销售人员的商品上的时候，存在着一个非常重要的"最关键时刻"。当客户的注意转变成为兴趣的时候，又出现了另一个"最关键时刻"。同样，在客户开始产生购买欲望的时候，在销售人员消除了客户的一个异议的时候，也分别存在着一个"最关键时刻"。客户做出购买决定时的"最关键时刻"仅仅是众多"最关键时刻"中的一个，而且也并不比其他的"最关键时刻"更为重要。在客户决定购买销售人员的商品时，销售人员要意识到这一点；在前面的各个销售阶段当中，销售人员清楚地知道自己已经达到了哪一个"最关键时刻"也同样重要。

销售人员在成交阶段所遇到的大多数困难都是由于他们对成交阶段没有一个正确的理解。因为不知道在这个阶段该做些什么，所以他们不知道该如何促使客户做出决定并签署订单。大多数销售人员在成交阶段都没有采取什么新的举措，而仅仅是将以前说过的话加以概括、抽出要点，翻来覆去地重复而已。他们在向客户推销商品的时候，就如同是与客户展开一场殊死的搏斗。他们抱定了"必胜"的信念，用事实和道理作为"拳头"竭尽全力地对客户发动了一轮又一轮猛烈的"进攻"。显然，他们希望在消除了客户的异议之后，一鼓作气、乘胜追击，直至取得彻底的胜利。

2. 要成交顺利，你需要让客户顺利通过权衡阶段

◎ 直到成交阶段为止，那些高明的销售人员一直都在努力向客户传递着与自己相同的想法。而到了成交阶段，则会努力向客户传递同自己相反的想法。

◎ 客户做出决定的过程是一个权衡的过程，通过这种权衡，客户可以确定自己内心的反对意见和赞成意见哪一个更占优势。当赞成意见更占优势，就决定购买；否则暂不购买。

◎ 权衡过程可以将赞成购买的意见同反对购买的意见做一个清晰的对比。遗漏了这个过程是销售工作的一大失误。

◎ 在成交阶段，销售人员应该做一个主宰权衡过程的"过秤员"。须知，客户内心的"天平"永远都不可能保持平衡。

要想正确地做好成交阶段的工作，销售人员需要使用一种前

面各个阶段中没有使用过的方法——事实上是同前面各个阶段所使用的方法完全相反的一种方法。因此，在成交阶段，那些没有采取任何新的措施，仅仅是在不断地重复自己的销售人员往往会遭到失败——这样的结果并不令人感到惊讶。

直到成交阶段为止，那些高明的销售人员一直都在努力向客户传递着与自己相同的想法。而到了成交阶段，销售人员应该努力向客户传递的是同自己相反的想法。这是两个完全不同的过程。为了清楚地理解这一点，下面让我们对这两个过程分别做一番分析。

我们知道，在客户购买商品之前，必须引起客户对商品的兴趣和购买欲望。那么，什么样的商品才能引起客户的兴趣和购买欲望呢？当然是那些符合客户预期的商品，也就是那些同客户的想法相同的商品。没有哪一个人会愿意购买一种不符合自己想法的商品。如果你喜欢朴素淡雅的服饰，那么花哨刺眼的衣服无论质量多么好或者价格多么低，你都不会对它们感兴趣。如果你不喜欢某件商品，你的理智和情感会对自己的购买冲动产生一种抗拒和阻碍，因为这件商品不符合你对此种类型商品的看法。这时候，为了消除你的异议，销售人员会努力向你证明这件商品事实上非常符合你的想法。甚至在最初吸引客户注意力的时候也要采用同客户的头脑和心灵相同的方法，否则便不能奏效。一个商店的促销人员向一位女性购物者展示一个针织手提袋的时候，会引起这位购物者的注意。因为针织手提袋能符合女性的一些想法，要知道一般的女性都会编织一些东西。但是，一般情况下，没有哪一个男性购物者会去注意一个针织手提袋，因为针织品同他们头脑中的想法没有任何相同之处。

在销售流程的整个商品介绍阶段以及说服客户阶段，销售人员的目标是利用自己的商品同客户想法的相同性来促使客户去喜欢他们的商品。当然，销售人员也会使用比较的方法。但是，客户仅仅希望购买销售人员的商品还不够，因为在产生了购买欲望之后，他们还必须做出购买的决定，然后才能使购买成为现实。只有对赞成购买的想法和反对购买的想法进行了一番权衡和对比之后，客户才能决定是否购买销售人员的商品。客户做出决定的过程是一个权衡的过程，通过这种权衡，客户可以确定自己内心的反对意见和赞成意见哪一个更占优势。当他们确定自己的赞成意见更占优势的时候，他们就会决定购买销售人员的商品。如果是反对意见占上风，他们就会决定暂不购买。

正因为销售人员未能带领客户顺利通过权衡阶段，所以很多本来大有希望的订单最终都化为泡影。这些销售人员只是使用了前面各个阶段当中使用的方法，却忽视了对比的方法，从而没能说明反对购买的意见和赞成购买的意见所带来的不同后果。当客户完全依靠自己的主动性完成了权衡过程之后，他们就会自己主动地去采购自己所需的商品，而不需要销售人员的帮助了。

在销售过程中，销售人员好像都害怕提起那些看起来令人不快的事情。比如，对于客户的异议，他们往往会有意地回避，甚至会不理不睬。正如在消除客户异议阶段我们所认识到的那样，这是一种错误的做法。在成交阶段工作中，销售人员常常会避免提及不利于客户购买商品的话题，因为他们担心这样做会让客户产生新的异议和反对意见，从而让自己的销售目标落空。因此，他们继续运用那些同客户相同的想法在说服客户，同时小心翼翼地远离那些同客户相反的想法。他们就如同为客户实施催眠术的

第11章 销售流程中"成交阶段"的第一步
促使客户做出决定并签署订单

江湖术士，他们的目标就是要让客户完全忘掉那些反对购买的想法和情感。但是，因为他们并不是专业的催眠师，或者因为客户抵抗催眠的能力特别强，所以这些销售人员遭到了失败。

销售人员希望客户忘掉某些东西，但是客户偏偏没有忘记，而且还把这些内容放大了。

因为销售人员在成交阶段没有耐心地让客户正确地认识那些反对购买的意见，所以客户就把经过自己而放大的错误的想法放在了决策"天平"的一端，结果使得天平朝着反对购买的方向倾斜，最终导致了销售工作的失败。

权衡过程可以将赞成购买的意见同反对购买的意见做一个清晰的对比。遗漏了这个过程是销售工作的一大失误。客户内心的"天平"永远都不可能保持平衡。我们反复地提醒：销售人员在销售过程的各个阶段都要起到主导作用。如果你放任自流，让客户自己去进行权衡，他们自然就会按照自己的方式进行，而不是按照你的方式去进行。因此，在成交阶段，销售人员应该做一个主宰权衡过程的"过秤员"。如果你掌管着权衡的过程并且在"过秤"的时候能够公平合理，那么，客户就会觉得自己没有必要去亲自操作"天平"了。

那么，销售人员在成交阶段的工作就是将赞成购买的意见（占优势）同反对购买的意见（不占优势）进行一个对比。在前面你已经向客户展示了同他们相同的想法，现在，要想把成交阶段的工作做好，你已不需要再去提醒客户，你的商品就是他们所需的了。

现在，你需要知道如何高效地做好权衡工作。做好了这项工作，客户就能够确切地知道：他们赞成购买商品的意见远远超过了反对购买商品的意见。

一旦客户看到"天平"朝着赞成购买商品的一端倾斜，那么，他们就会做出赞成购买的决定。做出这个决定的时刻就是著名的"最关键时刻"。在这个阶段中客户心理上的变化并不神秘，因为这种变化就如同一个注视着一架天平的人，看到沉重的一端坠落下去，同时另一端高高翘起的时候，在他心理上发生的变化一模一样。唯一的不同在于：前者是用"心"去看，后者则是用"眼"去看。不同因素之间的对比将促使客户做出最后的决定。而向客户展示相同的想法则起不到这样的效果。如果你清楚地理解了促使客户做出决定的阶段同其他阶段之间的区别，你就会明白那么多销售人员在成交阶段"壮烈倒下"的原因了。

这些失败的销售人员根本没有运用正确的方法去促使客户做出最终的决定。他们仅仅是翻来覆去地说着在激发客户兴趣和购买欲望的时候所说过的话。因为客户对陈词滥调会感到厌倦，所以销售人员的努力不仅没有为他们增添成功的砝码，却反而损害了他们之前努力的成果。于是，客户的兴趣开始消退，而且客户的购买欲望也在逐渐丧失。最后，销售人员在即将到达"万里长征"终点的时候却功亏一篑、铩羽而归。

3. 权衡阶段促使客户做决定的主要因素

◎ 一定要对自己担当"过秤员"的角色充满信心，要用自信从容的神情举止来告诉客户：你确信自己的判断，确信展示给客户的

"称量"结果。

◎ 在权衡过程中,你所使用的工具不是有形的材料,而是无形的想法。你所权衡的是头脑中的想象,而非现实中的商品。你正在努力让客户感知精神上和情感上对重量的印象,而不是让他们体验实际物质的重量。

◎ 很多销售人员尽管完成了权衡工作,却仍然没能拿到客户的订单,原因就在于他们的权衡工作不够公平。

◎ 无论客户最终拒绝了你的请求还是购买了你的商品,只要你运用了正确的方法促使客户做出了他们的决定,你就已经完全高效地完成了成交阶段的第一步工作。

在销售的权衡阶段,销售人员在神态举止上的自信从容非常重要。你去杂货店买东西的时候,一个店员用一种非常不确定的方式——好像对使用磅秤称量东西并没有把握的样子——为你称量蔗糖,那么,你很可能对他称量的结果表示怀疑。信心具有很强的感染力,倘若一个人拥有充分的自信,那么他的信心就会传递给其他的人。

销售人员为什么要在销售工作的成交阶段缺乏信心呢?如果他们清楚地知道自己在成交阶段之前的销售流程中都没有出现任何的差错,他们就应该以完全自信的心理状态和精神状态来担当起最终的权衡工作。

我们前面已经说过:销售人员在工作当中必须要具有非凡的勇气和胆量,而且任何人都能够获得并不断增强自己的勇气和胆量。在这里,我们将再次提到这种勇敢的品质,因为在销售工作的成交阶段,这种品质仍然要发挥它的作用。而且,这个阶段的勇气应该是满怀信心的真正的勇气。只要销售人员在前面各个阶段的工作中都表现得十分出色，他们就完全有理由满怀信心地去赢得客户的订单。因此，当你到了权衡阶段并开始促使客户做出决定的时候，一定要对自己担当"过秤员"的角色充满信心，要用自信从容的神情举止来告诉客户：你确信自己的判断，确信展示给客户的"称量"结果。这样，客户就不会对你的"称量"结果产生怀疑，从而也必将做出一个令你满意的决定。

当然，在权衡过程中技巧的使用也非常重要。比如，在谈到那些反对购买的意见时，应该降低声调，同时还要通过适当的表情举止来暗示出它们的无足轻重。相反，在提到那些赞成购买的意见时，当然要提高声音，同时也要用有力的动作来表示强调。

在权衡过程中，你所使用的工具并不是有形的材料，而是无形的想法。你所权衡的是头脑中的想象，而非现实中的商品。你正在努力让客户感知精神上和情感上对重量的印象，而不是让他们体验实际物质的重量。因此，在促使客户做出决定的过程中，销售人员可以运用的一部分技巧在于：通过两种巧妙的销售方法——这两种方法可以最大限度地展现有利于客户购买商品的意见——来尽可能地突出客户赞成购买。利用这两种方法完全符合道德准则，因为这样做只不过是顺应了人类的本性而已。除了突出客户赞成购买商品的意见之外，我们还利用这两种方法在对比中弱化反对购买商品的意见，从而使它们显得无足轻重。

我们首先介绍第一种方法。将平衡和稳定的观念同重量的观念联系在一起是人类的本性。在看到埃及金字塔的时候，我们会感到它们非常沉重，因为它们的底部宽广而坚实，而且显然没有倒塌的危险。但是，假如我们将金字塔颠倒过来，虽然它们的实际重量并没有什么变化，然而，因为缺乏平衡感和稳定感，所以它们会显得远远没有原来那样沉重。当我们在客户决策"天平"的两端分别"堆砌"赞成购买商品的意见和反对购买商品的意见时，就可以利用这个人性原理。

在"天平"的一端"堆砌"客户反对购买商品的意见时，我们将那些最微不足道的异议——在客户自己看来，这些异议也是无足轻重的——放在"最底层"。然后，在这个异议上面再放上一个稍微重要一点的异议，再然后，以此类推地往上"堆砌"，直到在"天平"的一端"竖起"一座倒放的"金字塔"为止。当你把真正重要的客户异议放在倒金字塔顶端的时候，再回过头从上往下看，就会发现反对意见的分量在依次递减。这种倒金字塔式的"堆砌"方式造成了一种非常不平衡、不稳定的视觉效果，所以在客户看来，整个反对购买的意见在分量上就显得轻了不少。

相反，在"天平"的另一端"堆砌"客户赞成购买商品的意见时，我们将那些最重要的意见放在"最底层"。然后，再放稍微不太重要的意见。以此类推，直到最后将最不重要的意见放置在"金字塔"的顶端。这时候，再回过头从上往下看，就会发现赞成意见的分量在依次递增。这种金字塔式的"堆砌"方式会让客户觉得整个赞成购买的意见特别有分量。在客户的决策"天平"上竖起一正一倒两座"金字塔"之后，即使"天平"两端的实际"重量"旗鼓相当，由于两座"金字塔"给客户造成的视觉差异，客户的决策"天平"最终也会向赞成购买商品的一端倾斜，自然，客户也将做出销售人员希望看到的决定。

下面我们来看第二种方法——利用这种方法，我们可以让决策"天平"一端的反对意见显得更加微不足道，同时让另一端的赞成意见显得更加"沉重"。这种方法需要利用另一个人性原理。我们都习惯将重量的概念同数量的概念联系在一起。我们都承认：两个分别重一磅的物品放在一起看起来比一个重两磅的同一材料的物品要重。举一个例子：过去，经销商都用配克作为体积单位来卖土豆，后来改用蒲式耳为单位（西方人土豆论筐卖。——译者注）。因为1蒲式耳约等于4配克，所以1蒲式耳土豆的价钱相当于1配克土豆的4倍。这本来是无可非议的，但问题是已经形成习惯的消费者怎么也不相信一筐1蒲式耳的土豆能够装满4个容积为1配克的小筐，因此，他们对经销商的土豆价格深表怀疑，甚至直到经销商现场演示证明之后，他们还是有点半信半疑。

那些优秀的销售人员认识到了这样一个人性特点，并且在权衡阶段运用它来突出客户赞成购买的意见，同时弱化客户反对购买的意见。他们会利用这个方法向客户说明赞成购买商品的意见在数量上要远远多于反对购买商品的意见。如果正反意见在数量上是相等的，那么，客户可能就会认为他们决策"天平"的两端在重量上也是相等的。但是，当他们感到赞成购买商品的意见在数量上更占优势的时候，他们就会情不自禁地认为这一端在重量上也占优势。

当然，销售人员既不能减少客户所提出异议的数量，也不能增加自己所说的赞成购买商品意见的数量。因此，这方面的技巧在于要尽可能地把不同的异议合并在一起，这样，虽然异议在实际数量上并没有变化，但在客户的感觉上已经"变少了"。同样地，销售人员还要尽可能地将一个赞成购买的意见从不同的角度

第11章 销售流程中"成交阶段"的第一步
促使客户做出决定并签署订单

进行描述，从而让客户觉得它们在数量上似乎比以前更多了。

在运用这两种方法来更好地进行权衡时，销售人员也不能忽视保持客户对商品购买欲望的重要性。一方面，销售人员要运用科学的方法分别来"堆砌"客户决策"天平"两端的不同意见，同时运用合并和分解的方法分别来减少和增加两种不同意见的数量。另一方面，销售人员还应该给这两种意见分别"涂上"不同的"色彩"。

不仅要让两种意见在"重量"上形成鲜明对比，而且还要让它们在"色彩"上拉开悬殊的差距。因此，销售人员要努力让那些反对购买商品的意见显得暗淡无光，相反，要设法使赞成购买商品的意见显得光辉灿烂。当客户意识到两种意见在"重量"上的差距以及在"色彩"上的对比之后，他们将更容易地做出令销售人员满意的决定，因为双重对比的力度当然要比一重对比的力度更大。

在整个权衡过程中，销售人员作为一个"过秤员"，一定要让客户感到他的工作做得公正无私。如果客户觉得他的权衡有失公平，那么，他的努力将收效甚微，甚至会徒劳无功。

很多销售人员尽管完成了权衡工作，却仍然没能拿到客户的订单，原因就在于他们的权衡工作不够公平。他们往往会有意地省略了客户的一部分异议，同时还试图增加一些肯定性的意见——客户认为这些意见并不属于赞成购买的意见。过秤员在称量物品的时候，客户都会密切地关注着他们的一举一动，如果他们不够诚实，客户就不会接受他们的称量结果。同样，作为销售人员，在权衡的过程中一定要光明磊落，否则客户将不会接受你的权衡结果。因为他们不信任你的权衡结果，他们会产生怀疑，而这种怀疑最终导致他们做出一个令销售人员失望的决定。

在结束这个话题的讨论之前，我们必须提及一个不太愉快的话题：有时候，客户可能会做出一个令销售人员感到失望的决定。无论你的工作做得多么好，你也不可能每一次都得到客户的订单。因此，你不要指望着每一次都能获得成功，那样的想法并不明智。事实上，无论客户最终拒绝了你的请求还是购买了你的商品，只要你运用了正确的方法促使客户做出决定，那么，你就已经完全高效地完成了成交阶段第一步的工作。那些最为老练的销售人员也不能够保证自己"百战百胜"，他们仅仅是努力将失败的概率降到最低而已。只有在你没有带领客户巧妙地进行权衡工作的时候，你才应该为自己的失败负责。只有那些在成交阶段根本没有进行权衡对比的销售人员才应该完全为自己的失败负责。

4. 促使客户签署订单

◎ 促使客户做出决定还不够，促使客户签署订单更重要。

◎ 只要客户确信他们决策"天平"的一端在重量上远远超过另一端，他们就会做出决定。

◎ 要尽可能多地提高你自己对"最关键时刻"的感知能力，这样你将能够在它们来临的时候及时地发现它们。

促使客户做出决定只是成交阶段工作的一部分。除此之外，在这个阶段当中还有另外两项工作要做。一项是"促使客户签署订单"，也就是说在客户决定购买你的商品之后，促使他们签署订单。接下来我们将要讨论这项工作。另一项也是整个销售流程当中的最后一项工作，是"告别客户并为争取未来的订单铺平道路"。不过这项工作我们将放在下一章也就是最后一章当中进行研究。

做出购买销售人员商品的决定发生在客户的头脑和心灵内部，然而，如果这种决定没有变成客户的实际行动，销售人员的整个销售目标也仍然不能得到最终的实现。

销售人员要了解做出购买决定的行为同实际签署订单的行为之间的本质区别。同时还要知道：即使赢得了客户的购买决定也完全有可能输掉最后的订单，客户可以在开始的时候做出购买的决定，然后完全有可能再推翻这个决定，同时做出一个相反的决定。销售人员非常有必要促使客户亲口说出他们的购买决定。因为只要他们亲口说出了自己的购买决定，就不太可能再变卦了。但是，在他们说出自己的购买决定之前，销售人员的成功并没有保障。

我们再一次到达了我们非常熟悉的"最关键时刻"。我们需要知道这个"最关键时刻"是如何出现的，而且要知道在这个时刻我们应该做些什么。

倘若客户已经跟随销售人员顺利通过了权衡阶段，那么，在权衡阶段结束的瞬间，往往会出现从内心的一个购买决定向实际的一个购买行动转变的"最关键时刻"。如果客户还没有完全认识到他们决策"天平"两端的悬殊差别，那么，为了让他们有更清楚的认识，销售人员也许需要重新进行一个简要的权衡。但是，如果销售人员确信在权衡过程中，客户无论是在精神上还是在情感上都同自己保持了高度的一致，那么，这种重新的权衡就没有必要了。同销售流程中的其他阶段一样，在成交阶段也必须保证让客户专注于当下的主题，而不能让他们横生枝节、误入歧途。

一些销售人员不能认识到客户做出决定的"最关键时刻"，这并不奇怪，因为他们没有努力让客户达到并停留在这样的一个高潮时刻。他们根本就没有带领客户达到真正做出决定的"最关键时刻"，要不然，就是虽然到达了这个时刻，但是没有停下来给客户一个表达他们决定的机会。

只要客户确信他们决策"天平"的一端在重量上远远超过另一端，他们就会做出决定。当然，销售人员希望他们的决定是赞成购买商品的决定。因此，他们会尽量避免激起客户反对意见的举动，但是，他们会不时地试探客户，以便能够确定他们是否已经做出了赞成的决定。如果还没有发现客户有做出决定的迹象，那么销售人员就应该知道客户还没有能够做出准确的权衡，因此，销售人员需要继续进行权衡工作，直到将所有赞成购买的意见全部加到客户决策"天平"的一端，并尽可能地使得这一端比"放置"反对购买意见的另一端显得更加"沉重"、更加有吸引力为止。当这个权衡过程结束的时候，根据具体的权衡结果，如果有必要将这一过程进行到底，老练的销售人员就会采取措施促使客户签署订单或者让他们做出一个同意购买的口头表示，当然，销售人员首先会充满信心地设法给客户一个表达他们决定的机会。

假如客户的反应表明他们还没有完全通过权衡过程，那么，销售人员有必要重复地进行权衡工作，然后再看看效果如何。如果客户最终做出了一个反对购买的决定，而且销售人员也认为自己已经进行了充分细致的权衡工作，客户的这个决定是对形成鲜明对比的两种意见进行权衡之后的真实结果，这时候销售人员再做进一步的努力通常已经没有意义了。

要尽可能多地提高自己对"最关键时刻"的感知能力，这样你将能够在它们来临的时候及时地发现它们。要密切地关注那些能够反映客户内心决定的迹象。如果在权衡工作还没有结束的时候你就察觉到客户已经做出了赞成购买的决定，那么，就应该当场采取措施促使客户签署订单。换句话说，当你已经说服客户的时候，就应该停止权衡过程。另外，在权衡过程中还应该经常利用一些暗示性的话或者暗示性的问题来试探客户，以便确定客户的思想进展情况。

在理解了什么是"最关键时刻"以及"最关键时刻"的出现时间之后，我们需要考虑接下来的问题：在促使客户做出决定的"最关键时刻"，销售人员应该做些什么以鼓励客户将赞成购买的决定付诸实际的行动。我们将假定客户已经有了足够强烈的购买欲望，而且也完全相信赞成购买商品的意见更占优势，同时，他们也已经准备签署订单了。

这时候，销售人员的任务就是要促使客户那些同表达他们内心决定相关的肌肉开始活动。如果感到客户愿意签署订单，销售人员就应该首先鼓励他们说出他们的想法。

人类要想发生任何一个有意识的肌肉动作：首先必须要由控制着相关肌肉活动的大脑中枢释放出一个动作冲动，然后，需要通过神经线路将这个动作冲动传递给肌肉。肌肉在接到这个动作冲动的指令之后才开始产生相关的运动。这个简要的解释说明：在客户已经做出购买决定之后，销售人员要想让他们把这些购买决定付诸实际行动，就必须通过某种方式促使他们释放出动作冲动。

5. 用模仿和暗示，引爆客户大脑中的"炸弹"

◎ 当确信客户已经有了足够的购买冲动时，销售人员需要运用适当的方法作为引爆炸弹的"火花"。

◎ 引爆客户头脑中的"炸弹"有两种方法：一、通过模仿来诱导客户做出自己想要的行动，二、通过暗示来诱导客户做出自己想要的行动。

◎ 最重要的是，不要让客户觉得你正在从事"爆破工作"。

我们说过销售人员需要通过相关的暗示来试探客户，以便确定他们是否准备购买自己的商品。现在我们假定销售人员已经完成了这种试探，并且客户的语言、语气、语调或者动作等方面的反应使他们相信客户已经有了足够的购买冲动。那么，销售人员现在需要做的全部工作就是"引爆"客户大脑中的"炸弹"，使之"爆发"出适当的肌肉动作。要想实现这一目标，销售人员需要运用适当的方法作为引爆炸弹的"火花"。

销售人员可以运用两种方法来引爆客户头脑中的"炸弹"。第一种方法是通过模仿来诱导客户做出自己想要的行动。第二种方法是通过暗示来诱导客户做出自己想要的行动。在销售人员促使客户做出一些通常能够引爆他们头脑中"炸弹"的事情时，他们的目标就已经实现了。如果销售人员向客户做出一些举动或暗示——这些举动或暗示能够在客户的头脑中引起某些冲动，而这些冲动将进而引起客户实际的购买行为——那么，"导火线"便被点燃了。

现在，假如你正在推销一款收银机。你就可以通过如下的方法来引爆客户头脑中的"炸弹"：首先把一些现金放入你正在展示的收银机的抽屉里，然后，再将这些钱的数额记入机器里面。演示之后，邀请客户模仿你的做法来亲自操作一下收银的过程。如果他们已经有意购买这款产品，那么，这个首次使用收银机的动作将很可能促使他们将购买欲望转变成为实际的购买行动。

关于暗示的方法，我们将举一个大家都非常熟悉的例子。这个例子其实也是销售人员常用的做法：在权衡阶段结束的时候，先将订货单放在客户的面前，然后再给他们递上一支钢笔。

在这一阶段中，最为重要的工作就是要促使客户将精神活动转变成肌肉活动。我们知道人类负责进行权衡工作的大脑中枢同负责动作的大脑中枢并不相同。前者是制订决策方案的脑细胞，而后者则是发布行动命令的脑细胞。我们现在需要刺激的是后面一种脑细胞。当这些脑细胞开始按照销售人员的暗示进行运转或者仿效销售人员的行为的时候，它们往往就会保持着这种动作一直到结束。

因此，那位在销售人员诱导之下尝试操作收银机的客户一旦开始操作收银机，就可能会抑制不住要反复地操作收银机，并因此感到有必要立即签下购买的订单。同样，当销售人员将订货单放在客户面前并递上一支钢笔的时候，客户就会在销售人员的这种暗示之下开始签署订单的过程。为了在订单上签上自己的名字，本来客户需要伸手去拿订单，并且还需要自己去拿起钢笔，但是，现在这些事情销售人员都已经为他代劳了，因此，客户自然会在销售人员的暗示之下顺着销售人员的动作继续进行下去，完成签署订单的过程。客户已经想到了签署订单，但是如果销售人员没有通过自己的动作激发客户的签约冲动，客户将不会马上想到签署订单的动作。当别人给你一个东西的时候，你往往会去接受——这是很自然的事情。因此，客户会接过销售人员递过来的钢笔。这样客户就朝着签署订单的目标又迈进了一步，一旦在销售人员的暗示之下开始了第一步，接下来的过程就顺理成章了。

在整个销售流程当中，签署订单阶段最能考验销售人员真正的销售技能。在这个阶段，一旦出现失误，前面所付出的所有努力都将付诸东流。现实中的爆破是一件很危险的工作，所以在操作的时候需要十分谨慎。同样，要"引爆"客户头脑中的"炸弹"从而使他们的心理冲动变成肌肉动作的过程也不例外。

最为重要的是销售人员应该注意不要让客户觉得你正在从事"爆破工作"。然而，我们都知道很多销售人员在向客户提供订货单的时候，显得那么提心吊胆、那么犹豫不决，以至于让客户觉得这些销售人员对于最终的成交恐惧万分。既然销售人员如此害怕，那么，客户自然也会对这个"凶险之地"退避三舍！

在签署订单阶段销售人员经常会运用暗示性的动作，尤其是为客户递上订货单和钢笔的动作更是如此。同样，语言上的暗示也相当多见。但是，销售人员一般较少使用模仿的方法，因此这种方法更值得我们关注。

我们也许可以非常有效地利用订货单作为工具来促使客户模仿销售人员的动作。在将订货单递给客户之前，不要把所有内容都填满，最好是将一些不重要的细节内容——比如日期——留为空白。销售人员将订货单放在客户的面前之后，先由自己填上所缺的内容，然后再把钢笔递给客户。

这样的做法看起来似乎非常无关紧要，事实上却非常重要。当订货单放在自己面前的时候，客户想到他应该签署订单了。这时候，客户负责动作的大脑中枢已经受到了刺激，但是他还没有开始动笔签署。也许对于实际的填写他还有所犹豫，然而，销售人员现在已经首先开始填写了。这种榜样性的动作正是客户所期望的。

客户预期不得不由自己做出的决定现在已经由销售人员代替自己决定了。因此，这个阶段在客户的头脑中就轻易地过去了。客户不得不做出的唯一决定就是将销售人员的动作继续下去——而这个决定就变得相对容易了。这样，客户负责动作的大脑中枢将"爆发"出在订单上签署自己名字的冲动——其实这时候已经不是严格意义上的"爆发"了，只是一种温和的"膨胀"而已。

上面的例子已经把我们带入了心理学的领域。在这个领域当中有很多现象都值得销售人员去研究，因为它能够给销售人员的工作带来帮助。其实心理学并不复杂，不要被它的名称吓倒。你自己的大脑就是一个非常好的心理实验室。对这个"实验室"里发生的事情进行一番研究和分析，你会学到很多有价值的东西，从而可以更好地了解其他人的思维方法以及心理冲动。

除了以上两种引爆客户头脑中"炸弹"的方法之外，我们还有一种间接的方法。有时候，采用模仿或暗示的方法来促使客户直接做出签署订单的动作似乎并不可取。虽然你相信客户即将同你签署订单而且你打算采取措施促使他们尽快付诸行动，但是可能你会担心客户会说出某些反对的话或是做出一些否定的举动，因此你希望自己能够采取一种更加安全的措施。如果是这样，你可以利用如下的人性原理来采取相应的措施。

同其他方法相比，动作的连续性能够更有效地让人们开始一个新的动作。这个论断意味着：如果你希望客户去做某一件事情，最好的方法是让他们开始做一些其他的事情。先让他们处于某一种动作当中，然后再让他们从这种动作转入下一个动作——你希望他们做的签署订单的动作——就容易多了。

如果你突然地要求一个客户开始动手签署订单恐怕会比较困难。但是如果你能够成功地诱导他动手做一些其他同签署订单有关的事情，那么，你就已经使他的手指处于运动状态了。这时候，他大脑的运动中枢已经活跃起来了。假如你的订货单有两页，你就可以请求客户将订单翻到第二页去看某一项条款。然后，在他的手指处于运动状态的时候，你抓紧时间向他解释刚才提到的条款，同时在他的手指恢复到静止状态之前，给他递上一支钢笔。这样，可以保证在他的手指处于活跃状态的时候，将签署订单的暗示及时地传递给他。否则，我们就要克服肌肉的惯性才能使静止的手重新动起来。

在结束我们本章的讨论之前，让我们回顾一下"促使客户做出决定并签署订单阶段"所涉及的工作要点。在本阶段的工作中，你不能继续沿用"介绍阶段"以及"说服客户阶段"所采用的方法。要想促使客户做出决定，你要使用对比权衡的方法。而要让客户最终签署订单则必须通过相应的刺激使得客户负责运动的大脑中枢——这部分大脑中枢同负责做出决定的大脑中枢有所不同——处于活跃状态。

最后，一定要提醒自己：如果你希望客户对你产生必要的信心，那么你首先要对自己以及对自己所运用的销售方法充满信心。在成交阶段一定不要有什么担心和顾虑，因为这种担心和顾虑有可能会让你前功尽弃。事实上，通过对促使客户做出决定并签署订单阶段的工作的透彻分析，我们并没有发现有什么值得害怕的地方。

成交阶段是销售人员的收获阶段。只要以前运用正确的方法付出了辛勤的劳动，这个阶段都会获得丰厚的回报。这个阶段是他们的全盛时期，不需要有任何的担心和忧虑。那些老练的销售人员到了这个阶段的时候往往已经胜券在握了。如果你已经成功地抵达了成交阶段，而且在这个阶段的工作中也运用了正确的工作方法，那么，成功地促使客户做出决定并签署订单几乎是手到擒来。

——第*12*章——

销售流程中“成交阶段”的第二步
告别客户并为将来
获得订单铺平道路

1. 销售流程中最重要的阶段

◎ 前面的章节，教你如何从客户那里获得一张订单；本章教你如何
获得客户所有的订单。

◎ 完美的销售永远没有终点，因为一个销售流程的结束也就是下一
个销售流程的开端——在下一个销售流程中销售人员面对的也许
还是同一个客户，也许是这个客户的推荐或影响之下决定购买销
售人员商品的另一个客户。

如果你做的是“一锤子”买卖，那么你就没有必要再学习本

章的内容了。但是，绝大多数销售人员都需要同客户保持长期的联系与合作。因此，对于销售人员来说，每一次单独销售的真正高潮是最后为获得未来的订单铺平道路的阶段，这个阶段的工作是在告别客户的时候完成的。因此，在整个销售流程当中，我们现在正在讨论的阶段是迄今为止我们讨论过的最为重要的阶段。在前面的章节中我们研究了如何从客户那里获得一张订单，现在我们要研究的是如何获得客户所有的订单。

你应该非常熟悉零售店售货员的习惯性做法。因此，你肯定会注意在顾客购买商品之前和购买商品之后售货员态度上从热情洋溢到冷若冰霜的巨大反差。当然，如果客户最终并没有购买他们的商品，那些售货员的态度上的反差就会更大。当你走近他们的柜台的时候，这些售货员通常都会热情地笑脸相迎，但是，在你买了他们的商品之后，你就会发现他们同刚才已经判若两人了。当他们给你找零钱的时候、当他们给你交付商品的时候，都会表现出一种冷漠的神态。这种神态会让你觉得你同他们甚至同整个店铺的其他商品都已经没有任何关系了。如果你没有购买他们的商品，那么，他们的冷漠就会更加明显，好像自此以后，你对于他们没有任何价值了一样。

假如你是一位顾客，如果售货员以这样一种"告别"方式来对待你，那么你在离开这家商店的时候肯定会对它留下一个非常不好的最后印象。理解了这一点，你就会认识到：如果以一种一锤子买卖式的方式告别客户——未来你将很难获得订单——你会给客户留下一个什么样的印象。以这样的方式来完成一次销售工作是不恰当的。如果这一次销售工作并没有获得成功，那么，销售人员失去的将不仅是一张订单，还有以后"卷土重来"

的机会。

通常情况下，销售人员需要付出巨大的努力才能够给客户留下一个良好的第一印象。他们需要精心地设计自己的服饰，需要尽量表现出令人尊敬的神情举止，还需要努力在语言、语气和语调以及神情动作上表现出自己的绅士风度。但是，在客户做出了购买的决定之后，他们往往就放松了对自己的要求，从而让人感到他们的言行显然就是矫揉造作的表演。在获得了客户的订单之后，他们就会更不检点，在客户面前会表现得随随便便、无拘无束。同他们以前的行为举止相比，他们现在与客户之间的友善和亲密会显得十分的虚假。假如客户拒绝了他们，他们就会"原形毕露"，完全不在乎自己留给客户什么样的印象了。

当然，给客户留下一个良好的第一印象非常重要。但是，这种好印象不应该只保持在销售流程的开端，还应该一直维持在整个销售流程的全过程。而且，在告别客户的时候，更要给客户留下一个好印象，以便在客户的记忆里留下一个非常好的最后印象。做到了这一点可以确保自己下一次拜访客户的时候会受到客户的欢迎，这也相当于为将来再次赢得订单铺平了道路。

完美的销售永远没有终点，因为一个销售流程的结束也就是下一个销售流程的开端——在下一个销售流程中销售人员面对的也许还是同一个客户，也许是这个客户的推荐或影响之下决定购买销售人员商品的另一个客户。在前面的章节中我们将推销术的研究局限于一个单一的目标：获得客户的订单。但是在告别客户阶段，我们需要拓展这个目标，将它变成"为将来获得订单铺平道路"。

换句话说，那些优秀的销售人员永远不会停止他们的销售工作。因此，无论一次销售流程的结果是成功或是失败，*在告别客户的时候，他们都会努力给客户留下一个良好的最后印象——这也就是下一次销售流程开始时给客户留下的第一印象*。如果你站在客户的角度来审视自己在告别客户阶段给客户留下的最后印象，那么，在告别客户阶段，你就会像第一次拜访客户的时候那样煞费苦心地希望给他们留下一个良好的印象。

根据事物的结尾来判断事物是人类的共性。如果一本书的最后一章出现了败笔，或者一场戏剧的最后一幕让人大倒胃口，那么你对整本书或整场戏剧都会产生不好的评价。同样，对一个人的评价也是如此。无论你对一个人的第一印象多么好，如果他在最后给你留下了一个令你十分反感的印象，那么，每一次想到他的时候，你都会感觉很不愉快。

尽管我们都认识到了上述道理，*但是仍然有很多的销售人员没有对最后印象给予高度的重视，并因此错过了为将来的销售工作打好基础的绝好机会*。无论最终有没有获得订单，都应该看到整个销售过程中的进展或成果。销售人员已经成功地"进入"了某位客户的心灵和头脑，他们应该"停留"在那里。这样的话，在下一次销售工作中的他们不需要再费尽周折就可以直接"推门而入"了。如果销售人员在此后针对这位客户的每一次销售流程都需要从头开始，然后再依次经历所有的销售阶段，那将是非常糟糕的推销术。告别客户阶段应该保存并巩固好在整个销售流程当中所获得的所有成果，有了这些成果，在下一次的销售过程中就可以在此基础上更容易地实现自己的目标，而不至于还要从头开始。

2. 采用正确的告别客户的方式，
永久地获得客户朋友般的信任

◎ 作为销售人员，你并不需要在每次拜访客户的时候都从头开始。
在每次拜访客户时，你都应该继续努力，不断地增强客户对自己
的信任和双方之间的友谊。

◎ 真正的友谊往往需要人格上的平等。为了永久地获得客户朋友般
的信任，你需要在告别客户时给对方留下一个平等的最后印象。
很多销售人员都没有认识到这一点的重要性。

一个销售流程结束的时候，销售人员最希望获得的除了订单
之外，还有客户对自己的信任。没有人会完全相信一个只有一面
之交的陌生人。因此，销售人员在第一次拜访客户的时候，只能
赢得客户的一部分信任。因为初次的拜访只能让客户简单地熟悉
一下自己，只能为以后更深入的友好交往打下基础。在以后的拜
访中，销售人员应该继续努力，不断地增强客户对自己的信任和
双方之间的友谊。

对于销售人员来说，不需要在每次拜访客户的时候都从头开
始。只要他们在每一个销售流程的结束阶段采用正确的方法来告
别客户，那么，等到下一个销售流程开始的时候，他们就会发现
以前修建了一半的"信任和友谊的大厦"并没有土崩瓦解。也许
他们需要清除掉"大厦"表面由于客户的遗忘所蒙上的"灰尘和
沙粒"。但是只要唤醒了客户的记忆，销售人员就可以接着以前

的工程继续兴建他们的"信任和友谊的大厦"。

真正的友谊往往需要人格上的平等。因此，为了永久地获得客户朋友般的信任，销售人员需要在告别客户的时候给客户留下一个平等的最后印象。很多销售人员都没有认识到这一点的重要性。因此，在告别客户的时候，他们要么表现得非常的自卑，要么就是非常的傲慢。其实这两种态度都不是正确的态度，因为它们都不能让销售人员同客户开始一种新的、真正的友谊。

下面让我们看一看在以下四种情况下销售人员所采取的不同的告别客户的方式，同时分别简单地分析一下每种方式可能产生的结果。

第一种情况：在遭到了客户的拒绝之后，有的销售人员会表现得非常傲慢。当你去逛服装店时，很可能遇到选了半天仍然一无所获的情况，最后，在离开这家店铺的时候，如果你仔细地观察一下接待你的那些售货员态度上的变化，很可能发现他们所使用的正是这样的告别方式。那些售货员可能假装出一副傲慢的神态。他们给你留下的最后印象是一种轻蔑或者一种纯粹的宽容。尽管刚开始他们向你推销服装的时候给你留下的印象很好，但是因为他们给你留下不好的最后印象，所以你对他们并没有什么好感。

在销售工作结束之后，如果销售人员以一种完全平等的方式向你告别，最终的效果会截然不同。你会因为他们在推销失败之后依然能够心平气和而对他们产生敬意。不管是否喜欢他们所销售的商品，你都会对他们留下一个良好的最后印象。

第二种情况：在所有的销售努力最终归于失败的时候，有的销售人员会在告别客户阶段表现出一种非常自卑的神态，觉得自己在客户面前低人一等。以服装店的售货员为例，这时候，他们会觉得自己是一个彻头彻尾的失败者，而客户则是一个高不可攀的上等人。你应该很熟悉这样的推销员。显然，这样的告别方式并不能赢得客户的好感，因为这种告别方式没有建立在人格平等的基础之上。

第三种情况：在成功地售出商品之后，有的销售人员也会表现出傲慢的神态。他们会以屈尊俯就的态度对待客户，仿佛他们给客户帮了天大的忙似的。因为任何人都不喜欢别人以居高临下的神态俯视自己——无论这种目光是多么的亲切和蔼——所以这些销售人员给客户留下的印象会破坏他们的商品给客户带来的满足感。同时，因为缺乏相互之间人格的平等，所以这些销售人员在告别客户阶段给客户留下的最后印象将不会给双方建立友好的关系铺平道路。任何形式的以恩人自居的态度都不会让接受者感到愉快。

因为在告别客户阶段没有表现出一种在人格上同客户完全平等的态度，所以这些销售人员失去了给客户留下一个良好印象的机会。服装店的售货员在送别客户的时候，可能有如下两种说法。说法一："以后再有什么需要，请尽管过来，我将非常高兴再次为您服务。"说法二："下次再有什么需要，请尽管过来，我将尽力为您服务，再次让您满意而归。"这两种送别方式之间的区别虽然非常细微，却不可忽视，因为一种说法暗示出了一种傲慢的态度，而另一种说法则暗示出了一种平等的态度。我们认为第二种送别方式能够给人留下一个真正友好的印象。

第四种情况：在成功地获得了客户的订单之后，有些销售人员会在给予自己订单的客户面前流露出自卑的情绪。有些销售

第12章 销售流程中"成交阶段"的第二步
告别客户并为将来获得订单铺平道路

人员在告别客户阶段对客户进行的阿谀奉承就是这种自卑情绪的体现。

在销售工作结束之前，巧妙地运用一点儿阿谀奉承可能对销售人员有所帮助，但是在告别客户阶段坚决不能使用。这并不是对客户真正亲密友善的表示。在订单签订之后，如果销售人员不能够以一种完全平等的身份面对客户，那么，客户的优越感会在这种鼓励之下急剧膨胀，并形成一种最后的印象定格在他们的脑海当中，从而对以后的销售工作产生不良的影响。

3. 面对任何客户都致以真诚的善意和友好

◎ 当客户故意侮辱销售人员或者不给销售人员发言机会的时候，你要想起伟大的"销售大师"耶稣告诉我们的正确对待一切客户的基本原则："诅咒你们的，要为他们祝福；逼迫凌辱你们的，要为他们祷告。"

◎ 在告别客户的时候，你要接触和打动的是客户的心灵，而不是他们的外表。

◎ 微笑是正确告别客户的一种非常有效的工具。

在销售工作中，无论你是已经成功地获得了客户的订单，还是遭到了客户的拒绝，都应该努力以一种友好的方式来告别客户。而且要时刻提醒自己：只有在一种完全平等的基础之上才有可能以友好的方式来告别客户。这种完全的人格平等不可能通过任何人为的权衡过程来获得。要想做到这一点，你必须在遇到每一个人的时候都有一种真正的平等意识。经过长时间的训练从而养之有素之后，在告别客户阶段你就不需要任何的考虑和权衡自然就能够表现出真正的人格平等。在感受到这种平等的态度之后，客户将会"投之以桃，报之以李"，对销售人员做出相应的回报——当然，根据性格的不同，他们的反应程度会有所不同，但是，最起码他们会对你产生某种程度的好感。等到你下一次再去拜访他们的时候，他们的"友谊之门"会对你开放——如果不是敞开的话。如果你告别客户的时候采用了正确的方法，那么，等到你再次拜访他们的时候，就容易获得他们的接见和信任。他们将会回忆起对你良好的最后印象，并且重新同你发展友好的关系。

但是，也许你会认为一个推销员不可能总是以友好的方式告别客户。因为有时候会遇到客户故意侮辱销售人员或者不给销售人员发言机会的情况。这时候，你可能要问："在这些情况下，销售人员如何才能够以友好的方式来告别客户呢？"

对于这样的困惑，伟大的"销售大师"耶稣早在1 900多年前就在他的布道中给出了答案。他告诉了我们销售人员正确对待一切客户的基本原则："诅咒你们的，要为他们祝福；逼迫凌辱你们的，要为他们祷告。"这个基本原则其实已经非常详细地列举出了你可能遇到的那些恶棍型的客户。

销售人员应该想到自己的使命是为了给客户提供真正的服务。他们要有爱人之心，否则将不可能为任何人提供完美的服务。因此，在拜访客户期间，无论发生了什么事情，销售人员都要坚持自己的爱人之心，都要提醒自己：不管那些客户表面上多么邪恶和卑鄙，但是在本性上他们同其他人并没有太大的区别。

在告别客户的时候，你要接触和打动的是客户的心灵，而不是他们的外表。大多数情况下，你都不需要"拆除"他们的"伪装"就可以直接进入他们的心灵深处。只有在极少数非常极端的情况下，销售人员才不得不在告别客户时对客户怒挥拳头、大打出手。需要说明的是，如果在万不得已的情况下你不得不用拳头去"清除客户设置的外在障碍"，那么，在教训客户的时候，你也一定要带着对客户的真诚的善意和友好。有时候，如果不诉诸武力、不经过一场拳脚相加的搏斗，的确难以在客户和销售人员之间建立真正的人格平等和真正的友谊，但是，我们并不推荐销售人员采取这样极端的措施。

在告别客户阶段，也许你永远都不会遇到那种"真正欠揍"的客户——对于这样的客户，你必须用拳头来证明自己的气概和友好态度，从而给他们留下良好的最后印象——但是，你肯定会遇到那种无礼的客户，而且必须要以正确的方式来同他们告别。在遇到这种情况的时候，你不要因为他们对自己的一点不敬就跟他们大动干戈，因为跟这样的人计较会降低你的人格。你可以把这种无礼的客户当成一个人格受到扭曲的有趣标本，在离开他们之后，对他们的行为进行一番仔细的研究，从他们对你的无礼举动中吸取有益的教训并制订相应的应对方案，从而为以后再次遇到类似情况时做好准备。

在过去流行决斗的时代，如果冒犯自己的人在社会地位上无法同自己相提并论，人们往往不会把他们的冒犯看成对自己的侮辱，因而不屑于向他们提出挑战。其实现在的销售人员也不应该降低自己的人格同那些素质低下的客户一般见识。通常情况下，客户对一个销售人员的侮辱也正反映了他们自身素质的低劣。因此，销售人员大可不必将客户的无礼举动放在心上，相反，完全可以对他们付之一笑。正如利箭遇到盾牌的时候就会纷纷坠地一样，客户的侮辱在销售人员的微笑面前也将化为乌有。

微笑是正确告别客户的一种非常有效的工具。如果销售人员的微笑是一种真正友善的微笑，那么，客户就会把这样的微笑看作销售人员对自己真正本性的理解和肯定。因此，这种微笑所能够产生的良好效果将是不言而喻的。当你同那些不礼貌甚至是粗鲁的客户告别的时候，千万不要吝惜你的微笑，千万不要保留你的友善。客户在看到了你的灿烂微笑并感受到了你真诚的友善之后，就会对你产生良好的最后印象。当你下次再去拜访他们的时候，他们很可能会以同样友善的态度来接待你。

有时候，粗鲁无礼和喜欢侮辱别人是某些客户的固有特性。但是，通常情况下，那只能说明销售人员在见到他们的时候刚好赶上他们的心情不太好而已。因此，销售人员在遇到这种情况的时候，应该通过自己的神情举止对客户做出如下暗示——但不是直接地说出来——"我知道您现在心情不好。我理解您的感受，因为我有时候也是这样。所以现在就不打扰您了，等过一段时间我再来拜访您。"

当客户拒绝给销售人员发言机会的时候，甚至在客户拒绝接见销售人员的情况下——比如客户传话出来说他不愿见这个推销员——销售人员也有可能采用正确的方式来向客户告别。

要知道客户仅仅是交往双方的其中一方，而你是另一方。因此，千万不能放松了对自己的要求。相反，在受到客户怠慢的时候，一定要继续保持人格的平等和态度的友善，否则，你拜访客户的成效将受到损害。在吃了客户的闭门羹、不得不离开的时候，虽然你没有获得向客户介绍自己商品的机会，但是一定要保持充分的自尊和自信。虽然客户对你的待遇很不公正，但是你要在客户的下属面前表现出镇定和从容，这样，你将给那些职员留下一个良好的最后印象。他们会认为：既然连他们的老板都不能降低你的尊严，那么你肯定是一个重要的人物。如果你以一种从容平和的举止和友善的微笑来面对客户的断然拒绝，仿佛诸如此类的拒绝只是平常不过的事情一样，那么，当你再次拜访这位客户的时候，那些职员很可能会带着尊敬和友善来接待你。我们知道，客户的下属常常可以帮助销售人员获得发言的机会，因此，销售人员给客户的职员或者秘书留下一个良好的最后印象也非常重要。

4. 获得订单后更要正确地告别客户

◎ 在告别客户的时候不要试图在争取未来的订单方面走得太远。你所需要做的全部事情就是保证让客户无论在理智上还是在情感上都对你产生一个良好的最后印象，从而在下一次回忆起你的时候带着一种好感和敬意。

迄今为止我们在本章讨论的大部分都是在遭到客户的拒绝之后如何正确地告别客户，现在让我们考虑一下已经从客户那里获得订单之后的情况。事实上，无论销售努力获得成功还是遭到失败，在告别客户的时候都没有什么本质的区别。

在任何情况下，正确告别客户在本质上都是同客户进行坦率真诚的情感联系。你希望客户对你产生好感，而好感是一种情感的东西，不是一种思想的展示。在同已经购买了你的商品的客户握手告别的时候，你应该触及的是客户的心灵，而不是他们的头脑。

在前面的研究中我们已经知道，客户做出购买决定的过程是一个理性思考的过程。在做出购买决定之后，签署订单的动作是一个肌肉运动的过程。在这个过程中，客户的情感因素并不参与其中。虽然你不希望仅仅从思想和理智上同客户告别，但是，在客户购买商品的时候起主要作用的正是思想和理智。在完成交易的时候，他们没有什么特殊的理由要从理智一面转到情感一面。此时他们也许会认为交易已经完成并准备将它放到一边。但是那并不是你想要的，因为你不仅仅希望能给客户留下一个思想方面的印象，更希望给客户留下一个情感方面的印象。因此，在告别客户阶段，你要运用充满情感暗示的语言、语气和语调以及神情动作来将自己同客户联系在一起，让客户感受到你所表达出的坦率、真诚、友好和平等。

大多数销售人员也许都认为获得订单之后整个销售工作就告一段落了。而且，大多数销售经理在培训销售人员的时候，也会让他们在获得订单之后尽快告别客户，在客户的工作非常繁忙的情况下就更是如此。一般而言，这的确是很好的忠告；但是，这样说容易让销售人员错误地以为他们应该在获得订单之后匆忙地离开。因此，很多销售人员在告别客户的时候都不敢有片刻的耽搁，好像稍作停留就可能被客户赶出来或者客户有可能会取消订单。

销售人员始终应该有意识地分配出一定的时间并且带着明确的目标去正确地告别客户。这样说并不意味着在拿到订单之后销售人员应该在客户面前做无意义的逗留。相反，他们不应该在告别客户的时候浪费一分一秒的时间。而是应该以最高的效率来利用所有的时间。我们知道在成交阶段不能浪费宝贵的时间，事实上，在告别客户的时候更不能错过开启下一个销售流程的大好机会。

　　要正确地理解上述说法。在告别客户的时候不要试图在争取未来的订单方面走得太远。你所需要做的全部事情就是保证让客户无论在理智上还是在情感上都对你产生一个良好的最后印象，从而在下一次回忆起你的时候带着一种好感和敬意。在客户刚刚同你签署了一个订单之后，紧接着就鼓动他们签署下一个订单当然是一种错误的做法。这就如同一个商店的店员在客户刚买了一件商品之后马上就建议他再买几件一样。如果客户在当时本来应该从你那里购买更多的商品，你就应该在第一次销售的时候给他提出建议，而不应该在结束之后再旧事重提。

　　在完成交易之后客户可能打算去处理其他的事情，所以在大多数情况下，销售人员在获得订单之后都应该尽快地告别客户。因此，在告别客户阶段尽量不要浪费客户的时间，也不要浪费自己的时间，但是一定要通过适当的语言和动作同客户重新确立起一种真诚平等的关系，从而引起他们对你的友好情感。这时候，微笑是一种非常有价值的工具。如果你用微笑来面对客户，那么客户差不多必然要用微笑或者用充满情感暗示的语言、语气来回报你。除了微笑之外，最后的握手也很有必要，不过在握手的时候，要注意把握分寸，既不能马马虎虎、敷衍了事，也不能热情过度。

另外，销售人员还应该注意用正确的方式来表达对客户签署订单的谢意。这在整个销售流程中是一件比较棘手的工作。如果获得订单之后没有流露出任何感激之情，那么你将给客户留下一个不好的最后印象。但是，如果表现出过分的感激，将会降低你的身份并且刺激客户的优越感，这也会给客户留下不好的最后印象。销售人员为客户提供真正服务的目标决定了他们向客户表达谢意的正确方法。如果你肩负着一项光明正大的使命去拜访客户，如果你们之间的交易是百分之百的公平交易，那么，在告别客户的时候，你只需要表达出你感到的谢意，就可以给客户留下一个正确的最后印象了。

有一些客户空闲时间比较多，所以喜欢在签署订单之后适当地放松一下。对于这样的客户，如果销售人员匆匆地告别会让他们感到不快。但是，如果销售人员在上班时间同他们在一起消磨时间也同样会给他们留下一个不好的最后印象。因此，在同这样的客户告别的时候，一定要抽出几分钟时间和他们进行最后的交流，但是，也应该让他们知道你的时间宝贵。如果他们希望同你详细地聊一些同你们之间的业务没有直接关系的话题，那么，约在晚上详谈是比较明智的做法。这样，既是对客户进一步发展双方关系愿望的响应，同时又能够暗示出自己工作在前、享乐在后的人生态度。

5. 给客户留下愉快的独特的记忆

◎ 在告别客户的时候，千万不能因为获得了订单而流露出胜利者沾沾自喜的神色，否则客户会认为自己是一个倒霉的失败者，从而对你产生一个不好的最后印象。

◎ 要设法让客户感到他们自己是胜利者。要通过称赞他们的勇气、智慧和眼光来祝贺他们的胜利。

◎ 可以肯定，在客户遇到的一百个销售人员当中，没有一个能够让客户感到他们两个人在人格上完全平等。当你能够以一种完全平等的态度同客户告别时，他们肯定会因为你的与众不同而对你产生一个深刻的印象。

在本书的很多章节中，我们都反复强调一定不能把销售过程看作发生在销售人员和客户之间的一场斗争。在告别客户阶段的探讨中我们需要再一次提到这一点。在告别客户的时候，千万不能因为获得了订单而流露出胜利者沾沾自喜的神色，否则客户将会认为自己是一个倒霉的失败者，从而对你产生一个不好的最后印象。如果有了这样的想法，那么他们就不会对你产生好感。而且当你下一次再去拜访他们的时候，他们会把你视为不受欢迎的人，因为他们不愿再一次栽到你的手里。这样的客户很可能把你们之间的交往看作一场斗争。因此，要设法让他们感到他们自己是胜利者。要通过称赞他们的勇气、智慧和眼光来祝贺他们的胜利。

你应该在客户的记忆中留下一个与众不同的印象，而不应该是一个同其他销售人员没有什么区别的模糊不清的形象。在前面的销售阶段中，你一直致力于让客户感到你是一个销售特殊商品的特殊销售人员，而不仅仅是他们司空见惯的销售人员中的一个。因此，在告别客户阶段给客户留下的印象非常重要。如果你能够给他们留下一个与众不同、令人愉快的最后印象，那么，无论他们下一次再见到你之前接待过多少销售人员，他们都会在记忆中给你留下一席之地。

有时候，一个推销员可以通过做一些独特的事情或者说一些不同凡响的话来给客户留下一个深刻的最后印象。销售人员有必要掌握相应的技巧，但是，那些所谓的"秘诀"大都没有什么学习的价值。相反，你应该熟练地掌握采用与众不同的方法来告别客户的基本原则。在目前的销售阶段，如果在告别客户的时候你能够以平等的人格去面对客户，那么，你将会把自己同大多数销售人员区别开来。除此之外，没有任何方法可以确保让你给客户留下一个独特的印象。可以肯定：在客户遇到的一百个销售人员当中，没有一个能够让客户感到他们两个人在人格上完全平等。一些推销员可能会对客户阿谀奉承，其他的则会流露出倨傲的神态——无论他们表面上怎样的友好。因此，如果你能够以一种完全平等的态度同客户告别，他们肯定会因为你的与众不同而对你产生一个深刻的印象。

当你以一种平等而友好的方式来告别客户的时候，客户会认为这是你对他们的理解。客户的这种想法会让他们以同样友好的态度来回报你，因为世界上几乎每一个人都认为自己同其他人之间的麻烦是由于别人不理解自己造成的。要向客户表明在基本的人性方面你和他们都是一样的，同时还要表明你能够理解他们的情感和想法。如果是这样的话，你就已经开始同他们交朋友了，因为他们觉得自己需要一个像你这样善解人意的朋友。

我们现在正在讨论如何"告别客户"，所以在这个阶段提到"求见客户"也许会让你感到奇怪。但是有时候，在求见客户的努力遭到失败之后，销售人员就不得不进入告别客户的阶段了。如果销售人员在求见客户的时候遭到拒绝，或者在销售流程中的任何一个阶段遭到客户粗鲁的侮辱——出现这样的情况都不能由销售人员来承担责任。但是，如果销售人员遇到这种情况之后，没有采取任何的措施就转身离开，那么由此所造成的后果则完全应该由销售人员来承担。在这种情况下，销售人员的职责是运用自己高尚的人格、真诚的尊敬、高贵的尊严以及衷心的善良作为缓和情绪、冷静头脑的工具来安抚客户。

同销售流程中的其他阶段一样，在正确地告别客户的时候，销售人员的语气和语调以及神情动作比语言更为有效。销售人员动情的语调以及眼神中闪现出的真诚的友善在片刻之间就可以"表达"出万语千言。要运用最有表现力的方式向客户传达你平等和善良的观念——也就是说在告别客户的时候，不要试图仅仅用语言来表达自己的全部情感。

6. 做好售后服务，铺就"光明大道"

◎ 在通过正确告别客户的方式为将来获得订单铺平了道路后，销售人员应该经常对这条"道路"进行养护，以便使客户对自己的印象能够始终保持清晰和良好。

◎ 如果你去赢得别人的支持但不把这些支持当成别人馈赠给自己的礼物，那么你将获得别人更多的支持。

我们一直在讨论告别客户的方法。不过我们也不能忘记了正确告别客户所带来的理想结果——通向未来订单的"光明大道"。

在通过正确告别客户的方式为将来获得订单铺平了道路之后，销售人员应该经常对这条"道路"进行养护，以便使客户对自己的印象能够始终保持清晰和良好。尽管销售人员可能要过一段时间才会再次拜访客户，但是，在此期间，销售人员可以做很多事情来愉快地提醒客户：自己是一个销售特殊商品的特殊销售人员。对于专业的客户来说——这些客户有足够庞大的业务，因此销售人员可以在实际拜访客户的间隙继续进行销售工作——销售人员所提供的售后服务工作显得尤为重要。

通过邮件告诉客户一个关系到他们切身利益的内部消息将会对销售人员大有好处，甚至邮寄给他们一些他们可能会感兴趣的新闻——无论这些新闻是否同客户的业务相关——也有助于增加双方的感情。当然，能够给客户留下最深刻印象的还是销售人员在告别客户之后所提供的业务方面的服务，比如，销售人员可以通过信件告诉客户一些可能对他们的业务有所帮助的事实或者想法。这种经常性的坦诚的联系往往能够加强双方的友好情感。

在这里我们有必要谈及友谊对销售人员的价值。倘若这种友谊是一种纯粹的商业友谊，那么无论如何强调这种友谊的价值都不为过。当一个推销员依靠与客户之间的私人友谊来获得订单的时候，他就会欠下对方的人情。事实上，他是一种依靠他的私人朋友生活的一种人。因此，在这种关系中，销售人员同客户之间人格的平等已经无从谈起了。但是，如果这个销售人员继续向他的客户提供商业服务，从而使这位客户成为他商业上的朋友，那么，欠下对方人情的将是客户而不是销售人员——本来就应该是这样的。对于销售人员来说，可靠的友谊是商业友谊而不是私人友谊，因为建立在私人友谊基础上的商业是靠不住的。如果你去赢得别人的支持但不把这些支持当成别人馈赠给自己的礼物，那么你将获得别人更多的支持。

关于友谊，爱默生（Emerson）曾经给我们提出过一些非常精辟、非常实用的忠告。他说：

"我们不能用任何精确的公式来阐释交友，但是，我们用两句格言就几乎可以概括有关交友的全部内容。第一条格言是：'如果你希望交真正的朋友，你只能交一个。'第二条格言是：'不要等到需要朋友的时候再去交朋友。交朋友要从现在开始，而且先要帮助朋友。'"

7. 总结：做一个真正的绅士，成为销售大师

◎ 最佳的告别客户的做法是什么呢？一言以蔽之：做一个真正的绅士。

◎ 你是一个只做"一锤子"买卖的推销员呢，还是打算做长期同客户合作的推销员？如果你打算同客户保持长期的合作关系，那么，你的目标是获得相关的销售知识，以便完成目前的销售流程，同时利用这个销售流程为将来获得订单铺平道路。

◎ 经常提醒自己：对销售知识的学习应该是一个永无止境的过程。在有生之年的每一天，你都应该孜孜不倦地继续学习销售知识。

◎ 销售人员是社会上最为重要的人类联系因素。学习推销术既是为了你自己，同时也是为了整个世界。

　　现在，让我们总结一下"采用正确的方法来告别客户"这一阶段工作的全部内容——该阶段的工作能够为将来获得订单铺平道路。其实一句话就完全可以概括所有的内容了，那就是：要做一个真正的绅士。如果在告别客户的时候你能够表现出一个真正的绅士一般的风度，那么，当你下次再去拜访客户时就容易多了。当你在告别客户阶段像一个绅士一样去面对客户，那么你其实就是在暗示客户意识到了真正的绅士风度的真实价值——这是对客户的一种恭维。因此，在同你告别的时候，客户会感到无比的愉快。

　　现在，我们已经到了本书的结尾阶段了。随着本书的结束，

也将能够检验出每一个读者的研究目标。你是一个只做"一锤子"买卖的推销员呢，还是打算做长期同客户合作的推销员？如果你打算同客户保持长期的合作关系，那么，你的目标是获得相关的销售知识，以便完成目前的销售流程，同时利用这个销售流程为将来获得订单铺平道路。当你阅读了本书之后，你会继续向自己"推销"同你的职业相关的正确的知识。你会提醒自己：对销售知识的学习应该是一个永无止境的过程。因此，在有生之年的每一天你都会孜孜不倦地继续学习销售知识。

这个研究过程的主要好处在于它能够刺激和鼓舞我们获得更多知识的决心。一个人学到的知识越多，他对学习的渴望就越大。只有那些不学无术的人才会故步自封、满足现状。

在阅读本书的过程中，你一定会想到很多的问题，而这些没有得到解答的问题将推动着你独立地去学习新的知识。从发现问题到解决问题，再到发现新问题……在这样无穷无尽的循环中，你的销售技能将得到提高和完善。对于你所遇到的问题，必须要靠你自己去最终解决。

虽然你已经感到自己学到了不少的东西，但是你知道距离自己的目标还有很远。所以你认为自己目前所掌握的销售知识还远远不够。你意识到了自己的需要并且下定决心用越来越多的知识来满足自己的这些需要。

问题在于你可能会缺乏持之以恒、坚韧不拔的毅力。知识的重要性显而易见，而需要学习的知识浩如烟海，因此，你可能会急于求成，希望自己能够一下子就精通所有正确的销售原则。有时候要想做到彻底的精通十分困难，但是，从长远的角度看，广泛涉猎各方面的知识往往会对销售人员大有好处。

本书的内容只能起到一个抛砖引玉的作用。也许我们在本书的12个章节中注入了太多的内容。所以读者朋友可能希望看到对那些基本原理所做的更详细的解释以及这些基本原理在实践中的应用实例。因此，我又写了一本《世界上最成功的销售方法Ⅱ》（Certain Success）作为本书的姊妹篇。《世界上最成功的销售方法Ⅱ》一书包含了数百个销售案例。如果你希望对销售流程做进一步的研究和分析，不妨参考一下这本书。

你应该制订一个研究计划，因为系统的计划将会对你进一步的研究有所帮助。你应该觉得为了推销术的发展而做出自己应有的贡献既是自己的义务也是自己的权利。研究推销术的社区俱乐部往往会为那些热心的会员提供众多的机会。

研究推销术的特点之一就在于：销售人员学到的每一点知识和技能都能够立刻给他们带来实实在在的现金回报。因此，如果你现在躺在安乐椅上悠然自得地消磨时光，而不去致力于将自己塑造成销售大师这样一个伟大的工作，那么，不要忘了你会为此付出沉重代价。相反，如果你认真地阅读了本书，那么，即使在高效销售的每一个阶段仅仅学习到了一个新的理念，你所花费的时间也是最为有益的。

然后，让我们结束现在讨论的话题转而讨论为将来获得订单铺平道路的话题。要把这个转变看作一项研究工作的新起点而不是终点。当我们增加销售知识的时候，我们正在从事一项伟大的人类服务事业。既然由于战争所造成的新的销售问题必须得到解决，那么对于好的推销术的需求也会越来越多。

战争的观念必须在全世界的范围内废除。那些"为商业而战"的未来的销售人员必将遭到失败。将销售工作看成一场战争是错误的思维方法。只有为客户提供真正服务的销售方法才是正确的。许多年以来，这个世界都一直在呼唤着友谊和善良，但是如果真诚的销售人员在世界上来往穿梭，到处播撒友谊的种子，那么，他们将驱散人们头脑中根深蒂固的敌意和仇恨——这是任何其他的人类机构都无法做到的。

销售人员是社会上最为重要的人类联系因素。他们实际接触的人比其他任何职业领域的人都更为广泛。销售人员就如同传教士一样，在世界范围内传播着友好推销术的基本原则。

现在我们如果不能开创自己的未来，我们就不可能知道未来对我们来说意味着什么。而开创未来的工具就是知识。没有人能够利用别人的知识。所有的人都要先利用自己的知识。

因此，学习推销术既是为了你自己，同时也是为了整个世界。我们不仅要从书本上、杂志上学习推销术，还要在自己的经验以及其他人的经验中学习推销术。首先要研究自己的心灵、大脑和灵魂，使自己成为一个合格的销售人员并且正确地运用所获得的知识。

要把自己的最大潜能变成现实，要把人们对你的最高的期望变成现实。总之，要在从准备阶段到告别客户阶段的整个销售流程当中做一个销售大师。